匠心质造

天堂鸟

丁绍光艺术范式

BIRD OF PARADISE

胡筎 著

清華大學出版社
北京

生命之源

花形如展翅飞鸟，
花色似金云嵌霞，
原产地是亚细亚礁屿丘岗，
被移栽并成活在阿美利加濒临太平洋那片高天厚土之上，
就有了“天堂鸟”之称。
要紧的不是书名是否含有某种寓意，
而是——
画家将人生入画，我写他如画人生！

天堂鸟特约摄影：鸿羽（洛杉矶）

书前荐语

我为自己经受过的感动而劳作。

读者，尊敬的您，开卷将认识一种奇异的植株——

花形如展翅飞鸟，花色似金云嵌霞，原产地是亚细亚礁屿丘岗，被移栽并成活在阿美利加濒临太平洋那片高天厚土之上，就有了“天堂鸟”之称。

要紧的不是书名是否含有某种寓意，

而是——

画家将人生入画，我写他如画人生！

美国人是非常讲实际的。

当丁绍光笔下一系列“美女”在“新大陆”神姿仙态飘然登场之际，女性作为美的形象化身，在艺术作品中已经被反复咏唱——伊甸园里的夏娃、圣母玛利亚、古希腊美女海伦和海中诞生的美神维纳斯，无一例外地扮演着被膜拜的角色，甚至如女娲、洛神等早期进入中国艺术史的女性形象亦是如此。

包括美国人在内的西方世界，对上述这些优美的化身，不是见惯不惊，就是熟视无睹，或者逐渐掉以轻心了。生性好奇的他们，突然发现世界艺术史上隐隐约约远去的面影，如达·芬奇的《永恒的微笑》。在一个身着洋装中国人的“东方故事”里，女性美再次成为画家的灵感之泉，成为世纪艺术史上重彩描绘的篇章。

丁绍光把母与子置于《月光》《花影》中。母亲最美的歌是对着摇篮唱的；母亲最美的曲线是婴儿匍匐在背上时呈现的；母亲最甜的笑容是与婴儿《心对心》瞬间蜜汁四溅的……

不是说丁绍光从不在自己的作品中直接体现生活经历吗？

但谁又能否认他散发着母性光辉的、占有极大比重的作品，其艺术魅力的原点，是他早年痛失母爱，渴望母爱、推崇母爱的心理在纸面、绢面上的曲折反映？这正如《永恒的微笑》，实则是绘画大师对自己童年父母离异失去母爱的一种代偿所致，画的背后是达·芬奇的情感故事。

人类情感和人类艺术同样不是无花果。

丁绍光画作背后同样应该有丁绍光的情感故事。他不仅为人子，也做过人夫——曾经与一个美丽贤淑的四川女子组成家庭中的天和地。七情六欲的琴弦上，既有火花的闪耀，也有火花的熄灭。画家只不过多一副笔墨，留下被激发过的热情；多一片负有使命的色彩，将因爱受伤的地方示人。当一些时髦的艺术家把画笔当作解剖刀在女性的胴体

上刻画流血的心脏，用暴露于体外的血管宣泄内心痛苦之时，丁绍光却只有饱含人间温情同时又反映艺术家人品的作品问世。只愿把悲伤和困难留给自己，把美和希望通过作品还给人间，信誓旦旦，丁绍光决意只为美和幸福挥笔作画！

《忧伤》一画是个特例。画背后的故事也很特别，且鲜为人知。丁先生既说“说说也无妨”，也就无妨说说。

这是不是一个无须求证的公式呢？凡能走进画家视觉长廊的女郎，无不是以美丽动人作为门票的！在丁绍光已经有颇长时间“独善其身”的生活中，曾经出现过一位妙龄“波斯女郎”、一位古代“王公”后人、现代伊朗豪门“千金”。当她揭开面纱——那片神秘的云，那些画作在洛杉矶亚裔留美学生中，便升起一轮动人的新月。

在听过丁先生的课之后，她便希望有他这样的先生；在看过丁先生的画展之后，她便萌发了入画的决心。最终，她和丁绍光朝夕相处三年后分手。为此，丁绍光有过叹息：“她真不该追求我。”爱把他们浇铸在“夫妻”的模式里，却在长长的三年中不曾有过真正的“夫妻生活”。

丁先生在青年时代有过刻骨铭心的初恋，每当夜深人静之际，他情不自禁一次次重拾初涉爱河的浪花，从而成为真情画梦的高手。《乐园》里唯一的女主角——现代东方版的“维纳斯”，那美丽的傣族少女，如何成为他梦中不朽的情人，自然成为读者乐意听到的又一个画背后的故事。

与一个个世界艺术大师功成名就后的风流截然不同，一件件堪称美妙的韵事，在丁绍光漂洋过海艰难奋斗的路上曾不断地出现。他在前行中显示出的男子汉魅力，让一个渴望与艺术之神同行的青年女子动容了。从追慕对象演变成朋友、恋人、情侣的过程，是从追“星”到追“心”的过程。画家也是凡胎俗子，最终没有走进她信奉的宗教，去过“神”的生活，也没有如她向往的一样，双双相约到一个海岛上的“天国”，把爱情当作果腹的食粮……多年之后，丁绍光偶然得知她在东京办画展的消息，看她印在海报上的画，已似一片落花，一种惜花的感觉骤然袭上心头，展开画纸只是为了留下那片凋零的美丽……

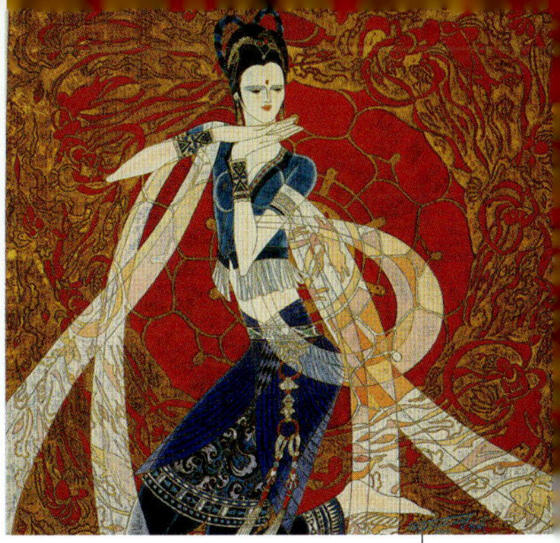

人们看见画上的《忧伤》，是因为背后的故事本身就充满忧伤。
他的《乐园》是人们共同向往的乐园；
他的《忧伤》是人类进步共同寄望告别的忧伤。

明快的造型哲学和透彻的美学推崇富有人情味的作品，这样的作品引起人们的共鸣并深受人们欢迎！

看情感世界里的丁绍光，他是追求精彩人生的凡人中的一个不凡的奇人；
看艺术世界里的丁绍光，他的艺术是真是美是善，是绽放在20世纪画页上的奇葩。
本书搜奇揽胜，但不是提供给21世纪电影电视编导们博取票房摄制“丁绍光情爱故事”的蓝本。“走过了极其坎坷道路”，有着“正直和坚韧不拔的气质”，1993年至1995年连续三年被“联合国世界联盟”选为联合国代表画家的丁绍光，作为唯一的亚洲画家，他被列入1995年联合国成立五十周年表彰的29位当代艺术大师名单之中。“他的人生故事像一部充满戏剧性的小说。”
（引号内的文字皆摘自联合国秘书长加利、副秘书长安娜贝尔·威娜签发的有关文件和评价艺术家的撰写文字。）

英文的文件有意提到丁绍光现住比佛利山庄，在美国；也提到他的出生地北京，在中国。沿用习惯的称呼，丁先生现在是“美籍华人”。本书不是文件，只想从艺术的角度用母语做出一点补充：丁绍光前半生的重要驿站和画作中一系列女性形象的原产地是中国的云南。
本书划分为十章，概括他的七十余载春秋，他的人生恰如三部曲——

北京岁月，有了云海之南梦；
云南春秋，结下西双版纳缘；
美国圆梦，线描彩绘故园情。

BIRD OF PARADISE

目录

天堂鸟

丁绍光艺术范式

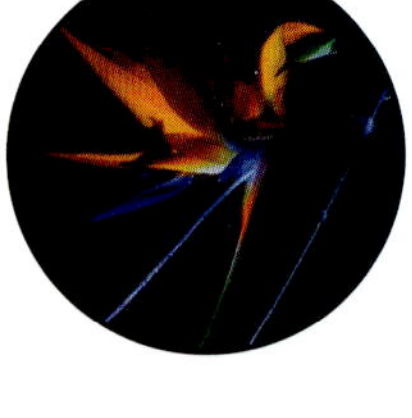

第一章

北京岁月

有了云海之南梦

1 跟在大师身后，起步于画梦

饥饿时的梦，是物质的；
温饱时的梦，是精神的；
童年的梦，是瑰丽的彩虹；
老人的梦，是枕边的流云；
不曾有过梦的土地，是荒芜的；
不曾有过梦的历史，是荒唐的。
…………

丁俊生全家福

这小子还有梦。

梦，对于寄居在清王朝荣禄府中院的“前朝遗民”，此时已是一种奢侈。

20世纪50年代第一声春雷已经响过——

快乐地生活在五星红旗下的人们，是过去不知道快乐为何物的人们。宅主是以经商为生的李姓夫妇，已是外祖父、外祖母辈分，曾经是一家纽扣厂老板，王府旧宅100多间房的房主。此刻，自然不属于快乐的一群。

老人的扼腕叹息不无道理。女婿丁俊生（1903年出生）在国民党政府中几度被擢升，曾任职于司法部西安地区办公室，是负责调查香蕉出口日本受贿案件的检察官，后来在台湾任国民党中央监察委员。1948年，丁俊生把较大的四个孩子（儿子绍曾（1931年出生）、绍渊（1934年出生）、绍光（1939年出生），女儿绍霞（1936年出生））留在北京的老丈人家。妻子李湘君带着两个幼儿——1942年出生的晓云和1945年出生的绍雄，同年12月随行。一家四口越走越远，最后落脚在台湾，还以为“天涯共此时”的日子什么时候想结束就结束。没想到，时局一变，台湾海峡成了“鸿沟”一条……

排行老四的丁绍光，和他的两个哥哥一个姐姐，别无选择地留在了外公外婆身边，成为那个时代的“留守儿童”。

北京四合院

此时，被外公外婆称作“小子”的丁绍光，11岁。1939年10月7日，丁绍光出生在陕西省城固县，祖籍是山西省运城市盐湖区西张乡西张村。童年留在一个人脑海中的印象是历久弥新的。“我大概3岁的时候就到了北京，很怀念我在北京生活过的日子。”丁绍光在很多年后，不止一次地对人说过“我是在四合院里长大的”。不仅仅是他的绘画从这里开始，一个长期生活在海外的美籍华人，他仍然爱喝小米粥、吃咸菜，还能说一口纯正的京腔。“从前居住在政协礼堂旁边大麻线胡同的那个院子是8号，解放后改成了10号。”胡同的南面就是曾经的顺承郡王府的北墙。比起王府高高的院墙、蓝天里飞翔的白鸽，更让他难忘的是郡王府——“那是个很大的院子，印象中要从门口一层一层地绕进去，还有假山、亭子什么的，进到中间就是最大的院落，给人印象就更深了，因为院子里大大小小的孩子都在那里集合。”三五成群，一伙人经常到阜成门外、护城河边上练拳脚，丁家老四留给人的印象是大人不怎么能管得了的一个孩子。有一次，为了逞强，他爬上院墙，没想到不小心从假山上摔下来，把胳臂摔脱臼了。尽管这样，大人还是管不了他。他没摔坏，就变本加厉，开始学着武侠人物那样“飞檐走壁”，在院墙上跑来跑去，从这家屋檐“飞”到那家屋檐。丁绍光回想起那个“真的是太淘气了”的岁月，说：“应该在11岁前，我已经开始阅读中国古典小说《水浒传》和《三国演义》了。而在9岁时，家里人就开始让我学画画，大概是嫌我太闹的缘故。”如果不是自揭老底，谁能相信现在彬彬有礼的他曾经有过这样一段逆反期：“有谁说我不听话，我就用弹弓子打人家玻璃。”让邻家的玻璃窗付出了代价，索赔追到门上的事儿，既然有开头一回也就不只是最后一回。

在四合院里的童年生活他并不缺少欢乐。对于一生追寻欢乐的丁绍光，执着于要让人生过得精彩，童年也不例外。不过，那乐是自个儿找来的乐，是自个儿找来小伙伴儿一起乐。

老师写板书时散落在讲台上的粉笔头儿，自然是丁绍光乐意拣进书包的。放学后他就在院子的砖地上画“房子”，自个儿找来大家乐。满院子的孩子都会用一只脚在地上蹦着，加入到民间普及率极高的“跳房”游戏中来。当然，粉笔头儿也有不该画而画了的地方，比如墙头，比如衣上。多半是同学上衣的背部，虽然是小孩子的无事找事偷着乐，某种程度上也带点儿欺侮人。所以，丁绍光背地里“干活”的对象，不是小同学，不是女同学。成名后的

《愚公移山》	《奔马》	《群马》

大画家用“宠辱不惊”的座右铭自励，这当中也包含着“不欺侮人”的一层意思。

不欺侮人，是因为深深体会过被人欺侮的滋味。

童年的丁绍光与人打起架来，俨然是一只发怒的小公鸡，不仅满脸充血，又黑又粗的头发也会像刺猬似的竖起。他经常打架，是从他经常被人打开始的。因为他是一个没爹没娘的孩子！

眼下，令外公外婆惊诧的，不是小外孙在睡着的时候多次发出过的呼爹叫妈的啼哭声，而是发现橱柜里仅存的一瓶香油不翼而飞，撞进小外孙的“梦”里。小外孙很认真地说他搞的是艺术品。

“很难画！”四十多年后，无数的访问者都曾向丁绍光追问过“第一幅画的故事”，得到的始终是这三个字。

有人对“很难画”做过破译：拾来的布头，大概是再生布一类的粗布，又没经过类似粉饰的处理，炒菜香油调和的颜料涩笔，自然很难画。也有人说，那个年代11岁的中国小孩能知道梵高不是好吃的“饭糕”就算不错了，能使用香油自制的颜料“蠕动”起来，企图在凹凸不平的粗布上涂抹心里的感受，这种行为的本身就意味着伸向未来画坛的将是一支不凡的笔。

丁绍光对画的内容有过十分肯定的回答。他的第一幅画，“很难画”画的是一个老人。很可惜这幅画没能保留下来。

无论画人物、画风景、画花卉、画山水……

无论画家画出的是过去年代有的，当今世界没有的；还是别人心中没有的，画家心中有的。

无论是中国，还是世界，绘画艺术成功的标志之一是画里的东西，让人想和它生活在一起。要不，人们怎能对画产生兴趣呢？

能为人提供想与画中之物生活在一起这种感觉的成功画家，一直是这个世界受人们关注的群体。他们大多有过激荡的人生、浪漫的经历、难以琢磨的性格、异于常人的举止，往往让人在欣赏他们不朽传世之作的同时，有着钻进油彩或水墨迷离背后的强烈愿望。他们初涉人世的首份作业——第一幅画，如能保存下来，该是多么好的一份珍品啊！不仅是佐证天才

徐悲鸿纪念馆

第一个脚印的实物，更是如画家彩色人生亮在起点处的珠玑。

然而，不只丁绍光一人不幸。

与丁绍光活在同一个国度、同一个世纪，年长40多岁，曾令小丁绍光“佩服得要命”的“现代中国绘画之父”徐悲鸿，曾居住在北京东城区东受禄街16号一座典雅的四合院内。1953年9月23日第二届全国文艺工作者代表大会开幕，时年58岁的徐悲鸿担任执行主席，主持会议，当晚脑溢血复发，于26日晨不幸逝世。在他逝世的当天，廖静文女士（徐悲鸿遗孀、纪念馆馆长）及家人将其生前留下的全部艺术作品捐献给了国家。1954年政府以“悲鸿故居”为基础成立了“徐悲鸿纪念馆”。丁绍光的“四合院情结”，与新中国成立的第一座美术家个人纪念馆是有着密切关系的。它曾经是丁绍光一伙，书包里背着“窝窝头”的“小呀嘛小儿郎”，在北京四十一中上学时，放学路上经常光顾的地方。对着先生的画，一张一张作临摹的画童们，感动得廖静文女士不止一回下厨炒菜，为她永远不知道名字的后生们加油。

四合院老主人徐悲鸿各个时期的代表作，不论是巨幅作品《愚公移山》《奔马》《群马》，还是早年在巴黎法国国立高等美术学校和蒙巴纳斯画室所作的人体习作到晚期的劳动模范、著名学者肖像……展示着青年徐悲鸿从贫寒的乡村走向世界的艰难历程的一张张遗照，以及在当年画室和起居间的复原室中展出的画笔、画板和颜料，陈列在画案上的他生前使用过的文房四宝，乃至放在画架上的最后一幅未竟之作——《鲁迅与瞿秋白》，该室墙上悬挂着他的老师法国名画家达仰的照片，他与好友印度诗圣泰戈尔的合影，他去世前一周与夫人的合影以及他收购的最后一件艺术品——任伯年的《紫藤翠鸟》等，都曾经让后来的学子们流连忘返。对于徐悲鸿大师，笔者还听到过昔日同窗陈仲对早年丁绍光的回忆，“当他的同学倾倒在西洋油画面前，发表‘油画是绘画的最高层次’的看法，认为‘中国画的梅兰竹菊、花鸟鱼虫显得平淡、没气势’时，他却建议同学们去看看徐悲鸿的《奔马》和《田横五百士》。他说，徐大师的画是国画，也很有气势，十分传神。”寥寥数语，足见丁绍光画童时代曾经是一个“徐迷”——悲鸿大师不一般的粉丝。

徐悲鸿6岁作画。见过6岁徐悲鸿画“老虎”的，只有他父亲一人。那只“老虎”是从他

雷诺阿的优秀作品 | 《裸女》 | 《红磨坊街的舞会》 | 《游艇午餐》

父亲讲的《打虎人的故事》里“跑”出来的。

不久，父亲发现了，问他：“这是什么？”

悲鸿快乐地答道：“老虎。”

父亲却很冷淡地说：“这哪里是老虎，像条狗呀！”接着，是父亲对悲鸿的告诫：“画画是要用眼睛观察实物的，你没有看见真的老虎，怎能画出老虎来呢？”

纪念馆里没有徐悲鸿的第一幅画，只有廖静文女士讲述的故事新编——“画虎不成反类犬。”

20世纪60年代中期起，丁绍光在云南艺术学院的教席上，讲授过很长一段时间的《西方美术史》。

不用备课，不用对着讲义照本宣科，青年教师随手摘来的星座，是他仰慕过的，还将被一代代人继续仰慕下去的19-20世纪艺术星空中最璀璨夺目的星座。

他讲《裸女》《红磨坊街的舞会》《游艇午餐》——雷诺阿的优秀作品，他甚至知道《游艇午餐》被美国人买去后收藏在华盛顿博物馆内。

他讲《思想者》的生父罗丹的画室里总有不间断的裸体模特儿走动；雕塑上的每一块肌肉、每一条筋腱，似乎都让人感到是从模特身上取来的。著名的《青铜时代》，如今是巴黎的卢森堡博物馆不肯轻易示人的馆藏珍宝，可它出世之初由于雕像在人体造型上的准确和逼真，巴黎的官方艺术沙龙竟诬言它是从尸身上模印出来的。

对巨星们的轶事传闻，青年丁绍光似乎是无所不知、无一不晓。但他同样讲不出雷诺阿、罗丹的第一幅画如今收藏何处。

雷诺阿的祖上，曾是和丁绍光相仿的贵族门第，只不过家门衰败于法国资产阶级革命时期。雷诺阿的父亲，以裁缝为生，母亲是个专做连衣裙的女工。家贫，纸张缺乏，雷诺阿的第一张画和最早的一批画，是用制衣的粉笔画在地板上的。

而罗丹喜欢绘画，缘起于对一些包装物插图十分感兴趣。纸上那些五颜六色的人和动物，罗丹说过那是他最早的模特儿。他最早的画应该在考卷上，一个落榜生的考卷，谁能想到它具有收藏价值！

有时候也有例外。克利、毕加索则属早熟早成名的一类。

克利被称为“难能的纯抽象主义者”，体现他几何抽象风格的巨制《怪物，随着我悦耳的歌声起舞吧》《风景地毯》等，都曾是对世界艺坛造成影响的“冲击波”“光辐射”。他7岁便有了爱情故事。“开始对一个邻居的女同学怀着特殊的感情，接着又对一个‘美丽的小淑女’有着强烈而秘密的爱情。”胡思乱想着关于怀孕生育的图画，怪异的人形和图案便出

克利的代表作品 《怪物，随着我悦耳的歌声起舞吧》 油画《油菜花》

现在7岁的克利的蜡笔下。这笔是蜡笔。3岁时，他的外祖母就教他绘画，用蜡笔在卫生纸上画一些怪异的神灵，并在上面涂上各种颜色。4岁时，他喜欢画钟，并且钟一直是克利深爱的题材和绘画符号。美术史家们在不厌其烦地描绘天才轨迹的时候，也慎重宣称，“有一幅克利4岁画的钟至今还完好保存。”

以源源不断的创作激情和浪漫旖旎的感情生活一同构筑伟大艺术历程的毕加索，是20世纪最有创造性和影响最深远的西班牙艺术大师。他的第一幅作品是8岁时画的《马背上的斗牛士》。这是一幅油画，画中有两个男人和一个女人，他们的眼睛被刺成了空洞。

“妹妹劳拉用针刺破的！”这是毕加索后来对人们做出的解释。

第一次展露8岁的毕加索绘画天才的作品，怎么得以保存下来的，不是一个太难解的谜。毕加索的父亲当时在他兼任馆长的博物馆里就自辟了一间画室，毕加索从会走路时起，就经常被带到那里。天下的父母收藏儿女的脚印是自然的事，何况是天才的脚印。

博物馆的藏品中，还有毕加索童年的故事：

“他牙牙学语时，发出的第一个音就是‘匹兹’（Piz）。”

在西班牙语中，“匹兹”是铅笔的儿语，由此看来他从小就同画笔有缘。

丁绍光的童年故事，不是“童话”！更不是像注定要盛名盖世的天才画家毕加索那样，诞生时“月光照亮了整个城市的白色屋顶，天空众多的星辰放出奇光异彩”。

丁绍光出生时，没有天降大星的预兆，只有“瓜熟蒂落”。“熟”也不是天才显示出的早熟、早慧。所以，丁绍光多年以来常说的一句话是“我是大器晚成”。“绍光”二字取自祖宗祠堂金匾上的“业绍高光”，其意是事业发达，光耀天地。父母取其中两字作儿名，不过是一种寄望，黏附在儿身上的一片梦罢了。

丁绍光11岁作画。那画是对梦的回应。

不敢做梦的外公外婆，怕梦扯到台湾，连到“变天”上去。他们依稀辨认出外孙画中的“老人”，正是他梦中哭喊的妈妈。

这是丁绍光的第一幅画——一幅不能保留，也不允许保留的画。

之所以被丁绍光称作画，那是他第一次尝试：用笔蘸着油彩，用形象表达所思、所念。

只有外公外婆看出小外孙的狡黠，那变了形的“老人”，不变的是年轻。

只有保留在孩子梦中的母亲，才永远是年轻时的花容月貌。

丁绍光的画，从第一幅就与梦有关，与刻骨铭心的思念有关。

丁绍光是一个最擅长画梦的人！且用真情。

20世纪50年代，每到周末就出现在讲台上的董希文、王式廓等大名鼎鼎的中央美术学院教授，无一不是画童们渴望见到的高山大岳。

2 无意闯入“黑窗户”，与线结缘

1957年9月，北京。

中央工艺美术学院（现为清华大学美术学院）新生入学报到处。

在报到处交验录取通知书时，丁绍光已经先后遇到几个老同学，他们同是中央美术学院学前班——“高中画室”的“小画苗”。20世纪50年代，每到周末就出现在讲台上的董希文、王式廓等大名鼎鼎的中央美术学院教授，无一不是画童们渴望见到的高山大岳。

“上工艺美院的消息告诉雷老师没有？”有同学问丁绍光。

需要报告的第一人，丁绍光恰好认为也是雷健农。

1954年，丁绍光进入北京第八高级中学。丁家大姐对弟弟“初升高”的努力有过很难忘的一段回忆，她说：“绍光在四十一中读初中时，不用功，爱画画，而那时家里穷得连纸都供不起，他竟然连被里子都画上画儿了。我担心他这样下去考不上大学，对他说，‘大哥从天津南开大学数学系毕业，二哥在北京大学物理系读书，你如果考不上八中，就考不上大学，这怎么向爸妈交代？’这么一讲，绍光发奋突击，最终考上了八中。”虽然从高一开始不再有美术课了，但丁绍光运气好。上八中正遇上雷老师准备挑选一批喜欢画画的学生，在课外组成一个兴趣学习小组。由于高中学生课程多，安排也比较紧，美术组的学生画画只能在课余时间进行。大多数美术组的学生都在中午吃饭和饭后午休时间去习画，丁绍光更是乐此不疲。有时，丁绍光中午从食堂买两个馒头，便匆匆赶到画室，一边啃着馒头，一边拿出画夹习画。雷老师为了指导学生画画，经常是午饭后三步并作两步跑到画室，向学生讲解提高绘画技巧的基本方法。如果说丁绍光在小学和初中的绘画依靠的是自我摸索，那么在雷老师身边，就是开始接受较为系统的正规绘画训练了。此后他的课余时间，全都泡在了美术室。无论是静物素描，还是头像写生，他都学得如痴如醉，因此颇得雷健农老师的赏识。

现北京市第八中学

美术组在校内外都有一些小名气，年年都有学生考入中央美术学院。被娃娃们称作“老

中央工艺美术学院　　中央工艺美术学院教学楼

头子”的雷健农是最早的“无偿自愿献血者”。

老头子脾气怪。对学生不发脾气，对自己发过不少脾气。更让学生们由衷佩服的是，他辞谢了中央美院的教授聘书，心甘情愿在美术组当“娃娃头”。人家是要把他当珍珠挖去，他却念诗一般说：“人想当珍珠，是不知道埋没的痛苦，我已经毫无痛苦的感觉，证明从来就不是珍珠。”

雷老师是齐白石的弟子，那时八中外事活动需要白石老人的画，都是雷老师通过白石老人的夫人以优惠价买来的。雷老师是学国画的，但他从来不教丁绍光等画《芥子园画谱》。

40年后的1997年，丁绍光在上海发表谈艺录 —— 一本历代教师教学生的画谱，几乎被他数落成“不知毁掉过多少艺术天才”的屠坊。“不能用这样的画谱来教学生。为什么我要这样说？画谱里规定了竹子要怎么画，用笔应该怎么用。作为一个中国画家我也有这种感觉，教学也好，画自己的东西也好，我的背后站满了我的祖宗们，这个说拿笔要这样拿，那个告诉你用笔不许这样用，这就束缚着没办法动笔。优点用不好就成了包袱，背在身上非常沉重。”

40年后惊回首，若不是雷健农一手松去包袱，恐怕早就压折了天才们稚嫩的筋骨。丁绍光等跟“老头子”学的是写生，是扎扎实实打好基本功，搞清透视关系和明暗对比关系。“他教我们就是不停地画直线曲线、曲线直线……”

中央工艺美术学院考场，一堂创作考试长达四小时。考生被要求用一朵指定的花去完成一种图案造型设计。在美术与设计两者之间偏爱前者的丁绍光，把花画得很好，可以说栩栩如生，但设计并不出色，他能被最终录取的原因是素描。直线曲线、曲线直线，终于为青年丁绍光充当了一回救命线！

新生丁绍光刚才在入学报到处，已经被同学确认了“雷门弟子”身份，并去过雷老师家告别。雷老的家从不接待学生，这对于丁绍光不仅是一个例外，也是他仅有的一次登门造访。

集体贫穷年代的中国知识分子的容身斗室，普遍的简陋与狭窄。床板上早年是老油布，后来是塑料皮，一条薄被眨眼工夫就可捆扎成结结实实的一方砖头，“哪里需要哪里搬”。

在丁绍光的记忆中：坐在很暗的灯光下，老师很孤独。身后是窗户，窗户遮着黑布。一灯如豆——并非象征意义的红烛。

中国画界讲传统、重师承，恐怕是世界上独一无二的。笔墨有出处，名师出高徒，拜师学艺挑门户亮者，人多势众越显师门之亮。

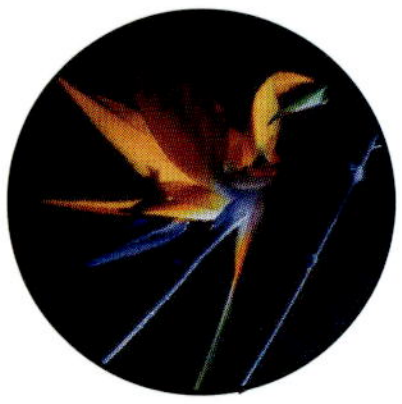

丁绍光幼年学画，不自觉闯入黑窗户；丁绍光青年学画，偏挑一扇扇不甚明亮的窗户，却是自觉自愿！

3 拒入“亮窗户”，初显过人胆识

“高中画室”是中央美术学院的良种选育场。女大十八变，未必男近十八不曾变。丁绍光学武术以自卫，爬到别家的屋顶上用弹弓把玻璃窗打碎，在朋友面前显示自己大胆惊人行为的岁月，几乎在拿起画笔的同天结束。

另一个世界同样精彩——

凭着天赋和勤学苦练，仅仅一年，丁绍光就成为中学的美术尖子。于是，他每周赢得两个下午可以到中央美术学院高中画室去继续提高的学习机会。在那里，不仅高手如林，而且能了解绘画艺术的发展动态，特别是关于要在学习苏联和西方先进画法的同时发扬中国传统画法的观点，更使其眼界大开。他迫切感到光画画不行，还要拓宽知识面，提高文学素养。昔日同窗都记得当时在上数理化课时，他在下面偷看小说，全然不顾老师讲课的情景。在长他10岁的大哥丁绍曾桌案上，他初识了罗曼·罗兰、巴尔扎克、托尔斯泰等人物，而取代小男孩朝思暮想成为“水泊梁山”第109将或者去“桃园”当刘、关、张结拜兄弟念头的是约翰·克利斯朵夫。他还特别对书中那个“个头并不如想象中那么高大”的杰克·伦敦印象深刻，小说家激发了少年丁绍光对美国的最初想象力。20世纪80年代初，当他赴美与母亲团聚之后，他还特意去旧金山拜谒过杰克·伦敦的青铜塑像，像是去看望一位童年的老朋友。记者问：“您在国内创作的作品与在这儿（美国）创作的作品有何区别？”丁绍光说：“我在中国的目标是在世界各种文化的基础上形成一种新艺术。很早以前我就想这样做。最初是通过文学来实现这一目标，通过博览世界文学我体验到许多人的悲欢。”

由于丁绍光决定投身艺术，短暂的“作家梦”也就宣告中止。他的家人、老师、朋友根据他已具备的应考能力，除家庭出身一项“先天不足”之外，大家对于他会被录取进入中央美术学院油画系都很有信心。

中央美术学院至今都是中国美术的最高学府，被丁绍光崇拜的徐悲鸿先生是这里的首任院长。油画系更是名校举在手中的一扇窗户，晃动在这扇亮窗户上的，是中国未来的“列宾”们的身影。早年的丁绍光也确实是踮起脚尖，在窗外看得出神。第一笔就是饱蘸外婆炒菜香油往布上涂抹，似乎更有理由说明丁绍光的初恋是交给油画的。后来也成长为艺术家的刘秉江，是丁绍光在北京八中的同学，“高中画室”志同道合的画友。晚上做完功课后，他

墨西哥壁画家西格罗斯的作品

们总是一起外出散步或者看电影，他们脚下的路是红墙绿树侧立一旁的长安街，不尽的话题常常是苏联电影和艺术的延长线。闪烁其间的，当然也包括马列主义政治家们灌输给当时每一个中国人的“以老大哥作样板”的明天。

他俩在电影院看《列宁在1918》时有一段插曲，刘秉江在回忆中描绘：在实行灯火管制的银幕前，突然爆发出一声叫好声。这种喜极而发的心声，若是老北京戏迷伴以发烫的掌声，向吉祥剧场的幕布上倾泻，我就不会奇怪了，但是我邻座的老同学丁绍光失声叫好，我就不得不格外睁大了眼睛，把那画面录下来——

一队来自波罗的海的水兵。

他们脸膛上绘着硝烟。无檐儿帽的黑飘带上系着海风。

水兵从台阶上走下来。

落叶……台阶……水兵远去……

“任何镜头停下来都比油画好！”

刘秉江记得，丁绍光走出电影院，狠狠地说过这么一句话。

多年之后，丁绍光也曾回忆过这帧难忘的画面，这句话被修饰得更加准确。

“我是说，比他们画的那种非常呆板的写实油画好！”

苏联电影艺术大师，那时候被丁绍光称作“用镜头写诗的人”，银幕上充满诗意，美得无法形容的画面，年轻人就说，“看，这是油画。”

能够进入中央美术学院油画系，机会难能可贵，那扇亮窗户是对献身油画事业的前景许诺，他们无疑是要造就一位在画布前挥洒油彩作诗的人，你创作的诗将是

中央美术学院旧校址

史诗。

出人意料，丁绍光既没填报油画专业，更没有报考中央美术学院。这令人一时无法理解，他怎么会有了“我不想去学这种东西”的怪想法。他想要去学的，是一种什么样的东西呢？

4 主攻装饰绘画事出有因

对年轻的丁绍光产生巨大影响的，是墨西哥著名壁画画家大卫·艾尔法罗·西格罗斯（1896－1974）。

1955年10月，西格罗斯访问苏联，在莫斯科和列宁格勒讲学后顺访中国。

随着他的进京，西格罗斯的传奇故事也在北京画界流传开来。

丁绍光与生俱来的“侃大山”本领，在当时的画友中就已有些名气，造型艺术之人的语言似乎也特具造型能力。听说来的“墨西哥大画家在中国云冈石窟双膝下跪”，经他绘声绘色转述，人们如同亲临其境。

面对着体现中国文化伟大成就的杰作，西格罗斯声称自己“无法站着不动”。西格罗斯带给1956年北京美术界的震动，比“云冈一跪”更为强烈的是有其大量作品参展的“墨西哥绘画艺术展”和一封致苏联油画家、雕塑家和版画家们的公开信。

前者是丁绍光在国内首次，也是看到的唯一一次意义深远的外国画展。北京的报纸对这些展出的墨西哥著名壁画进行了广泛的讨论，因道出了“墨西哥人民的心声”，表达了一个民族“勇敢、顽强和无私的精神”，墨西哥艺术家备受赞扬。1956年的北京还曾经展出过一些法国艺术家的作品，其中包括丁绍光后来钟爱的毕加索和马蒂斯。由于不公开展出，他对那些画展产生的效果和影响一无所知。

丁绍光对西格罗斯是“未见其人先闻其声”，继而是有幸进入展廊“观其画如见其人”。墨西哥壁画浓艳的色彩、奔放的人物造型，以及巨大的视觉冲击力，对青年丁绍光的震撼是史无前例的。犹如20世纪80年代国门初开，男女同着一色灰蓝的国人初见T形台上之霓虹。世上还真有穿霓裳羽衣的尤物？一阵头晕目眩……

“画还可以这样画？”

在丁绍光抉择艺术道路的紧要关头，毋庸置疑，墨西哥壁画如苍茫中投来的星光，照亮了他的天空。

20世纪50年代初，中国在政治上奉行的路线正如那时中小学生课堂上教唱的一首歌——

墨西哥壁画浓艳的色彩、奔放的人物造型，以及巨大的视觉冲击力，对青年丁绍光的震撼是史无前例的。

“一边倒，一边倒，我们坚决一边倒！”服务于政治的艺术教育岂能不坚决地倒在这“一边”。虽然如此，或许一些西方的文艺思潮因为辨别不清、清除不力，或许文化交流在“墨西哥绘画艺术展”举行半年之后还保持着一定的态势，西格罗斯的那封公开信也就被“交流”进来了。

这封信先是西格罗斯本人在莫斯科和列宁格勒美术学院当众宣读。

全文刊发在美国《群众与主流》杂志，已是1956年4月。当年的中央美术学院简报上便出现了经修改后译载的公开信部分内容和北京艺术家们的热烈讨论。

身为“高中画室”学生的丁绍光，首次听到了对中国“一边倒”的艺术教育，即按苏联画派培养艺术家教学方法的严厉批评。西格罗斯认为“只让学生临摹希腊和罗马的石膏像”，“是对自己祖国长达五千年历史悠久文化的忽视”。这声音尤使丁绍光惊心。对墨西哥大艺术家在中华瑰宝——云冈石窟前的“不能自已”，进而在展出的壁画中，看到西格罗斯们摒弃欧洲模式，毅然转向哥伦比亚和墨西哥历史来确定画风和题材，丁绍光就不仅仅是心中感动，而是决心欣然前往了。

由于当年同在一条胡同住的缘故，陈仲和丁绍光常常上学下学同行。《我与丁绍光》带给我们的有关回忆，让丁绍光本人往往要想上一阵子才说陈同学所说有可能是曾经的自己。

“一次看电影《牛虻》散场出来，模仿牛虻挺立单手开枪的动作，赞赏电影画面的色彩和人物形象都好”的情节，绍光一听就说确有此事。而有一次看法国电影，他俩因相邻而坐，当看到一个少女梳妆的情节时，陈仲听见丁绍光在耳边小声地说，“这个镜头角度取得好！”见陈仲有些茫然，他就进一步解释说，“用这个角度来反映少女照镜子看到自己发育之时，将羞涩的表情和腰身的躲闪动作刻画得非常细腻。”正是从这一刻起，老同学感到绍光对画面的色彩、角度已有很独到的见解。绍光却是在想上一阵子才说，凭感觉算得上是一份缺失的记忆。

丁绍光还有一个段子，是陈同学讲的1957年高中毕业时的往事。当时每人要交两张二寸照片，大家都很重视，纷纷到西单国泰照相馆去照，而交上来的照片几乎都是灰蒙蒙的，唯独绍光的照片却与大家的不一样。他的照片是以黑色做背景，头像明亮，脸形清晰，光线柔和。同学们都很诧异，问他是怎么照的。他说，他让照相师先替他坐在被照的位置上，由他调光，关掉背景灯，正面再细调，然后他自己再坐过去，让照相师拍照。照相师不同意，说照坏了算谁的，绍光说我签字我负责。就这样才拍成了这张与众不同的照片。大家都交口称赞，他也挺高兴。

青年丁绍光个性中不时闪露异于常人之处！

是十六七岁的“青春期”，在人身上或强或弱都得出现的，那一种被称作“逆反心理”的反映？是来自一个不得势的“出身”，对当今时尚天生的“反骨”使然，随时显出不合潮流的姿态？

为绘画而生、为艺术而活的丁绍光，青年时期反映出来的个性特征，将他与同辈的画友在前进路上迅速区分开来，不是哲人似的孤独、诗人似的浪漫，而是不凡的艺术直觉——很早以来，他就极其善于从他感受最深的艺术和艺术家身上汲取所需要的宝贵养分。

在艺术上常常会有自己看法的丁绍光，用今天的话说就叫作“不按常规出牌”，他没有报考中央美术学院。他主动放弃了浙江美术学院油画系先行一步送达的录取通知。这一扇为他打开的窗户，与中央美术学院油画系几乎有着相同的亮度。

校址同在北京，校名只比中央美术学院多两个字的学府——中央工艺美术学院，丁绍光成为该校装饰画系1957年秋季入学的新生。从此，丁绍光的艺术简历上多了一行字：主攻装饰绘画。

5 在老师的脚印上找路走

很多很多的学生，瞄准“重点”，向往“名牌”。

很少很少的学生，如丁绍光凭直觉，相信内心感受，不选名牌，而重在选择自己喜爱的老师。他也并不在乎老师当时是否已经名见经传。如果我们注意到丁绍光日后在谈艺录中这样的一段话：“艺术家必须很好地了解历史，但我并不想重复历史。学习艺术史在于发现前进的道路。”我们就不难理解青年丁绍光选择老师的聪明，有别于其他聪明者的聪明，是丁绍光从老师的脚印上发现自己前进的道路！

20世纪90年代初，美国迈阿密大学亚洲艺术史副教授安·威克斯，关注到丁绍光连续在美国、欧洲、日本举办画展并获得传奇性成功之后，揭秘似的推出有关他的一系列研究论文，开列出一份包括庞薰琹等在内的导师名单。世界在签收这份迟到的信息时，才发现了一个对丁绍光影响重大的名字——张光宇。

张光宇何许人也？

早熟的无锡才子，还没到而立之年就是漫画、插图以及电影界美术方面的领军人物。在抗战时期，张光宇是用漫画同日本侵略者做斗争的一批人中的领袖人物。1950年，他从香港上船到天津下船回归祖国，投身新中国的伟大建设事业。在开国总理周恩来提交的一份滞留海外艺术家名单中，就有张光宇、张正宇兄弟的名字。新中国成立之初轰动世界的动画片

张光宇（右）、张正宇（左）筹备《西游漫记》展览

《大闹天宫》就是这兄弟俩担任的总设计。

西方的绘画史家和艺术史家，已经注意到20世纪50年代中国有一位年过五旬的插图画家张光宇。他创作的文学作品插图，对废寝忘食在中国和西方古典文学中寻觅支撑动力的青年丁绍光，有极大的吸引力。

多年后，丁绍光仍会忆起在京城胡同口上，一支喇叭筒因播放梅兰芳或者马连良的京剧唱段而交通堵塞的情景；放学不归的顽童，最后被家长一个个从连环画图书摊、评书艺人献技的茶座下“捉拿”回家的闹剧。他说：“我也曾在自己身上捆上一根类似的绳子，张光宇画的《水浒》绣像108将，简直把我迷住了，一个个非常好，非常有性格。他那种人物造型，太好了，不是照片，不是写实……”张光宇笔下的线条，绝无夸张地可以称作“魅力之绳”，攥着绳头一端的丁绍光最终走进了中央工艺美术学院的大门。

当时，张光宇任教于此，讲授艺术史。

安·威克斯女士曾经写有专著涉及张光宇等人，并对新中国成立初期知识分子的境遇做过客观、真实的讲述，她说：“我们不能夸大张光宇对丁绍光的影响，但我们也不能忽略他对中国艺术教育所做出的贡献。他的民间艺术思想和中国古代艺术思想影响了中央工艺美术学院的一代学生；中国一些最著名的艺术家，包括张仃和黄永玉都把他尊为师长。他和中央工艺美术学院的同行们还促进并发展了与中央美术学院写实主义迥然相异的艺术手法。这两大院校教师之间的抗衡是张光宇至今在西方鲜为人知的原因之一。中央美术学院最初的领导对现代欧洲艺术愤愤不满，在委任教员时对那些钟爱毕加索、马蒂斯等现代巨匠的艺术家抱有成见，倡导现代欧洲艺术的教授或反对学院派写实主义的教授只能因此降至中央工艺美术学院执教。”

1957年气候反常。

夏天的雷雨还没有来得及把暑热驱散出去，秋天便匆匆来到了北京城。坐落在西郊的中

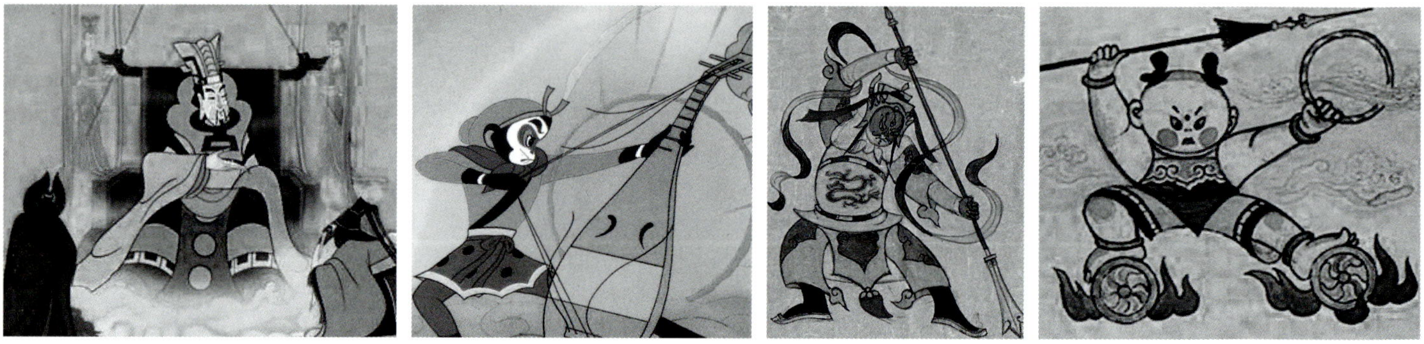

20世纪50年代张光宇的《大闹天宫》人物造型

央工艺美术学院，正迎接新学年的到来，道路已经清扫，疯长了一春一夏的杂草也被拔除得一干二净。

逃了鸣蝉，歇了蛙鼓。丁绍光很快注意到，经过一个夏天，如画的世界清冷了许多。走出校门，跨过马路，便是水塘、树林、芦苇、草地……三三两两的学生，一副少年不知愁的模样，正把这片多少还带点野味的田园山水搬上画架。他们胸前佩戴着与丁绍光同样的条形校徽。而校园里的气氛似乎更多了几分秋日的萧索，较入学新生年长的教职员工擦肩而过，往往佯装成路人匆匆离去。许多年后丁绍光初到美国那阵子，每逢陌路人主动开口送上“你好”的问候，他都不由得想起那年新生入学之时……

夏天的雷雨，在路边的大字报棚上留下片片斑驳。那里曾是“鸣放园地”。

他对“群众创造的这种革命形式”，首先感到的是用纸浪费。美院这类地方历来是“纸老虎”，胶版纸、铜版纸、宣纸、毛边纸，无论什么样可以画画的纸，都被用来表态、用来声讨、用来揭发、用来定人之罪了。

学院的大字报长廊，逐渐被移入暂时无画可展的展室，派人守着，同时停止了对学生开放。

经过“反右斗争”洗礼的“人类灵魂工程师”们，陆续走回讲台。染织美术系、陶瓷美术系、室内装饰系等学系相继开课。培养应用美术人才，表现形式着重装饰艺术的装潢设计系，包括了书画装饰、商业美术、装饰绘画等专业课及各门基础课的教师，也相继亮相在嗷嗷待哺的学生们面前。也就是在这时候，丁绍光见着了心仪已久的张光宇教授。

梦中想的和现实生活中出现的不一样，印在纸上的“画”和映入眼帘的“像”也不一样。

这是丁绍光对张光宇的第一印象！

《神笔马良》

丁绍光自从在《水浒传》中读到梁山好汉108将的绣像图，就来了一个“书山有路勤为径”，在当时出版的书报杂志中，凡见张光宇，倒头便拜。那期间，他在少儿图书里发现了跃然纸上的《神笔马良》，在傣族民间叙事长诗里发现了张光宇白描的《孔雀公主》，他简直被图中的孔雀羽毛和热带棕榈树叶、蕨类植物羽毛似的线条迷住了。受限

20世纪30年代张光宇的《民间情歌》系列

于历史条件，丁绍光进入大学前已在心中暗许自己是光宇先生的私淑弟子，翻译成现代的说法，是加入了崇拜光宇先生的“粉丝群”。光宇先生早年画布景、搞绘图、广告、香烟画片、月份牌，后来搞漫画、装饰画，搞装潢、实用设计，许多外国画家对他有过影响。许多民族民间的，不仅是中国的而且包括埃及、印度的世界其他民族民间的人物、器物、景物都被他别具匠心地收入自己的画中。但他的画绝不是任何画法或任何人的翻版。20世纪三四十年代他发表《民间情歌》插图，造型极其简练，画面至为严谨，寥寥线条，浓浓情意，令人惊诧不已。他所作的名人漫画像，类似程式化的戏曲脸谱，较之一般写实手法描绘来得更真实，性格更突出，令人眼界大开。

何谓画在纸上的？这里指的是漫画，画漫画的光宇先生被人用漫画似的笔法画在了大字报上。新入学的丁绍光从那间改作陈列大字报的展室窗外路过，好奇心驱使他迅速加入“观战”的人群——每扇窗外都有三三两两的中央工艺美术学院学生在窥看老师们的大字报。虽说最终定格一米八五的身高是两三年后的事，丁绍光此时的身高已充分显露优势，越过攒动的人头，视力极佳的他一眼便看见了大字报上的张光宇。经过随心所欲的夸张，无中生有的变形，不怀好意的营造，大字报上的文字企图达到漫画张光宇的效果。这时，丁绍光想起一幅漫画，但实在想不起在哪本旧书刊里看过。他只记得是一个叫廖冰兄的漫画家的“戏作”，画纸正下方有一行“孩儿体”，特意注明那位长着圆根萝卜似的头型的画中人就是“光宇前辈”。画中景是“前辈”挥毫泼墨在1945年“巴县北温泉村作《西游漫记》”。丁绍光清晰地记得“前辈”伏案的画桌是一见就想发笑的“古董”——撑起一头是逃难用的被盖卷，另一头则是装颜料、画纸——画家“吃饭家伙”的两只旧皮箱。画外有音，道出的是一段史实。由于日寇的节节进逼，1944年的湘桂大撤退之际，张光宇携妻带儿，经香港辗转返回内地，脱离虎口，进入重庆，借得画友重庆北温泉一间小木屋寄寓。几乎衣尘未洗，他就去找画笔记述和宣泄一路的积愤，一叠白报纸，一盒小学生用的水彩颜料，画出一批描述逃难百姓在前虎后狼夹攻之中惨不忍睹的作品，立刻加入已有叶浅予、丁聪、廖冰兄等参与的《八人漫画展》。接着便诞生了廖冰兄“戏作”中那个情节——张光宇认为零零星星记录表现的作品已无法表达他的愤懑，一鼓作气画出了60幅的漫画巨制《西游漫记》，借助旧故事框架，讽刺的是当时社会现实的各方面。所以，在漫画中光宇脸的圆面上，鼻子嘴巴移了位，竖成一只有棱有角的三角形，颇能表现先生秉性外圆内方，而在画案上出现的正是有待着色的“孙悟空”——一只来自《西游记》的灵猴，中国老百姓家喻户晓的美猴王。

《西游漫记》最早出版于1945年，丁绍光读到的自然是中华人民共和国成立后新版的《西游漫记》。这是未来的师徒在色彩世界里首次会面，也是后来者与先行者在一条新丁绍光认为“张光宇的大美术观，对学习美术很重要”，曾经使他获益匪浅。

《西游漫记》

路上对话的开始。吸纳中国传统、民间艺术的特点，又融入西方现代手法的张光宇是一个鲜为人知的辟路者，如今，已得到越来越多人的承认。20世纪中国美术发展史上应有属于他的一笔——“一个虽然死了却依然潜移默化影响着后人的张光宇”，中国画中风行的带装饰味的风格，受到愈来愈多人喜爱，也印证了这样一个说法：你或许应该超过他，但你无法绕过他。

吴祖光说张光宇是美术界的泰山北斗，影响巨大；华君武说张光宇是中国一代漫画家的引路人；张仃说张光宇是亚洲的骄傲，我们欠张光宇的账。张仃与张光宇还有着一层极其珍贵的亦师亦友的亲密关系，丁绍光在《怀念恩师张仃》一文中，有过一段深深地触动过笔者也必然会触动读者神经的文字：“光宇先生比张仃先生年长17岁，1965年，‘文革’前夕，才64岁的恩师张光宇与世长辞。20世纪60年代初，自从张光宇先生半身不遂被迫放下画笔后，张仃先生在言谈中流露出无限的惋惜与悲痛……我看到张仃先生更加勤奋了，似乎不是自己作画，而是为亦师亦友的光宇先生在争取时光与生命。”

丁绍光说，“张光宇教我兼收并蓄，全世界好的东西都应该学。”得了真传的弟子，和他老师持有同样的艺术观。在包罗万象的中华民族文化中，被他们视为很重要的一部分的就是民族民间艺术。而真正能震动世界的，就是中国的民族民间艺术。敦煌的发现震动了世界，马王堆震动了世界，秦始皇陵墓震动了世界……很多国外的评论家反响非常强烈，说不仅仅中国美术史要重写，世界美术史也应该重写。敦煌壁画、云冈石窟、秦始皇陵都没有留下任何一个艺术家的名字，真正把自己的生命全部献给艺术的，就是这些创造敦煌、麦积山的所谓的工匠。那是对艺术、对宗教的一种狂热！这些人应该是中国艺术的中流砥柱，这些人才是中国真正的专业画家。丁绍光认为“张光宇的大美术观，对学习美术很重要”，曾经使他获益匪浅。

而那年大学新生丁绍光隔窗窥看老师的大字报，字里行间透出一派杀机，却不是什么“超过他”“绕过他”，而是企图“搬掉他”！

站在窗外无能为力的丁绍光，捏了一把冷汗。“张光宇为西格罗斯叫好。”“张光宇在教学中鼓吹形式主义。”“那年月，也是‘右’的言论。”

长期失去母爱，家庭生活来源靠父亲一个香港朋友转来的生活费，随形势变化眼看快要中断。曾对丁绍光文学方面有影响的大哥已在天津被划为“右派”。

丁绍光，难道连最后的梦也要失去吗?

天无绝人之路。

终于，在装饰画系一年级课堂上响起了拉长的“起立——”声。

丁绍光记不清当时是值日生喊的口令，还是他心跳过速的结果。

出现在课堂上的张光宇，

既不像丁绍光想象中的那么高大，

也不像廖冰兄漫画中那么浑圆，

更不像大字报上那个“老右”……

长得随便，穿着也随便。老师的目光，第一次看到就有感觉，是很多放射线的组合，充满了智慧。

张光宇总算没有被戴上“右派”帽子！

丁绍光进入中央工艺美术学院，自此开启了人生新的一页。

天时虽不尽如人意，地利却是有助于他的追求和探索的，人和也是最可贵的。同班同学多半忠厚，在政治运动一个接一个的几年中，他们不减艺术热情，互相搀扶着走过求学之路，这并不是一件容易的事情。乍看专业课教席上的老师，一个个都像是雷健农那样不明不亮的窗户，走进屋里，凑到眼前，你却轻易不会忘记，那是一支支熔化自己以光焰照亮别人的红蜡烛。

吴大羽教授，中国早期油画界以色彩著称的新画派代表画家之一，当今画坛享有盛名的画家吴冠中、赵无极、朱德群、董希文等人的老师。赵无极称之为“善于点亮学生眼睛的好老师”；吴冠中认为在当时的老师中“威望最高的则是吴大羽，他是杭州艺专的旗帜”；林风眠认为他“具有宏伟的创造力”，称之为“非凡的色彩画家”。在20世纪20年代末30年代初，组织成立以林风眠为院长的杭州国立艺术院，吴大羽任西画系主任。他的作品是活用了中西两大文化资源的“结果”，其艺术成就应该跻身于徐悲鸿、林风眠之列。然而丁绍光早年基本上没见过这位老师的绘画作品。1938年以前，吴大羽曾创作了许多巨幅具象油画，如《汲水》《凯旋图》（又名《岳飞》）《孙中山演讲图》等，全都毁于抗战期间。解放后他也曾创作了主题雄伟、气势恢宏的《回乡》《丰收》等大尺幅作品，全都没能经受得住政治

运动的折腾。在丁绍光做学生的年月，他只听说吴老画了就藏起来，既不出展，也不“参评”，更不出售。直到1998年在吴冠中家里，他才在照片上目睹了吴大羽的遗作。一看吓了一大跳，看中国画丁绍光从来没有这个感觉，紧接着便是丁绍光发自肺腑的叹息和连声的感慨。如今一些人走后门、托关系、出费用，甚至凭借手中权力挤入五花八门的辞书大典，出书立传炒作得沸沸扬扬，吴大羽在哪里？他的全部绘画悄无声息地让台湾买了去，他在大陆的家人不和美术界来往，自甘沉寂，连入室弟子吴冠中写信都一概不回。面对台湾传来的照片，吴冠中先生邀约丁绍光共同撰文，后来考虑到台湾画廊拿去赚钱的动机，中途辍笔。文章写在心里，深感惋惜。老一辈中国画家共同的遗憾：没有哪一个可以在世界画坛立足。无法弥补的遗憾，若是现在把吴大羽的抽象浪漫主义绘画拿到世界展示，人家不会说你比洋人画得差，但会说你来晚了，是不是学来的。

丁绍光1957年进校时，吴大羽是新出炉的“右派”。

尽管他艺术成就巨大，学术思想先进，但此情此景，吴大羽散发的余热，实事求是地说，对丁绍光画技画艺的进步并无直接关系。不过吴大羽将西方现代绘画与中国传统艺术的一些观念和技巧有机融合，创造出一种个性强烈、色彩绚丽而意象深郁的艺术风格，对丁绍光的影响是长远而深刻的。画界认为能够代表吴大羽油画最高艺术水平的还是他晚年时以抽象艺术为油画探索的阶段，即1978年至1988年之间。此阶段，他完全沉醉在对于纯艺术的追求上，随即扬弃了画面上的具象因素，转到颇具表现性的抽象、半抽象探索上。重温丁绍光艺术人生的脚印，不难发现的是老师对学生的影响是一生的！吴大羽对特立独行的丁绍光的影响更多的是个性和艺术主张上的启示。

青年时期的吴大羽

进校不久，丁绍光在“高中画室”几年含辛茹苦练就的基础——绘画上的写实功夫，很快在同学中突现出来。这是雷健农没完没了教弟子画复制的石膏头像、素描写生奠下的坚实基础。

无论日后还是当初，丁绍光是一个不间断追求精彩人生、每天都期望收获快乐的人。与其说每一天摇醒他的是闹钟，不如说是夜来总有梦。

他大学时代的快乐，多数来自素描、色彩、装饰等基础课令人刮目相看的成绩，来自课堂上对古代彩陶、青铜、漆绘、画像石以及壁画中线条的表现技巧、色彩运用、日益高涨的兴趣。

中央工艺美术学院教授袁运甫，也是丁绍光在学艺过程中有幸亲近的一位20世纪中国艺术界引领风骚的大师，他使丁绍光走上自己的“大美术”之路。在这位年长丁绍光六七岁的师兄印象中，丁绍光同属两个群体：教师群和学生群。既获得教师们父母般的呵护，同时兼有兄弟姐妹的拥戴。他生性坦直，平易近人、热情待人、真心待人，也赢得师友的真心相待。他善于辞令，每每谈起从书中和老师那儿学到的艺术知识，周围总是聚集着一群聆听者。丁绍光成了袁运甫的知己，袁运甫还把自己在中央美术学院学习的弟弟袁运生和弟弟的同学刘秉江介绍给丁绍光做朋友。他们后来都成了国内知名的青年画家。不缺亲情，不缺友情，大学五年是不乏快乐的日子。那些时光中的快乐往往是丁绍光主动找来的，以丰补歉起过不小的作用，比如那时他常常入不敷出的是颜料和画纸……

关于颜料有过未经证实的笑话，有同学发现他改用食盐刷牙，因为他把牙膏挤到画笔上去了。丁绍光说那是没有的事，是善意的谣言。

画纸不够用，因为画得太多。受过低年级小女生的支援，也是事实，但绝没有画纸里裹着约会字条的事。他只见物不见人。多年后老同学们聚会，开玩笑说他所谓的不见人，是因为看见女生同学中缺乏美艳绝伦的。丁绍光却说：“美无处不存在！天涯何处无芳草？那时我没时间去发现！”

别人一天画8小时，腰酸背痛；

他一天画12小时，精力充沛。

丁绍光开始从课堂溜号了。

课堂正在讲苏联美术史——“为什么非要拉我去‘一边倒’？”

有人发现丁绍光躲在宿舍里画自己的画。

课堂上正在讲政治——“政治这东西，我一脑子都是问号。”

有人发现丁绍光避开政治，越来越多的时间泡在图书馆。他像海绵吸水一样，默默吸收着来自各方面的知识养料。那时的张光宇、吴大羽等都变得像一句戏曲唱词刻画的状态——言语不多，道理深。同班的几个老同学各自对丁绍光有着不尽相同的回忆，但有一点是相同的，那就是常常发表与众不同的见解。他认为在学校里既要学好基础课，同时也要开始研究创作，头脑要清楚。基础不是目的，只是过程、手段，不能机械地把基础与创作截然分开，更不要因此对立，而应该相辅相成。学艺要主动“出击”，不要等着老师来“喂”，自己得学会“觅食”，不然永远也“长不壮实”。

老师们的告诫、叮咛，那些不多的言语，经他琢磨、消化，常常引发他不同于同学们的怪异行为，犹如在同一棵树上嫁接迸发的新枝。

“我的课，你想上就上，不想上就别上，不想上的课，你听了也是白听。要上你就上，不想上，你该干吗就干吗！”这话是系主任吴劳讲的。经丁绍光一琢磨，他把吴主任所说的“我的课”理解为“有些课”，于是便产生了他有时逃出课堂，躲进宿舍画画、藏身图书馆“觅食”的一连串动作。

当他升入高年级时，丁绍光已觉校内藏书有限，于是越来越多的是骑上自行车，风风火火从西郊赶到北京图书馆（现中国国家图书馆，下文简称北图），开辟第二课堂。他一路上感觉非常好，就像胯下不是一辆除去铃铛不响外全身响的旧自行车，而是骑着关云长的赤兔马似的。幸好那时在图书馆门前，只要亮出学生证、工作证之类就可长驱直入。

他清楚记得，1958年大学二年级时，首次进入北图的情景，想借一些西方画册，可惜连英文字母都读不全。在查目录时，他心想尺寸大的可能就是画册，有时借出的是一本地图，只好硬着头皮，看着地图胡思乱想，捱上个把小时，再换其他大尺寸的书。20岁挂零的丁绍光装了半天儒雅，目的是想留给图书管理员一个好印象，下一回能把只供内阅的西方名家画册借到手。

从北图借阅室进到张仃先生家的藏书间，是个意外！

先有北图意外发现经常出入其间的中央工艺美术学院二年级学生丁绍光不正常的表现，后才有张仃院长接到北图状告“流氓学生”的大函，亲自出面召见丁绍光的那一幕。

6 初识张仃，情醉毕加索

窗外春柳乍绿，冬寒尚未退尽，丁绍光因激动，手心和额角首先沁出汗来。从内阅室借到的大画册上，他第一眼看见就被深深地打动的毕加索油画——《苹果树下的少女》，手法夸张，既变形又换色，少女拉长的脸变成蓝绿色，苹果树变成群青色，但在整体幽静的色调里，少女的脸恢复了那少有的白皙、娇嫩与透明，真是美得凄凉。毕加索丰富多变的形式美，一个从未见过的艺术新天地，令丁绍光欣喜若狂。

有了第一次，他很快就有了第二次、第三次……

一次次地借阅“毕加索”，很快受到了图书管理员的关注。管理“内部参考”和为批判提供资料的内阅室，管理人员头脑里长期绷着一条阶级斗争的弦，那时不称作神经过敏，而是受到嘉许的嗅觉敏锐。他们发现丁绍光一见毕加索的画就如痴如醉，一连数小时着迷，有时还喜形于色、击节赞赏，甚至旁若无人，摊开画册摇头晃脑地欣赏。他把一张桌子的面积越占越大，行为张狂。等管理人员收回画册，他们把丁绍光刚才阅读过的部分检查一遍，顿时心惊肉跳起来。

大学时期的丁绍光

《人生》——毕加索“蓝色时期”的代表作。拥抱在一起的裸男裸女，据说饱含在画里的是毕加索对朋友的痛苦回忆和无法逃避的人生苦难的悲哀。

《坐着的裸女》——毕加索步入了“粉红色时期”。

《阿维农的少女们》——就在这幅画的创作过程中，毕加索的“立体主义”宣告诞生。在这纵横超过2米的大油画上，或站着或蹲着的是五位全身裸露的妓女。毕加索下了很大功夫，他在平面画布上立体地表达出来，让人不是从一个方向观看，而是从两个、三个、四个，甚至更多的方向去观看，超出空间限制，给人的想象力插上翅膀，把现实主义与浪漫主义高度结合在一起……

《母与子》——画中少女充满青春活力。人物线条清楚、明暗分明。对衣褶的处理带有古希腊浮雕的特点，使人联想到古希腊罗马时代和文艺复兴时代的维纳斯雕像。

《女人花》——大师将他钟爱的女人画为不朽的花朵。这是毕加索1946年的作品。

《三个乐师》——几何学的色面互相衔接交错，从而产生音乐般的韵律与节奏感。据说这是大师在新古典主义时代以综合立体主义的手法完成的，也是立体主义达到巅峰时期的一幅值得纪念的作品。

《接吻》——一对男女相抱而狂吻，两人的相貌已完全变成野兽的样子。这是在社会危机的重压下，企图在性爱的熔炉中麻醉自己的性变态者。

《穿土耳其服的女人》——从这幅画里可以窥见毕加索新的爱情世界。模特佳克琳在画中扮演了重要角色，她是毕加索生命中最后一个情人和妻子。

尽管毕加索的部分绘画作品1956年曾在北京进行过不公开的展出，年幼的丁绍光无缘前往，直到20世纪60年代之初，才让这位青年学子在第二课堂——北图，目不暇接地补上重要

《坐着的裸女》	《阿维农的少女们》	《母与子》	《女人花》	《三个乐师》	《接吻》	《穿土耳其服的女人》

的一课。

如果当年的北图管理员，有机会看到20世纪最后两个十年丁绍光在世界画坛捧出的一系列“现代工笔重彩”，或在1995年北京举办的第四次世界妇女大会上有幸目睹联合国向全球发行印有丁绍光绘制作品和纪念邮票的“首日封”，不难发现当年达·芬奇、毕加索在他身上产生的深远影响（当然还有马蒂斯、梵高的画，当年在北图也曾经是丁绍光临摹的对象）。他在美国洛杉矶比佛利山庄的豪宅，给人印象最深的是主人的毕加索情结。尤其是那充满绘画、音乐、黑非洲木雕和热带植物的大客厅，主人有意强调的还是青年时代就追慕不已的偶像，壁炉上方虎踞龙盘着毕加索的丝网版画；与其相对的是主人耗10万美元购来的古董——毕加索写生用过的一座黑非洲木雕像，在艺术殿堂里如此与毕加索形影相随，足见丁绍光对其爱恋之深。

从中央工艺美术学院学生丁绍光手里夺下毕加索画册，北图的管理员赶紧查阅。图书进馆之初，编码建档的手续，虽说都是由他们一手操办，可内容呢？天晓得。一查一阅，让阶级斗争绷紧的神经立刻做出反应。重重将画册合上，大有把瓶塞扣回瓶颈，封死魔瓶的感觉。刚才不慎，画册让人借了去，魔瓶一开，一群妖精飞了出来，让青年人着了魔……

《人生》

他们认为必须“救救孩子”。于是，中央工艺美术学院党委收到一封北图来函。函称：发现贵校装饰画系丁绍光系流氓学生，整天趴在资本主义垃圾上流露出不健康情绪……

学院党委不敢怠慢，立刻召开了会议。当与会者把目光从丁绍光的材料上移开时，他们看见了从会议室起身的张仃同志。

在中国的那个历史时期，被称呼为“同志”的，意味着担

负一定领导职务，且是党内人士。张仃是二者兼有，既是副院长，又是老党员。他首先是一个抗日战士、革命军人，然后才是美术教育事业的行政领导。

虽多次“改换门庭”，但永不放下的枪是手中的画笔。就涉猎美术门类之广、创作作品之多而言，张仃堪称20世纪中国画坛杰出的一位画家。他认为各个门类作品的经典性不仅表现为作品自身的完整性和先锋性，重要的是它们往往对艺术的时风起着矫枉的作用，有一种方向性的启示。经过历史的检验，尔后美术界还对张仃有“中流砥柱”的高度评价，那是指张仃在中国美术发展的重要时刻往往用自己的艺术作品和观点惊醒大家。

“丁绍光的问题，我去处理。”既然有张仃院长主动站出来接招，谁还能说什么?

张仃召见了丁绍光，地点不在院长办公室，而是在家里。

就如丁绍光在多年后的《怀念恩师张仃》一文中所述：“就这样我第一次来到他的家，也第一次真正看到张仃作为艺术家的真面貌。”

“你在图书馆借了什么？”

“画册！十几本外文画册。”

“人家反映你——在画册里找什么？”

“我找毕加索！”

问话就是这么简单，得到的回答更简单，就是喜欢。

本来采用尊师的姿态站着的丁绍光，一屁股在沙发上坐了下来。本来是坐着的张仃，在屋里踱起步来。

张仃自言自语：“有意思！很有意思！”当然，这“有意思”不是指的北图，而是眼前的学生丁绍光。一看眼前这个很有意思的学生，竟然和自己一样喜好毕加索，许久不上讲台直接教学生的张仃，竟然答应在家里教弟子。与商品经济年代完全不相同之处，这“家教”不但不收费用，教师还得供应茶水什么的。

那一晚，谈话到最后，张仃将自己的北图借书证交到了丁绍光手中。那时的教授专用借书证可以在北图随心所欲查阅资料，还可限量外借，而且是百分之百的无偿服务。

在《怀念恩师张仃》一文中，丁绍光满纸浓情地记下了刻骨铭心的“那一天”，也就是文中所述的“那一晚”，“被张光宇先生称为‘毕加索加城隍庙’的张仃，十分好奇而兴致勃勃地接受了我这个青年学子。当时我18岁，张仃41岁。他风华正茂，才思敏捷，谈文论艺，古今中外，上下五千年，那真可以说是神采飞扬，我对他佩服得五体投地。”

丁绍光又到北图借书去了。凡毕加索的画、有关毕加索的文章，他都借，一借一大摞。

回到学院就大规模地临摹，畅快地狼吞虎咽，反复临摹过的一些作品，到后来就能脱手画在作业本上了。

丁绍光后来回忆这段时间，他说："起先是直接临摹，但后来就不是直接临摹，而是理解形式特色，再画自己感受的内容。我很喜欢毕加索的作品，学习他的方法和技巧，也采用了许多他的手法和内容，尝试形成自己的构思，其中包括当时在校内造成影响的石膏板画……"

就在他疯狂创作石膏板画的时期，不止一个同学听过他讲"张仃给毕加索送礼"的故事，不止同班十个人传阅张仃送他的那张与毕加索的合影。1958年，张仃作为中国艺术界的官方代表，有幸在法国见到了毕加索。当时政府为代表团准备了一件雕刻精致的象牙工艺船，让他带至巴黎，作为礼物送给这位艺术巨匠。张仃自己则送了一张从街上买来的年画。年画上面是中国古代民间传说中的门神，色彩极为丰富。从礼物的价值上看：一贵一贱；从毕加索的表情上看：一冷一热。丁绍光至今还完好保存着张仃送给他的那张与毕加索的合影，尽管照片已经发黄。丁绍光至今仍把张仃向毕加索送门神的故事，当作讲给取经探宝人听的保留节目。

晚年时期的张仃

他从不回避从毕氏"拿来"，包括毕氏本人的偏爱——对中国民间艺术那种色彩瑰丽、直抒情怀表达方法的偏爱。他年轻的目光，曾漫游在中国京剧的服饰、脸谱，中国建筑的红墙碧瓦，那层层叠叠的色彩之海上。

"我作品中浓重的色彩就是来自对中国古代艺术的研究。"丁绍光实话实说。

未曾长久相守，毕竟曾经拥有。

如今丁绍光的成就，母校脸上有光。可那时他为学校惹下的麻烦，却也是一个接着一个。

毕加索这个"魔瓶"开启之后，他又继续寻找其他的"魔瓶"——转而研究20世纪早期艺术家马蒂斯、米罗、克利、杜布菲和达利，更加有目的地揣摩那些飞翔于墨西哥壁画上的精灵。进入高年级的丁绍光创作了许多画，一些低年级的学生也动手仿效他的作品，这不包括在张光宇教授指导下，运用传统线描手法为诗人闻捷著名的长诗《动荡的年代》做的插图。那是课堂作业。课余他搞的是石膏版画，说发明也可说是个发明：石膏渗了颜色，一层层往板上倒，红一层、蓝一层、黄一层、黑一层，一层一个高度，还有石膏渗了颜色变成的中间色调，各种颜色混合在一起的五颜六色。用刀子、用钉子、用刮刀，丁绍光谓之"不择

“我作品中浓重的色彩就是来自对中国古代艺术的研究。”丁绍光实话实说。

20世纪50年代张仃和毕加索合影

手段”地一齐上：需要什么颜色、刻到什么深度、刮到什么深度、出什么颜色，他都认真探索，毫不含糊。色彩丰富的画面直追毕加索、马蒂斯……丁绍光乐得两眼放光，乐得饭菜不香，乐得对着窗外的天空大发奇想。这奇想是19世纪荷兰大画家梵高做过的——幻想有一天会从天上采撷彩虹，放在自己的画布上。仅是一个丁绍光身陷色彩的漩涡里吗？不是，效仿者众多。低年级的学生，三五成群，也在课余玩起了石膏板。当时，这些被认为是资本主义的侵蚀。有人向文化部打了小报告：“放纵青年学生学习外国资产阶级艺术家”——法号吹了起来。文化部措词严厉的通报下达到各艺术院校，并点了中央工艺美术学院的名。

睁一只眼闭一只眼的张仃，在不久后的“文革”中被打成“走资本主义的当权派”，“阳奉阴违”是罪状之一。

在丁绍光的书包里，在张仃之后又添了一张张光宇教授的北图借书证。庞薰琹等老教授的家，还为他夜来请教留下一道缝。在“东风压倒西风”的那些年，虽然丁绍光胆子一贯大，但他出入这些宅院，也不得不学电影里的地下工作者。

他心里十分明白，大学时代曾给老师们惹下一个又一个的麻烦。

7 在黄河搁浅，梦飞彩云之南

20世纪80年代，日本人高良千贺子在日本出版的《丁绍光画集》封面上，首次看到那幅名为《乐园》的工笔重彩画。她喜极发出的惊叫声，穿过笔尖，成为日本报纸上的一行汉字：“感谢你，西双版纳。”

《乐园》出自丁绍光之手。一位傣族姑娘，双手捧着霞云似的花朵，虔诚地祈求着。空中飞过一双仙鹤，棕榈树叶随风摆动，芭蕉阔叶对面，有两只玩耍歇脚的鹤，亭亭玉立。

围绕在姑娘四周，是蕴藏着梦的蓝色。

丁绍光的《乐园》，是梦的再现。

梦中的姑娘，是画家初恋的情人。

为什么要感谢西双版纳呢？

这不是谜！

丁绍光认为画家找到希望，就是找到了特定的、内在的，从来没有出现的特殊东西。

《佛光普照》
1990年
纸本设色
103cm × 104cm

“一个画家必须有他自己独特的风格。一种风格的产生，我想是画家无限忠于自己内在感觉的结果，绝不可能从别人的风格演变成你的风格。这就像不可能从毕加索的风格中演变出一种新的风格为你所有，那是绝对走不通的。”

——1994年在美国旧金山湾区，丁绍光以东西方艺术为题做过一次演讲。涉及“风格”，他特别强调，画家要无限忠实于自己的内在感觉。

他深切地体味过：这种感觉是需要多种营养来滋养的。

——光是天天画、天天练的基本功是做不到的；

——要读书、要看电影、要旅行、要结交良师益友，良好的艺术素养是各种修养的综合结果。综合到最后，你会出现一种感觉，这种感觉是你以往所有的技法都不够用的。用油画不行，用中国画也不行，用谁的技法也代替不了。这时你这个人已经有希望了！

丁绍光认为画家找到希望，就是找到了特定的、内在的，从来没有出现的特殊东西。丁绍光收获希望的地方，是西双版纳！他去西双版纳之前，在黄河收获的是失望。

1961年，丁绍光进入大学四年级。学校要求绘画专业的学生“从生活中创作”，或南方或北方任选一处去写生，为毕业作品做准备。在同辈人中显露出的优越——智力、知识、勤奋——已使丁绍光感觉蓄积了力量，他需要找到一条出路，正如一口钻到油层的井，谁都盼着点火试喷，阀门一开一片火红的风景。

作为大学生的丁绍光，在他神魂颠倒的梦里当然有一个是奋力去博取的毕业作品高分。年轻人，火热的心。中苏关系恶化、国际上的反华大合唱、时事的宣传，使中国人的爱国热情普遍高涨。他不能不受到感染。

丁绍光申报了毕业作品选题——壁画《黄河》。

他触摸过唐诗里那条“远上白云间”又“奔流到海不复还”的古代黄河；

他倾听过乐曲里那条“风在吼，马在叫”，咆哮于烽火中的近代黄河。

作为黄土地的子孙，他是用儿子思念母亲的情怀，去想象童年时见过、眼下已经迷离了的母亲河的。

他想创作一幅从写实大自然到表达自己艺术美感的、今日与历史交相辉映的黄河。

领了“实习费”之后，他便背起画板向黄河进发了。画的主题，却走在了他的前面。

美国著名的东方美术史研究家，曾经注意到青年丁绍光这一行留在黄河边的足迹，也注意到他的作品里没有留下黄河一朵浪花。

“他目睹着奔腾的黄河，心想它是中华文明的伟大象征。他首先看到河流汹涌，夜幕

降临，他觉得黄河变得浓稠起来，就像泥土一样。最后天黑了，黄河似乎凝固了，不再流淌。”揣摩着“他惊呆了，无法挥毫作画”的情态，那是他目睹了1958年“大跃进”之后天灾人祸所带来的惨景。他能画吗？黄河是淌在母亲脸颊上的一行浑浊的泪！

豪情万丈的丁绍光，有些无奈地回到中央工艺美术学院。空白的画纸，能让他老师们读到的是他忠实于内心的感受和对自己的诚实。他不想再给自己和老师惹政治上的麻烦，他提出需要继续深入生活重新寻找创作基地的要求。

一贯主张“世上这么多悲哀和痛苦，我们应该把世界弄得更好一点”的画家黄永玉，碰巧出现在丁绍光面前。他刚去过西双版纳写生，他把那里称作孔雀尾巴的橄榄坝，描绘得像人间仙境一样，他鼓励丁绍光去那里收集素材。

黄永玉和张仃一样，把张光宇尊为师长，事实上张光宇先生并未直接教过他。人到中年的黄永玉并未直接在装饰画系任教，但丁绍光同样尊敬他。卧虎藏龙的中央工艺美术学院校园里，有这么一个烟斗不离口、画笔不离手、多才多艺、乐观豁达、谈吐幽默、性格倔强的湘西凤凰人，十分惹学生喜欢。他画名不小，传奇故事颇多。丁绍光搜集到手的有：他同班同学先后多达150多人，因为一心搞绘画，中小学时代不断当留级生。在陶瓷厂打小工、报馆刻木刻，解放前还花八毛钱加入过一个“中国木刻家”协会。他离家出逃的小爱人，那年

18岁，是他骑一辆白行车日行百里山路“追”到手的。他俩夜宿“鸡声茅店月”那种乡野小店，是真资格的鸡毛店——没有被盖只能盖鸡毛。有人说他画的国画不正宗，他就说：“谁再说我的画是国画，我就去告他！”黄永玉以画荷花见长，人问他荷花为何画得那样美、那样有感情，他说小时调皮，为逃避外婆的巴掌，推一个木盆就逃入家门前的荷塘，一躲就是老半天，荷花帮过我，荷花救过我，怎能没有感情？实际上，是躲在荷叶下把水上水下看了个通通透透。所以，他笔下的荷花，不是人家寄情寓意的枯枝败叶，往往是色彩丰富、多姿多彩的另一个感情世界。

听了黄永玉的建议，丁绍光立刻有了不可遏止的向往，想象着西双版纳那酷似异国情调的热带风光和彩云似的人群。骤然间，他想起了张仃、张光宇也画过这迷人的地方。

丁绍光头撞南墙即回头，张仃院长当然慨然应允。20世纪50年代末60年代初，张仃曾率领一小部分教师到过西双版纳写生。回校之后，毫无保留地向丁绍光展示过他用单色墨描绘出的热带森林蓊郁苍茫之美景，他赞同黄永玉对丁绍光的建议。他已预感到那份“美丽丰富神奇”，将给予学生不同于他的收获。

张光宇教授艺术史，特别着意向学生们传授对待中国艺术的新方法，引导丁绍光把目光转向中国古代艺术和少数民族艺术。有评论家认为“这一视觉和理论定向”至今也是丁绍光作品中最迷人的地方。功归于老师，丁绍光也完全认同。创作插图，单凭线条就能表达自己的思想，是张光宇的“绝活”。四年前，是这些线将丁绍光牵进了工艺美术学院；四年中，他从未间断过在线的世界遨游，直线、曲线、平行线，线与线相加、连接，线与线分离、重叠，线与线穿插、组合……画得苦，画得乐，画得苦尽甘来，其乐无穷；四年后，他以西双版纳为题材的首批作品，甚至他的成名作，几乎都是均等黑色线条构成的白描。

2000年10月，当世界著名的艺术评论家安德鲁·帕利诺（又译为安德烈·巴利诺）为写作《现代浪漫主义星座中的一颗明星》一文，专程从法国来到洛杉矶，对丁绍光进行采访时，曾以“构成您的绘画风格特定的完美线条，是否从一开始就得到了您的老师们的认可？”设问求解。

丁绍光是这样作答的：“我的第一个大型作品系列是《百花》，其形式只是用粗黑线构成。在该系列作品完成之后，我就想起了张光宇曾对我的教诲，我感激不尽。他说：‘只有两条线，一条是垂直线，另一条是水平线，水平线可以表现安宁和死亡，垂直线象征生命，垂直线可以变化，当需要变化时，人们会将这两条线交集在一起，平行线不表示变化。’”

11岁时学习延续的线条，17岁时学习曲线，丁绍光在老师带领下很快走上一条正确道路，更让他没齿不忘的是这条道路让他掌握了这一艺术的主要基础。而早在20世纪50年代初期，张光宇就驾驭着清新淡雅、柔美飘逸的线去过彩云之南——受人民文学出版社委托，创作了以云南傣族传说《孔雀公主》为题材的系列画。当他知道丁绍光梦入西双版纳之时，先生的神态，犹如当年新获《召树屯与嫡木婼娜》构图时一般高兴。该图中的王子爬上孔雀的羽翼，孔雀把他带到了理想王国。

丁绍光版的“南行记”，黄永玉是策划，张仃是监制，张光宇担任出资人。

1961年经济困难时期，丁绍光当然不可能再次躺在社会主义身上——领取毕业实习的专用拨款。

300元，张光宇独家赞助。

300元人民币，那时是一个教授两三个月的工资。无疑是张光宇的一回大出血。

“当时这对我是好大一笔钱，我心存感激，舍不得用，就搭乘最便宜的火车向云南进发……”

火车之后是汽车，汽车之后是步行……20多天后，丁绍光终于来到西南边陲的西双版纳——真正的云海之南。

第二章

云南春秋

结下西双版纳缘

美丽神奇的西双版纳

1 获得心神自由，目追西双版纳风情

黄永玉叼着大烟斗讲他南行写生见闻。从老师嘴边溢出的烟，是云南的云。

在灰色的天空下生活得太久的丁绍光，立刻有了要飞到天外去的向往……

那时的云南，在人们的心理上是天高皇帝远，在地理位置上可称得上是九霄之外。天蓝，蓝得透明，蓝得无比，蓝得无边无际，蓝得澄澈光亮；地绿，绿得偌大的红土高原用一个“春”字便包容了她的四季；花艳，让人看一眼，惊一下，醉一天。它是26个民族共同生活的大花园。它的“美丽丰富神奇”，也是诗人多少有些无可奈何的赞叹。后来，丁绍光回忆南行时说：“这是我首次从北方来到南方……到了那里后，我觉得自己好像是身处另外一个世界，十分宁静而神奇。”而当他坐在“站站都停的慢车”上，因艰辛跋涉必须花费“很长很长的”时间的过程中，他这一回的感觉不是毕加索，而是自认为是高更的门生，或者与高更同时代的荷兰大画家梵高的同路人。高更是背着画箱在距巴黎很远很远的巴拿马和西印度洋的马提尼克岛寻到他的天地的；而梵高更是从商业的繁华、都市的喧嚣、遭受越来越多人造物围困的社会中心烦意乱走出之后，才在阿尔的田野和荒地上找到了他的《向日葵》和《鸢尾兰》。西方现代绘画大师们为自己建造的“创作基地”，可以缺乏足够的面包、黄油，甚至一颗发芽的土豆也可充当一天的食粮，但万万不能缺少终年燃烧在热带上空的那一轮炽热的太阳。

亚热带的西双版纳，是中国土地上最有色彩的阳光地带。脑子里存留了许多西方现代派绘画的丁绍光，照他自己的话说，满脑子想象的是黄永玉讲的美、西双版纳是“满脑子的色彩”，似乎只要跨进植物王国的门槛，

他手中的调色板就会熔化在热带的阳光下，像岩浆喷涌，像火焰般飞腾起来。

20年后，改革开放春风吹来。西双版纳才出现了导游手举一杆小旗子，领着一支支旅游团队走村串寨前来观光的热闹情景。

别说20世纪60年代初，丁绍光只身进入傣家人的小村庄没有宾馆、饭店，就是他路过西双版纳傣族自治州首府景洪（汉语译意：黎明的城），也只有几排简易客房的政府招待所和城边几家供赶马人食宿的车马店。不过在商品经济大潮到来之前，在这块民风淳朴的土地上临时找个食宿点，是非常容易办到的事。在整整的六个月中，丁绍光不止一次因外出写生误了时间，或为贪看玫瑰色的黄昏、蓝色的月夜、紫色的黎明，夜宿在蕉花放香的河岸上、在棕榈沐风浴露的峡谷中……

蕉花，是阔叶野芭蕉硕大的花卉，它的香太浓郁了，以至于人站在它前面，往往有昏昏欲睡的感觉。

河岸，是绿水青山上覆着彩霞天的澜沧江的江岸。这东南亚最大的河流，流过西双版纳，舒缓地进入泰国的疆界，便被称作湄公河了。这一条绿色飘带的某一个遮风避雨的露天处所，往往是马帮歇脚、船家歇桨的地方。

峡谷，是林和水、花和草、藤和树、石和苔，和谐、舒展，各得其所，音韵天成的一曲交响乐。在舞台上拍击着象脚鼓、旋动轻纱薄绸跳雀之舞的西双版纳儿女，会悄声告诉你，这里曾是他们向孔雀、翔鹤拜师学艺的课堂。

这令远方来客丁绍光实在太惊讶了。他在写生途中，第一次遭遇前不着村后不着店的困境。但在这蕉花放香、暮色苍茫的峡谷河岸上，只要在岩洞口寻得一块净土，就可“天当被盖地当床”了。好在西双版纳的气温是长年如夏。听见丁绍光的脚音，“吱”的一声，洞口飞出一群蝙蝠，差点儿碰在他的脸上。丁绍光说声“打搅了”，便猫身进了洞口，落脚处有声音响起，但不是在银幕前听过的俄国水兵踩过落叶的声音，那声音是干燥的。铺在地下的叶片是肥硕而清凉的，他立刻凭感觉判断出是芭蕉叶。

西双版纳的热土上，西双版纳人的家园里，随处可见野芭蕉，从树体多汁的皮肉里抽的蕉叶，最初是卷作筒状的，像一筒筒嫩黄色的纸绢。野芭蕉生长速度之快，几乎可以称作争分夺秒。勃发的生命力，不消几番风雨，就拓展出一片可以任其呼吸的空间，铺天盖地铺开在人眼前，溢香滴翠在左邻右舍的芳卉嘉木间。芭蕉绿，如渐渐深了的春色，如徐徐扩散的碧波。

当丁绍光感觉脚下是芭蕉叶的时候，他同时感觉这岩洞里不断有人住过。或许昨晚就有过路的樵夫、猎户当过临时营地，显然这铺地的芭蕉叶是从河岸上砍来铺床用的。在蕉叶的尽头，他摸着一盒火柴，侧开身子，让月光照进来，立刻又有了新发现——碗口粗、尺许长的竹筒，显然是人有意留下的，有两只还满满地装着大米，从柴草的余烬里伸出半截头来，像笑口里露出的牙齿，被月光洗得洁白……

当竹筒饭在篝火堆上烧得吱吱冒烟的时候，丁绍光"拣来"的晚餐也就到口了。

十多年后，旅居美国的丁绍光，不时陪同来自中国大陆的朋友吃饭，他总爱选择住所附近的傣式风味餐厅。他在慷慨地把好酒好菜送到朋友面前的同时，不忘为自己要一个竹筒饭。时过境迁，尽管再也难嚼出当年那股香味来，他还是把洁白的饭粒一粒粒往嘴里送。对于西双版纳，他有永远咀嚼不完的回忆。

借东西要还。江岸一宿之后，回到落脚的傣村，他便去找村长。不久前来时，村长看过盖有中央工艺美术学院红印章的介绍信，前来实习的北京学生便很快在傣家的竹楼里安顿下来。那时代的基层政权一点也不衙门，把实习的学生，采风的作家、画家、音乐家，一批又一批地送往风景美丽的橄榄坝。这样的差事，他们是当作北京交办的政治任务来完成的。

那一夜遭遇——睡有芭蕉叶，餐有米饭香，很快闹明白。"明白"比"不明不白"更令当年的北京学生激动不已。城市里有无人售票的公共汽车，无人售货的自动出货柜——售

1980年在人民大会堂创作的大型壁画《版纳晨曦》

书报、售饮料、售计划生育用品。澜沧江畔，蕉叶丛中，三里五里、十里八里一处食宿点，才真正是无人售票的。没有什么乡规民约，也没有什么食宿须知，傣家人只知道古已有之。古到什么时候，比傣家人传说世世代代居住的竹楼，是仿蜀汉丞相诸葛孔明帽子样式修造的，还要古老得多。那年月史书上有记载，“五月渡泸，深入不毛”。这野天野地的露营食宿点，是在史书也不载的年月就经历过一代代的无名氏用心营建！今天的傣家人知道是昨天的傣家人留下的，前面走过的樵夫、渔人、猎户、舟子为后面接踵而至的过往行人，总要留下一点随身所带的生活用品，如果你什么东西也没带，也得自动去拢几把柴火、找几片芭蕉叶放在洞穴之中。“前人栽树，后人乘凉”，也算是一份情意。

国外有人曾经发问，你一个生在黄河边的堂堂男子汉，没有爱上有中华民族摇篮之称的中原，却把爱情播种在那遥远的西双版纳，这里可以称作灯红酒绿尘世之外的偏僻一角？他是面对丁绍光1980年在人民大会堂创作的大型壁画《版纳晨曦》作如此连声发问的。壁画让人欣赏丁绍光“用一条精细如游丝般婉转千折的线，画出了上百种不同的丛林植物，缚住了西双版纳之美”。藤葛飞绕，野卉飘香，气根如瀑，棕榈拔地而起，干如陶瓶；蕉叶翕张自

《遥远的梦》 | 《自然回归》 | 《微风》 | 《西双版纳风情》

如，展如翠羽；画中寸长小人——一群群傣族妇女手持盛满果实的竹篮，头顶水罐，悠闲穿梭林中。丁绍光不肯就此收住画笔，拨开繁柯密叶，在画卷上方吐出一片宁静，那是傣家人安居的村落：金色的屋顶，汩汩的清流，河上泛舟的人群……

画是一个线条和色彩的世界。线条的节奏和旋律，色彩的艳丽和深沉，所传达的已不是野、奇、繁、艳的原始感受。让人可触、可摸、心弦为之共鸣的宁静的大自然之美，使画家获得心神自由、美感情趣，心灵的创造力为之激活，创造出的人与自然和谐融合达到物我两忘的境地。进入20世纪80年代中期，丁绍光不断推出《微风》《自然回归》《西双版纳密林》《翠绿山谷》《遥远的梦》等一系列工笔重彩画新作，陆续使美国、日本多处画廊让人眼前一亮。新作是忆旧之作，弥漫其间的依然是他在20世纪60年代至70年代，一而再再而三，三度进出西双版纳，获得的那一份对田园生活的满足感。早期那幅“炉火纯青，堪称中国画史罕见杰作”的《版纳晨曦》人民大会堂大壁画，被外国评论家给了一个说法：绝无政治的纯艺术性，是他对历次政治运动加诸艺术家的骚扰和折磨的对抗。

一家之说，不无道理。

虽说他经历了一次次政治运动，暴风骤雨并未直接倾倒在“准艺术家”身上，他的师友庞薰琹、袁运生，一老一小皆“右派”。张光宇的帽子拿在群众手里，早已是上课来、下课走，远远地躲开人群。他岂能没有“下一个是我”的预感？尤其是他那不肯墨守成规的思想，不时犯险出新的作为，再加之他那不可选择的出身。

进校四年，三年多时间国家面临内外交困，神州苦熬饥馑岁月。到了黄河目不忍睹，改

入云南，一个瘦高个儿，脸上犹存饥年染上的菜色。

西双版纳，意外中的意外，一个“世外桃源”。

层峦叠嶂，云封雾锁，交通不便，信息不灵，边境要冲，风雨难犯。“革命”的几把火，虽说也烧掉西双版纳不少的森林，“东风吹，战鼓擂”也曾撵得大象纷纷向异邦出逃，但总的说来，农耕社会的小气候还没消失殆尽。“创作基地”呈现在丁绍光面前，整整六个月，一百八十多天，脚步挪不出这个窝，民风淳朴，民族和睦，阳光普照，物产丰饶……美丽神奇的西双版纳！

丁绍光从坐在房东家的竹梯前脱下沾满汗泥的胶鞋的一瞬起，他就预感今天开始的一切，也许会成为回忆中最美的印象。他从北京驮来的“家”，囊括着画具、洗漱用品、换洗衣裤和一卷薄被的行李，已经由村政府送到了竹楼上。所以，当他低着头出现在楼梯口时，女房东已经改换了跪姿，从筒裙下方抽出一双赤脚，迎着客人走来。丁绍光在对人谈起这一段的时候，从来不会告诉你女房东当时的年龄：傣族女子在他心中、在他画中永远是年轻的，母亲亦如此。不过，后来在听人讲述古朴的傣家风俗时，无意中知道他那美貌的女房东已不太青春，因为她已有两手臂手镯。傣家人的女孩子每每拥有一个情人，就往手臂上环上一圈手镯。女房东为客人用大瓷盘端上来的，不是凉茶，是满满一盘新剥了皮的柚子，粉红色的柚瓣排列整齐，带露花瓣似的晶莹剔透。女房东在请客人尝尝鲜果的时候，顺便道出这柚子是从窗前新摘来的。不见窗户则罢，沿竹墙一扇扇窗户望出去：一窗黄澄澄的果实，一窗万紫千红的鲜花，一窗浓绿的竹树，一窗彩云，一幅天然的美图。丁绍光把收回的目光重新投进果盘，差一点惊讶失声。西双版纳人过的啥日子？吃蜜柚还加白糖。

丁绍光还是第一次走入画家所画过的景物中……

柚瓣入口之后，他才嚼出女房东洒在上面的白色晶体不是白糖而是盐粒，好客的傣家人总是把新剥开的蜜柚加盐后才送到客人面前，为的是压一压果酸，让客人多吃一点，多分享一片傣家人生活的甜美。

西双版纳的风土人情

丁绍光这是第一次在西双版纳咀嚼出酸涩过后的甜味……

开朗的女房东探身从竹楼的露台上叫回她的女儿，满身尘土的北京阿哥需要冲凉了。女房东用母亲的口吻，让女儿带丁绍光到村边的井台去。

脱去窄袖短衣，筒裙系过胸围的“小卜少”（傣语：姑娘），袅袅婷婷地走在丁绍光的前面。最初的一段村道，他还能保持目不斜视，只看“小卜少”投在地面上被夕阳拉长了的身影，当她回过头来招呼阿哥快行时，逆光里暗了面影，却亮了披肩而下的长发，夕阳是用余晖勾勒秀发！此时的丁绍光已经目不转睛了。

他一次次伫立在村头静静的榕荫下。

他一回回背靠着散发着谷香的草垛。

他目不转睛地守望，俨然是入迷的观众对一方舞台幕启幕落、灯明灯暗的守望。

傣女们并不知道，也毫不在意。她们习以为常的早出晚归，正是眼前这个未来的画家，四处找寻的诗情画意。

锄尖荷着朝阳下田薅秧，头顶陶罐去溪边汲水，负篓提筐往林中采果，竹竿横肩戴月“赶摆”归来，一双双赤脚沿着田坎小路蜿蜒而来，这不按他人设计的行走，比T形台上的模特们走得更有章法。它是更有韵律的女子集体舞蹈的出场，整齐如雁阵，婀娜如鹤队。对着眼前走是风景、停也是风景，一想起就令人销魂的画面，“把她画进心里”，丁绍光一次次对自己说。

女房东的女儿，站在井台上，又在喊阿哥了，还轻声敲了几下舀水用的小木桶。丁绍光不再看她发间阳光勾勒出的柔美线条，埋头紧赶几步，也来到了井台上。这时，他看见井台的一侧，有两头硕壮的水牛，两个“小卜少”正在用井水饮她们的“宠物”。

“今天不是泼水节，要不，我们该用水泼你了。”房东的女儿把木桶送到阿哥手里，交代了一下，让他自己打水冲凉，然后就和两个女伴径自向前面不远的河边走去。那两头水牛也就摇着尾巴跟着她们下到河里。

在北国已经是千里冰封、万里雪飘的隆冬季节，西双版纳骄阳似火，正是“晨有太阳洗金发，夜有月亮浣银纱。日月也学傣家女，跃入清流戏水花”的美好季节。

丁绍光想起了诗。在哪里读过，作者何许人，通通记不得了，能记住的只是诗中的画、眼前的景。他再一次走入画家所画的景物中，比初登竹楼如进画图的感觉更清晰。那景、那物都是张光宇画过的，他的老师20世纪50年代早期绘制的插图《孔雀公主》系列中就有一幅装饰风格的傣女裸浴图，是画家想象中的童话世界。只有驾着想象翅膀飞来的公主，才有在岸边卸下孔雀衣，裸身潜入清流的浪漫。20多年后，旅居美国西海岸的丁绍光，劳碌奔波多时之后，若有半日宽裕，他总会驱车出城，逐水而去。在洛杉矶、夏威夷那些著名的海滨浴场，他也看过放浪形骸的西方人在阳光、海水、沙滩上的玉体横陈，但再也没有在橄榄坝溪流边的怦然心动。这水，犹如久望而不至的远水，当个体生命经历奋斗的一次次失望、迷惘、困顿之后，漂泊者举目一望，突然接通了一种诗意的存在，一种纯粹美在宁静中的呈现。他已经有一种预感，在将来的某一天，他一定会将今天眼前所见、心中所感倾进一只调色盘，在画纸上浓浓地抹出他的乡恋。若是那时已经远离，宁静的画面中必然会暗含一片乡愁。

夕阳已经半轮入水，眼看就像泡在绿茶里的蛋黄很快要融化了。

已经不是一个房东的女儿，而是三个“小卜少”齐声向阿哥呼喊了。她们让丁绍光下到河里去。她们同时举起手臂指向河的上游，丁绍光感觉她们象牙色的手臂都是长长的。她们告诉丁绍光，女人只能在男人的下游洗澡。为什么？她们不说，只是抿着嘴笑。在傣族社会里有许多男人掌权制定出的规矩，规定了男人在上。领舞的孔雀王，村村寨寨必定选男性；担任傣族史诗传唱者的“赞哈”非男性莫属。栽秧打谷、喂猪放牛诸如此类的农耕活动，却是娘子军。被宠坏了的男人们，当年留给来边疆“插队知青”的印象中（不很全面的印象），是插一把刀儿在腰里、满坝子逛来逛去的形象。

“小卜少”们交代完毕下河洗澡规则，待她们垂肩的长发乌云似盘上头顶，整个田野都安静下来，曾在她们发间闪动的阳光——丁绍光眼里的条条金线，一瞬间不再成为看点。连那两条尾随其后的水牛，也知趣地没入水中，只在河面上露出像灯一样的两对大眼睛。

徐徐展开在河面上的是傣女沐浴图，是西双版纳特有的风情画。

每每看见银幕上云遮雾罩的“贵妃浴”，靓女们藏而不露的“水中戏”，“小卜少”们总是笑个不停。笑她们为遮身藏体而浑身堆满泡沫，掩人耳目煞费苦心……

她们是西双版纳的女儿，是浑身上下沾着稻香、花香、蕉香的大自然之子。塘边、河岸无人为她们设置换衣间、寄存处，筒裙随身而来、随身而去，光天化日下的入浴、出浴是一手绝活，是妈妈的妈妈、祖母的祖母传给傣家女儿的。

她们由浅至深一步步向倾斜的河床缓缓走去，垂至脚背的筒裙一步步向上提升。河水漫过膝盖，筒裙下摆也卷过膝盖；河水漫过腿根、漫过腰间升至胸部，筒裙也就被河水追得一个劲往上爬，从腿根、腰间、胸部直至最后退出全部占领区，乖巧地缩作一团，笼罩在傣族女子头上。融入水中的胴体并非一点不剩，在水面划出一圈圈涟漪的手臂，那因支撑头颅和发顶衣物而拉长的脖颈，便十分美丽地裸露在如水的月光中，像一只只长颈的仙鹤。

出浴图如同一段胶片的回放。浴罢的傣家女儿沿着河床的斜坡，从深水缓缓走回浅水，筒裙从头到脚徐徐落幕，直至全部收复失地。水灵灵的“小卜少”们便又亭亭玉立在河岸上了。

此时，只有晚风不肯放过大献殷勤的机会，把她们的裙摆飘起来，把她们的长发吹散在裸肩上……

一次洁净灵魂的沐浴，一回傣家女儿的“野天风”，就这样在青年丁绍光的眼前拉上了帷幕。

苔封藓绣，青藤如网

2　迷失在浓绿中，初悟玄机

易受感动是艺术家普遍的天性。

不同的感动点来自艺术家不同的个性。

兴奋状态早来，晚来，或者根本不来，几乎没有统一的时刻。

站在西双版纳炽热的阳光下，他没有黄永玉描画的满脑子是色彩的兴奋，也没有张光宇那样的感觉良好，挥洒自如，下笔就是热带雨林奇花异草的千姿百态。“美还是美，只是与我想象的相差太远了！”丁绍光心中暗自惊诧。

时间不算长，苦恼不算短，开始两个星期，整整的半个月，他是一幅也没画，一笔也没画！

原始森林，繁枝密柯，苔封藓绣，青藤如网，基本上别无他物的树与动植物，基本上别无他色的翠色如瀑，注定了不能看一眼就令丁绍光感动。“色彩没有画头！”他记得很清

楚，是对西双版纳密林绿色的失望。他的画笔在森林里迷失了，人却在森林里逛来逛去……

他突然想到回家。头皮发麻，从来没有过的惊怕——回去的路比来时的路更漫长、更艰难。他已经预感到。

有一天，他对着昨天看过的一片森林，今天看出一点不同，愈看愈不同，但基本上还是绿色统治。

不到非想画不可，不到吞进胃里的那些枝枝叶叶撑得胃壁发疼、非要钻出来发芽开花不可，他决心一笔不画。有一天，他决心在林子里待一天，既不带纸，也不带笔，更不带颜料盒，只带着思想。他要把老师们课堂上教授的方法，过一次“电影”。

他想起讲授“西画”技法的老师们一个个形象的举例：古希腊艺术品花瓶上所画的荷马史诗故事，古罗马时期的壁画艺术，文艺复兴时期的肖像绘画，法国19世纪的新古典主义，近现代的野兽派、立体绘画、抽象绘画。

他遨游在大师们创造的色、线、形交错的世界里，希望能找到绳的断头，尽快从困境中爬出来。他决意抵抗，在无半点头绪之前，绝不吃午餐。其实午餐也就一片芭蕉叶包裹的糯米饭团。情况不妙，有几只大黑蚁，指甲盖大的黑蚁动作迅速地爬上他的饭团，随之而来的将是呼儿唤女一大群。他将蕉叶里掰出的一小团米饭放在树下，便立刻拔腿逃去。跫音惊飞了两只孔雀，一大群小鸟。往日看孔雀，尾屏一展一幅画；往日看小鸟，冲天一飞一片霞。只看到树的海洋，没看到鸟的天堂，就像没看到这片红土地同时也是人的乐园一样，可以说你没有看见西双版纳的美丽丰富神奇。尤其是澄碧如水的天空，队队白鹤似征帆逐云远航；月圆之夜，在群群孔雀开屏起舞之后让出的林间空地上，一个村子的傣家男女倾巢出动，踩着象脚鼓轻轻的鼓点、沉沉的铓锣声，扮着孔雀、学着孔雀优美的群舞。天上是图画，地上是图画，人去半生也画不完的西双版纳，初来乍到的丁绍光却半月无画。

喝下半缸子清泉之后，他参禅似的坐在另一片林子里，继续过他的“电影”——

这一回，他从西画转向国画。从最早可以看到的画面算起，已有三千年历史的中国画。

吴道子、顾恺之、八大山人、石涛……

北魏的石刻、盛唐的壁画、明清的山水、民国乡间的年画……

先天具有过人的记忆力，注定了他的未来有本钱：当一段教师“照本宣科”，作一段画派“主帅”谈资丰富、对答如流。有关国画的什么“笔不到意到”，重在“似与不似之间”；什么“墨分五色”“笔在意先”等理论以及“空白皆画”等传统法则；“构图是钢骨，色彩是水泥，构图是艺术的骨骼，它能起到成功与失败的决定性作用。”张光宇的经验

“赶摆”是傣族姑娘倾巢出动的日子，在美女如云的农贸集市上，张仃一眼就看出丁绍光介绍的那位“非常可爱的小傣族”。

之谈，一仰面，一字也不漏地背了出来。

丁绍光初入西双版纳，整整半个月不作一画。面对满眼的浓绿，大有坠身井底的感觉。1994年，他在美国旧金山发表演讲时，强调画家要无限忠实于自己的内在感觉。他说当一种不知怎么画的感觉出现的时候，就是你有希望了。要不择手段、想尽一切办法把你心灵感觉到的东西画出来。他还说，这时画出来的东西一定有新的美学价值！一定有！

希望来自绝望。绝望得长久画不出一笔的那一天，他突然鬼使神差想起久违的北京舞台，想起看盖叫天和徒弟同台翻跟斗。年轻徒弟技术很好，体力也充沛，跟斗翻得像玩体操，而盖叫天翻得不如徒弟利索，但他翻出了一个有血有肉、有魂有胆、有情有义的活武松形象。又比如音乐，听有的人弹钢琴、拉小提琴，琴是名牌琴，曲是莫扎特、贝多芬写的，演奏者技术娴熟，一个音符没差错，但听起来就是没味。好的演奏家，是钢琴艺术家，是小提琴艺术家，他们让音乐释放意境，在演奏过程中加入了自己的创作，之所以有味，是艺术而不是技术。绘画何尝不是如此？丁绍光终于悟出了艺术的奥妙，就像佛经故事里的高僧，在菩提树下打坐许久，眼望远处青山，终于有一天悟成了佛。

西双版纳就是丁绍光的菩提树！

我有技术不等于我有技巧。“我不是画猫的本身，我画它的微笑。”要悟通大师毕加索这禅语似的名句，还要在艺术道路上走过漫漫长途啊！

有了对得起它的感觉，丁绍光终于把最后半个残缺的糯米团送进嘴里。

一路上他很高兴，不时拍打一下擦身而过的树干，就像在高兴时用手掌拍打一下同学的肩背似的。

在他有了发现的时候，录下他的发现，赠给期待从事文艺创作的青年朋友一份珍贵礼物……

世界上每一天都有许许多多的讲义，在学绘画、学文学、学音乐、戏剧的创作课堂上翻开……

每一天都有许许多多的青年人在做成才梦，希望成为画家、小说家、诗人、作曲家、剧作家……

钢铁、水泥可以模具成型，但世界上绝无制造艺术家、作家的模具，包括能批发博士、硕士各类人才证书的院校在内，模特学校也不是模具。

进入同一片热带雨林，不一定有同样的收获。采撷生活中普遍存在的美，不是采撷蘑菇、香蕉、芒果、木瓜和椰子……

拥有什么样的技巧，就能保证你在深入生活中有所收获吗？“克隆”技术在艺术创作领域永不生效。

只有你自己的发现、可贵的发现是解读深入生活这本无字天书的锁匙。所以，丁绍光说，无限忠实于自己的内在感觉，画心灵的感觉。感觉即发现！

3 在采撷美的路上接受充电

丁绍光动手作画的时候，村里的大人们总会把围在画板周围的小孩们赶开，像赶开蚊虫似的。

草茂林密的西双版纳，蚊虫比小孩多了许多倍。不能效仿傣女能把整个身体藏进水里，他作画的时候，就常常把宣纸裹在腿上，遮在裸露的脚背上。对隔着覆盖层也开口照咬不误的偷袭者，他一时挪不出巴掌来，就用画笔顺势拍打几下，笔上是墨汁，身上便有了黑点；笔上是颜料，身上便有了亮色。不多久，纸上有了图画，衣上也有了图案，丁绍光就像穿了一身“迷彩服”似的。四个月后，张仃院长带着一组青年教师也来到西双版纳采风。在这片美丽神奇的土地上与老师相聚，他真是激动万分。丁绍光从一个美术学生的视角向老师汇报生活的感受。这就是日后丁绍光所说的：“那段时间我很着迷，跟张仃介绍也不免带了艺术性。我说，艾尼山上有一个民兵，整个是个方块。脸是方块，身体是方块，蹲在那里是个方块，站起来也是个方块。”张仃听了很激动，说：“好，咱们现在就去画那个方块。”结果翻山越岭从清早走到天黑，很不容易到那把人请来以后，民兵坐在那，张仃一看，吸了一口气，说：“怎么小了？”其实那个人并不小，一米七八的个子，身体强壮。张仃当时是处在一种艺术的状态之中，他想象的方块像山一样。张仃铺开宣纸，一边画，一边口中念念有词：“真是越画感觉越大！”一个小时后，一幅夸张变形、由小方块组成的大方块，一个如天神般威武不屈的英

“赶摆”的傣族姑娘

橄榄坝山寨之一

雄好汉，离纸而活脱……

过了几天，丁绍光又去面见张仃，他告诉院长：这橄榄坝方圆几十里漂亮的傣族姑娘真不少，有一个经常出现在他画板前的，他却一直没敢画。张仃决定亲自去看看。

“赶摆”是傣族姑娘倾巢出动的日子，在美女如云的农贸集市上，张仃一眼就看出丁绍光介绍的那位 “非常可爱的小傣族”。打开画夹子，铺好宣纸，围着天生丽质的小玉娟，老画家转了一圈又一圈。“当时张仃以夸张变形的手法和强烈的色彩，摸索着自己新的现代中国画的风格。‘毕加索加城隍庙’把东方与西方、古典与现代、具象与抽象结合在一起了。”50多年前，张仃所做的努力，对于学生是具有示范性的。在丁绍光的记忆里，张仃那个时候在画变形，比袁运生后来的变形变得多多了。笔墨很泼辣，颜色对比很强烈。围着小美女转了几圈，他最终是怀着一种不忍暴殄天物的慈悲心怀把宣纸又收进了画夹……

其时，住在橄榄坝上成天忙着收集创作素材、满脑子“毕业作品”构思的丁绍光，一心难以二用。在凑近北京学生画板前“围观如睹”的人群中，不请自到的来客是村子里的“贵人”——满肚子是歌、是诗、是历史的傣家歌手“老赞哈”，和群群飞来、大人们赶也赶不开的傣族小孩子们。年方二八的玉娟姑娘总站在不远的竹楼前，静静地看着“迷彩服”周围每天都有的热闹。知道姑娘的芳名叫玉娟，丁绍光想不起是什么时候悄声从身边的人群中探听来的。她不时在竹楼边闪露一下的倩影，丁绍光却是什么时候也能想起来的。当时同在一块平坝上，是近距离；日后天各一方，虽同在一片星光下，是远距离。隔着远远的距离看，那美丽的发光体就越加璀璨夺目了。“真是一个非常可爱的傣族小姑娘呵！”30多年后的丁先生，住在美国洛杉矶比佛利山庄，为此还在喟然长叹。

丁绍光在20世纪60年代能在现代中国画坛旗手般的人物亲自引领下迈出最初的几大步，是他的幸运！

在采撷美的路上，橄榄坝——西双版纳三大坝子之一，是一个以美丽著称的地方。80个寨子安在坝上，家家都以铁力木、山花果、仙人掌做围栏，自成一方天地。传说佛祖释迦牟尼从坝上走过，百姓以土产白布铺在地上迎佛祖走过。佛祖将粗布卷起送还百姓，称赞这坝子平坦如毯。

坝子几乎每天都在青年丁绍光的习作上留下美的投影。老乡们早已成为老朋友，上工下工的过路客成了“观光客”，三五张人物素描是一次小画展，七八张风景写生也可展一回，丁绍光画到哪里，“个展”就在哪里自动揭幕。人家的目光在画上，画家的目光左顾右盼在观众脸上。日后亦是如此。

乐意让人欣赏艺术成果，艺术家像蓄电池接受充电。橄榄坝的男女老少用于画的评语，以“像”或者“不怎么像”作为标准。他们高兴的是依香的竹楼、屋后下到溪边浣衣、汲水的石级画得“像”，他们从画中认出来了。丁绍光交叉着双臂抱在胸前，喜滋滋地看着老乡们脸上的表情。

那一座在这一地区名声不小的“缅寺”被人从画中找出来了，老阿婆挤到丁绍光跟前，说她的孙子正在庙里修行，还俗回家还得两三年——傣家男子年少时的必修课，总有几年是要住到寺里去学和尚念贝叶经的。

有人认出画中的三棵棕榈树，是他家门前的。有人认为画中的凤尾竹是岩罕屋后的。丁绍光素材中的“刺绣”“织锦”是很容易让人一眼就分清谁是谁的。道理很简单，傣女刺绣上的几何形色面多用来表现具象的东西，绣花、绣日月星，绣山、绣孔雀翎，爱啥绣啥，针线上自然吐露出各有所好，色彩一般不讲究协调，随心所欲，凭感情办事，认为该突出的地方，该呈现热烈、刺激审美效果的部位，总是尽可能多地集中出现鲜艳夺目的色彩。傣族“织锦”和“刺绣”一样好辨认，看上去虽然是抽象的几何形色面，但也没脱离具象的东西，各有取舍，各有择重，哪家是哪家的，当然一眼就看得一清二楚。丁绍光对临摹是十分用功的，也是舍得花时间的。在北京出发前，他才着迷地临摹过厚厚一本1961年新出版的《印度尼西亚民间雕刻》，以修长为特点的人物造型，可以说在他的南行途中，画中人还不时以优美的姿态在眼前舞蹈一阵子哩。

燃起一支金沙江牌香烟，顺手又给老乡散过一圈云南产的、当时价值人民币二角九分钱一包的平民香烟，丁绍光过瘾似的在一旁继续看老乡们观画的表情。

橄榄坝村舍

橄榄坝寺庙

在祭祀活动中，在节日的大青树下，一碗米酒下肚，开口就能唱上好几天的“赞哈”老爹，丁绍光戏称他们是“西双版纳大学教授”。敬重他们犹如学生敬重张光宇、张仃、庞薰琹、吴大羽……老爹一见丁绍光临摹的几幅岩画、壁画，恍然大悟。从那身汗渍雨污、色彩斑斓的“迷彩服”领口处钻出个怒发冲天的脑袋，日后画友们戏称“黑色火焰”的满头硬发，此时更像钻出森林的刺猬。这些绘在紫红色山岩上的原始图画，或是动物，或是植物，或是半人半兽的巫师或神灵，或是日月星辰以及一些奇特的符号或图腾，“老赞哈”当然能解释，像揭开一层薄雾似的道出深藏的玄机。如他们曾教丁绍光认识云南少数民族妇女腰系的围裙上总绣有石榴、葫芦一类多子动植物，是对女性创造爱与美的生命赞歌，是与民族崇拜母性的古风有关一样。“老赞哈”只三言两语便揭开岩画上的迷雾，“学生”眼前顿时幻化出古老民族生命和灵魂神秘的影像。临近大学毕业的他，对原始绘画的热爱，准确一点说，更偏重于对原始绘画超自然的神秘性和象征性。

云南沧源岩画

解读岩画上的宗教符号容易，但总让也只有“像”与“不像”两板斧的“老赞哈”很难说清楚究竟谁比谁美——岩画在临摹中被丁绍光有意添上了色彩。

岩画极为原始、古朴，基本上是巫术祭祀活动的产物。祈祥避灾的主题，决定了在天堂地狱的幻影中，必须使向往幸福生活的人们获得精神上的满足。画的本身因此也成为崇拜的对象。丁绍光对“老赞哈”唱诵万行史诗的记忆力深信不疑，他能够在脑海里复印下岩画上的一切，没想到这一切中竟然包含了色彩的浓淡。他所说的“不像”“不完全像”，正是某些他认为应该强调的部分，像少数民族服饰特意在领边、袖边、前胸、衣摆，甚至裤脚边配五颜六色一样，提亮了岩画上的某些部位。他不过是现炒现卖，试了一回而已。在某些风雨剥蚀的地方，他试着加了一点阴影，增添一点环境中的旧时氛围，看能否制造出一种时光消逝的感觉。在场的观众毫不手软地亮分，对提亮了的色彩说喜欢、说好看；对用暗影制造一种藏匿着已消逝时光的效果，大伙儿说不好看、说不喜欢。每遇之，心常窃喜，平静下来之前，丁绍光又有了新的不平静……

丁绍光入迷地爱上了橄榄坝。

丁绍光在橄榄坝也逐渐成了让人入迷的北京小伙子。比较同时代那些到过西双版纳猎奇的文化人，傣家人之所以能很快将他从搞摄影、拍电影、收集民歌的匆匆过客中区分开来，不是靠一身着装奇异的“迷彩服”，而是在弯弯曲曲路上他是走得坦坦荡荡、正正直直的人。从第一眼看见这个面对一棵大树就可坐下来画上一天的年轻人，“不敢正视你”却“注视在心里”的傣族姑娘玉娟，“心为青春的爱而跳动”。丁绍光当年的画——一个学生的实习作业，并不能出任牵引妙龄少女芳心的“红娘”。玉娟姑娘任凭女性的直觉鉴赏画，初中文化帮不上太大的忙，只能说与西双版纳乡亲们同在那个说“像”或“不像”的务实水平上。或者看过画，她不留只言片语，只在嘴角浅露一弯笑。

玉娟姑娘不懂，橄榄坝的观众都不懂。丁绍光这一时期准备的创作素材中画了一些变形的东西。毕业作品的构成形式，一直纠缠着他。

他画“傣式露天浴场”上，少女们伸出水面的秀颈；

他画婴儿摇篮边，年轻母亲弯曲的背影；

他画“赶摆”路上，头戴竹笠的“小卜少”优美的侧影；

他画林中，因采果收获喜悦而让人感觉伸长的手臂；

他画伫立船头盼归的少妇，满头是夕阳拉长的金线，他感觉那金线是让思念拉长的……

他的笔触很少从正面描绘傣女的脸部，不是因为东方人的脸庞较少一点凹凸感，犹如缺少起伏更显光洁的月面，而是他看过太多的日落日出时呈现的田园牧歌，傣女们优雅身姿是贴在蓝天上的剪纸。婴儿之所以能熟睡在母亲的怀中，那是因为心贴心的关系，此时女性的背为庇护婴儿的甜梦，俨然似遮寒避暑的一面墙。丹顶鹤对高天远处的向往，是用伸长的脖子倾吐的；少女的思念与向往，何尝又不是仰面引颈对天述说的？希望支撑着的身体，因此成为人生最美的雕塑。

来日能感动人的，必定是你今日先受感动的！

4 西双版纳的每一棵树都长着眼睛

1962年即将过去一半的时候，丁绍光回到了北京，纪念“劳动节”“青年节”的墙报，

西双版纳的每一棵树都长着眼睛

在中央工艺美院校园里，和5月的鲜花还一起相拥在路旁争奇斗艳。

他不是有意穿了那身色彩斑驳的“丛林作战服”跨进校门的。他逾期不归，大大超出规定时间，引起了种种猜测，早已震惊校园。他一身“迷彩服”出现，总算平息了校方急于抛出“寻人启事”的那一份焦虑。对他老是“出轨”的脚步，当然有人议论，有人愤愤不平……

最终成为艺术家的人，都要为不同于他人、反常规的行走付出代价。不计成本的痴情，超出常人的流汗，都可造成平常人的误解，更可成为市侩戴着有色眼镜对落井者投石的理由。

返校后，他第一个想见的是张光宇。第一个想见丁绍光的也是张光宇。

张光宇很激动。60多岁的老人亲手端来凳子，指挥学生站上去，“把我墙上的画都盖掉！”

丁绍光从西双版纳带回校的第一批白描，就这样把热带雨林的风光，一幅幅展开在老师家那间画室的粉墙上。学生被扶上墙头？还是肩头？……他在森林里走来走去，整整半个月一笔也不画。近看、远看，对眼前色彩相同无异，但形态不一的阔叶树、寄生藤、互生根、地衣、苔藓丛中星星点点的兰花、树枝丫上摇曳多姿的金石斛，看着、想着……慢慢地他才体会到进入了一个树的家族。森林是一幢幢多层建筑，住着一个绿色家族，有长寿的老人，有患难与共的夫妻，有五世同堂的和美图画，有兄弟姐妹的反目无情——为一片阳光，树叶与树叶在空中“争吵”；为一份养料，树根与树根在地下“钻营”。森林给了他一种人格化的启迪，所以，他最终能在林中任何一个地方坐下来，一画就是日出日落一整天。被搬到他画纸上的植株，一个个都有独特的性格。

老树、幼树、青春树——满面沧桑的老人，憨态可掬的顽童，春光明媚的少男少女……树的家庭成员，被他有血有肉、有棱有角、丰姿绰约地记录在笔下。这些白描画得非常非常细，甚至把叶子脉络的每个转折都加以强调。

在张光宇面壁玩味学生白描的时候，丁绍光向老师汇报了他“袖手于前，疾书于后”的过程。他看出了每棵树从外部形态到内部蕴涵的不同，用一个新的说法道出：“每一棵树都

长着眼睛。”最后能在一群树里找到要在画里表现的东西，他认为就像找到了一双眼睛。

张光宇说，找到一对眼睛是很好的说法。

老师太高兴了，拥抱了这位弟子。

老师的目光一直没有从墙上移开，他明显看出弟子是按他传授的方法处理图案，像一个固体把它摊开，一片叶子把它压平似的，在绘画时突然“造情”，突然有一种进入一片叶子里去的冲动，这是张光宇独特的心得。

张光宇的绘画，程式化手法很强，他画的是比较图案化、比较固定、比较凝聚的东西。而丁绍光的白描显然比他的绘画性更强，更具美感的造型，是一种感情的需要，不如此就不是他丁绍光心目中的西双版纳，一个完全没有商业气息的西双版纳！

“我一次在森林里画画，见一个佤族猎人打了一个麂子，”听他讲过和佤族猎手相遇在西双版纳密林的故事，“他把麂子砍成两半，一半给了我，我背着一半，衬衫上全是血，画也不画了，一路往回走，见人给一半，一路砍下去，最后只剩一小块……”你不仅会记住那令人感动的情节，也不能不相信他所说的：“值得用半生的时间去把过去的纯朴民风表现在艺术作品里。”

5 毕业作品激发风雨雷电

在夏天剩下的日子里，中央工艺美术学院1962届的应届毕业生们，各自埋头最后的百米冲刺——毕业创作。

应该说，丁绍光在返校时已完成毕业作品的大部分工作。创作素材已经过初步遴选，从爱不释手到暂搁一边，他已不仅拥有一大片绿色作基调的西双版纳密林：景洪至勐罕澜沧江百里天然山水画卷，蜿蜒在景颇、撒尼、阿佤边寨山村间的马帮古道。他在那些不归之日，与其说是沉湎于历史的诉说，随手拾取一些彩色服装、金银佩饰散落的珠串，不如说俯身红土小路，触摸到多民族文化的交流和传播——条条通向大山的脉管。他把返校的日期一拖再拖，一直拖过了4月中旬的傣族新年。节日未到，心花便开了。节日到了，水花便亮了。新年第三天是傣族民间最盛大的泼水节。传说古代傣家人，这一天迎接杀死兴风作浪危害百姓恶魔的勇士，泼水为心爱者洗尽满身血污。这样隆重的节庆，丁绍光岂能轻易错过！划龙舟、放“高升”、放“孔明灯”、跳孔雀舞……置身其间，充分感受那水花飞溅起来的心花怒放一对满面笑容的新人，首先敬酒的桌前，正是他差一点找错位子的地方，那是情人席。

和欢情洋溢。谁身上被水泼得最湿，一年中谁得到的幸福最多。丁绍光在浑身湿透逃回竹楼的时候，女房东笑着告诉他幸福的预言。很多年后，他很想找到那年在橄榄坝泼水节淋湿的记忆，他不知道是不是有一片水印是那个终身爱恋的傣族姑娘留下的，她是否真正出现过在对他泼水的人群中。而他当年仅是把对泼水节欢乐的印象与彩色缤纷的掠影随身带走，却把自己的情愫和思绪留在了彩云之南，因此便对在毕业作品上再现泼水节的愿望一笔勾销了。

随着仲夏来临，酝酿成熟，他开始画水粉，用浓艳的色彩绘制傣族民间叙事长诗《召树屯与婻木婼娜》的插图。节庆的画面不是泼水节而是傣家的婚礼。

来者都是客。北京学生很感激。他和边防驻军连队的代表入座在同一张竹席上，新郎家竹楼前的小院坝几天前就搭起了迎亲的竹篷，老赞哈在说唱长诗《召树屯与婻木婼娜》。丁绍光想调整一下距离，一起身就被身旁的边防军按住肩头，他很了解情况地告诉客人，前排桌子不是谁都能坐的位子。婚礼正式开始后，司仪在喊什么，主婚人在讲什么，“赞哈”在唱什么。反正跟着大家一起举过几次酒碗就算祝贺了。这时，他才发现“大军”救人及时，那一张曾经空着的长桌跟前，若是挪去坐了，真就犯下一个美丽的错误。

盛装的新郎、新娘登场了！

客人们齐声嚷着“水水水……”送到嘴边的却是酒酒酒……

酒和歌立刻在丁绍光身上起了作用，率性耸身站了起来。他看见手捧酒碗的新娘走在前，怀抱酒坛的新郎尾随其后。一对满面笑容的新人，首先敬酒的桌前，正是他差一点找错位子的地方，那是情人席。不知什么时候，早已有六七个傣族小伙子垂头丧气地围坐在长桌边。桌上是同样丰盛的菜、同样的酒碗，不同的是倒着的酒碗下一个情郎放下一份五元的礼金——真资格的礼轻人意重。

在傣家做客，丁绍光也曾醉过。不过，这一回是情醉胜酒醉。

他没有想到平时羞羞答答的“小卜少”，在昔日情人的群体面前竟如此落落大方。对象已成他人的新娘，情场失意的小伙子不仅不躲去一旁舔伤口，接过大红喜帖的手这时捧了新娘送上的酒碗，当众把酸甜苦辣一饮而尽。

酒入心，话出口，真是说的比唱的还好听。

“阿妹的喜酒请多多喝几口，阿哥有话就不要再藏在心头。是怨是骂都是爱，是深是浅都是走过的沟，一切一切都请多多原谅，是风是雨都是过去了的时候……”

——这是新娘的敬酒词。

“阿哥是唱不成歌的斑鸠，阿哥是游不上岸的泥鳅，说过的话就不要再说了，不高兴就不敢来喝阿妹的喜酒。相好的时候算是大梦一场，明天的路还一样走得精神抖擞……”

情场失意的男儿，在回敬新娘敬酒时说大梦一场的有，说大病一场的也有。把恋爱当作梦来做，把恋爱当作病来害，还没有如此痛过、如此梦过的丁绍光大感新奇。禁锢的中国社会，傣家开放的婚俗是一株奇葩，每到爱情季节，西双版纳的森林、田园，无处不是傣族青年男女人影双双、脚印行行——自由开放的大情场。房东女儿坐在竹楼的露台上，夜夜摇着纺车，等候弹着叮叮琴的小伙子们踏着月光，绕过树丛前来谈情说爱。丁绍光早已暗中欣赏过。每当村里来了电影放映队，挂出银幕的大青树下，往往是情话汇流的地方。电影收场，情侣出场：傣家小伙子松开肩头的薄毯，裹了心爱的花季少女，双双对对消失在青烟蓝雾的密林中。丁绍光目击过、目追过，但过目不忘的却是今晚的傣家婚礼。

那怀抱酒坛的新郎，跟随新娘，酒敬“情敌”，不避“历史”，是需要拥有何等宽大的胸怀啊！要知道失败的情敌们，不是背后说而是当面说——当着昔日的情侣有忧、有怨、有仇、有爱都可一吐了之。就像“闹房”一样，让你新郎、新娘出个洋相，大伙赢得开心一刻。在失败者献给胜利者的鲜花中，合情合理有带刺的玫瑰，最终的结果是“不能成为情侣，不要成为情敌”。所以当眼睁睁看着你之所爱新婚之时，可以叹息、可以呻吟、可以醋意大发……但最终你不能不为曾经倾心的对象的雍容大度折服，幸福不应受到妒忌，应慨然举杯。在“水水水……”的热烈呼吼声中，将传递的酒碗喝成一串流星，多情的傣家儿女到此时尽显青春无悔的豪气。“西双版纳给人满脑子色彩”，丁绍光终于懂了师言的含义。美丽丰富神奇出色的西双版纳，将造就最出色的画家。

傣家最隆重的新年，把来客的记忆淋湿了；

人生最喜庆的婚礼，把来客的思绪缠上了。

在鲜花、水花和人们心花的浪潮中度过西双版纳最美节日的丁绍光，注定日后是要在他的重彩画

傣族传统婚礼

里重放这朵奇花的。这是他学生时代在北京度过的最后一个夏天，一个挥汗如雨的夏天，他也是从回忆中饮着西双版纳的水度过的。

他的毕业之作——取材傣族民间长诗《召树屯与婻木婼娜》中节庆的场面，他饱蘸水粉的笔为傣家人的爱情之歌画出了彩色的音符。

从酝酿开始就一直在考虑造型美的问题，糅合了抽象和变形的现代手法，最终，他在画中把一对傣族男女合成一个造型。从这个角度看是女的，从另一个角度看则是男的，采用的是现代构成方法。

然而，这幅企图要表现作者内心感受的画，却是生不逢时！

丁绍光的毕业作品，引起轩然大波。教师分为两派，教水粉、教素描的传统一派，认为有悖革命浪漫主义和革命现实主义相结合的原则，连及格的分也不给，需补考方能毕业。另一派，张仃、张光宇和新任系主任袁运甫却打了分还不罢笔，在5的右上方一人添了一个“+”号。

最终否决了反对票，丁绍光1962年9月领到了中央工艺美术学院毕业证书，幸运再次降临他的头上。丁绍光至今还记得在中央工艺美术学院的岁月得到功夫扎实的艺术教育和深受“老头子”们的关爱。张仃德高望重且身居要职，他给予的沉甸甸的满分，这又一次爱的倾斜使丁绍光转危为安。

世界上绝不可能有两幅完全相同的画。尽管渐入“耳顺之年”的丁绍光，至今念念不忘，并一再声称：“这想法现在都还没有死去，对西双版纳全凭感觉来画，用现代构成方法，男女形体结合……”即使想法有了，但也无法将那幅原画如初生儿之失而复得。原画在“文化大革命”中，曾作为“黑画”从学校抄出，示众之后也就了无了踪迹。

6 藏在《乐园》背后的故事

张仃、张光宇等都想让丁绍光留在北京，留校任教。当时张仃正接手一个民间艺术项目，助手的岗位也是十分诱人的。

留校？岂不把学生都带到邪门歪道上去了？反对丁绍光留校任教一派有重大理由，关系到接班人变不变色的问题。

那时，面临统一分配的大学毕业生，人人都得填报一份志愿。统一印发的表格，预留六个空栏，允许年轻人有六个向往之地。

橄榄坝的村庄树连树、田挨田，谁家有儿新长成、谁家有女初怀春，竹篱笆编门是挡不住眼睛的。

丁绍光填报志愿是一气呵成。

丁绍光再次使同校师生大吃一惊。

“有志青年走四方”，“天”“南”“海”“北”最理想。当年校园中有如此一说。上联举的是红旗，呼的是口号；下联玩的是青春赌明天的早期文字游戏。天南海北常人读作穷乡僻壤、远离大城市的地方。毕业生想去、想留的“天”“南”“海”“北”，是天津、南京、上海、北京这样的大都市。

出人意料的同样四个字，占领了他申报志愿的六个栏目：西双版纳、西双版纳、西双版纳、西双版纳、西双版纳，最后一个仍是西双版纳。

性格豪爽、襟怀坦荡、待人真诚的丁绍光五年大学生活，可以对人夸口，在师生间、同学间是无话不说。有人戏言，他们之间只有梦是各做各的，梦话是各说各的。有一个梦，重返西双版纳之梦，在丁绍光返校之时就开始天天做。每次梦到西双版纳就想起她，直到今天，刀玉娟也无从知晓这世界上曾有六个西双版纳是为她填在志愿书上的。丁绍光出门第一次全程乘坐快车从北京赶到昆明。昆明距西双版纳还有千里之遥，却是距离那一片宝石蓝般梦境最近的地方。挣脱老家北京和同窗师友的再三挽留，也绝非一件易事。无话不说的丁绍光，临别之际，一言不发、一字未吐的是他和年方二八的傣族姑娘一段神秘的初恋。

岁月无情人有情!

雨季过去了，一年的岁尾年头是西双版纳气候最宜人的季节。丁绍光的心情特别好。他已经从一个多月前，面对苍郁葱茏的大自然，一笔也不能画的迷失中走出来，见树就能找着“眼睛”——从日出看到日落，从局部看到整体，细心玩味，看出了每棵树从外形到内涵的不同，然后到哪儿都是一坐一整天，一画就是一大片。

西双版纳傣家儿女的爱情季节到了。外面世界的情人节，玫瑰花和巧克力是跳动在小夜曲里的音符，而橄榄坝情人们聚散的地方是寨边村头小路旁。赛过玫瑰花、巧克力芬芳——寨子里一个个穿着漂亮的姑娘们，在路边“情场”安放好篾桌，摆上烤鸡、一壶米酒和两只酒杯，燃起一堆篝火或点上一盏油灯，便勾勒出“人约黄昏后”的意境。橄榄坝的村庄树连树、田挨田，谁家有儿新长成、谁家有女初怀春，竹篱笆编门是挡不住眼睛的。平时相互都认识，“情场”只不过提供一种直接面对面的机会。那时候，世间还没有“绿色食品”这一说法，傣家姑娘“待客”的“鸡腿”，源于“寨边卖鸡”的古老婚恋习俗，代代相传流露出的纯情才是真正可贵的绿色。很有趣，对不中意的小伙子，姑娘就故意对吃食要出令人咋舌的天价，比如一元一只的鸡腿，可飙升到二三百元，小伙子也就知趣地悄然离去。姑娘如遇

橄榄坝的寨子

中意的人，不为肚肠饥饿而为感情饥饿来的求爱者，则主动将早已准备好的小凳含情脉脉地递过去，当即面对面坐着边吃边谈，谈得称心如意，谈到月缺月圆……两人毯子一裹就定情了……

丁绍光常住在橄榄坝一个美中更美的寨子。这个被人称作“乐园”的地方终年树绿果香，传说一度是专给西双版纳古傣王进贡水果的基地。他那天去“赶摆”找素材的曼春满，是傣语“春满人间”的意思。

花美树美人更美，丁绍光一头扎进美人堆里。美术家猎美的眼力不容怀疑，他挑的是围得最大的一个人堆。被小伙子们围在中央的是三个傣族姑娘的摊位。三大美女，绍光很快在围观者的窃窃私语中获得信息。花中花、美中美，他很快凭直觉分辨出三位中居中而坐的玉娟是佼佼者。丁绍光猜想这位有些眼熟的美人，似曾在哪里见过？是不是在围观他写生的人群中出现过？按照傣家古老风俗，三大美女正练摊叫卖烤好的鸡腿。摆摊当然只是形式，卖的人和买的人意不在此。姑娘不中意的对象来买，鸡腿价格立即飙升为恐怖的天文数字；若是姑娘中意者，价格便以跳楼之势狂跌，接过姑娘递上小竹凳的待遇，意中人便有了边吃边聊的机会……

聪明的玉娟多次远远地看画家写生，知道他是个汉族大学生，她渴盼着有一天会出现在画家的画里。果不出她所料，背着画板的大学生左突右挤来到了摊位前。哄笑起，恰好又一个求爱的帅哥不堪鸡腿的“天价”被众人的哄笑声挤兑出人群。丁绍光本能地往后一退，没想到玉娟姑娘早把他看在眼里，见他后退，一时着急，竟主动伸出手来递过那张早已准备好的小凳。丁绍光脑子里一片空白，他是怎么服从命令似的在木凳上坐下，他是怎么双手接过玉娟姑娘递上的鸡腿（不是天价，而是无价——给多少钱也不卖的爱的信物），这些细节一概记不住，他只记得最后是惊得从地上跳了起来。其实，他那时并不太清楚这种傣族风俗的含意。在接过鸡腿的瞬间，他突然在围观的人群中发现了北京来的侯波。老大姐是个名记者，她一到橄榄坝，大家都知道来了个专门在中南海拍照的，谁要被拍照准要登在画报上。她躲在人群中，身后还有北京新闻纪录电影厂的摄影机，镜头瞄准的正是这张西双版纳儿女风情照。等的就是情人席上坐下姑娘的意中人。

丁绍光大吃一惊，见侯波正举起相机……

侯波也大吃一惊，坐在板凳上的小伙子连呼“不要拍我”，扔下肥鸡腿，抽身逃去……

专门来拍西双版纳儿女风情的记者们懊悔了很久。多年以后，当时没能抓拍成的中国一代名记者侯波告诉画家：她清楚看见了玉娟的眼泪潸然落下。

丁绍光逃回“乐园”，很快就回到画的世界中去了。玉娟姑娘好些日子也不再搭理这不开窍的“北京学生”。又过些日子，玉娟姑娘也不再去“情场”，她路过“乐园”，便有事无事在丁绍光的写生点前停留一阵子。同行的女伴们只要听她说要看画画，便机敏得像森林里的小鹿，悄然走开了。16岁的小姑娘只想看看“先生”的画里有没有她，她的梦里不止一次出现过丁绍光坐在小凳子上注视她的情景，她不明白她的美丽为什么竟不如画家笔下的一片叶子。只读过初中的她，确实不懂高深的变形画，喜欢的只是眼前这个比她年长6岁的汉族小伙子。只有说不清楚，也无须说清楚的那一声声心跳，才是爱的节拍。东方人的爱，太含蓄了。那中箭、触电的感觉对丁绍光来说来得太晚，直到离别西双版纳、返京填写分配志愿时，他才感到玉娟姑娘在曼春满递过的小凳实实在在出现过。35年后，即1996年，一封刀玉娟致“先生”的亲笔信，经万里辗转落在丁绍光手上，不是手上，是心上——揣在怀里整整50天。一看一片泪光，一读一阵心痛。不会绘画的玉娟姑娘，却在字里行间将自己当年的情态还原在素笺上：“先生……我不敢正视您，唯有注意着您的一言一行，把您的影子全部录在心里，但是我没有勇气向您表白，我的心为青春的爱而跳动。”

不是完全没有表白，对玉娟姑娘不可理喻、无可救药的心跳，丁绍光有过察觉。那是从曼春满逃离情场后的两个月，他又去过一次春满人间的地方。在曼町的房东家，不久前来了个傣族小伙子，是州歌舞团派来跟丁绍光学画的。人不错，画也画得不错，唱歌跳舞都颇有魅力。他把丁绍光当成知心朋友，并要丁绍光助他一臂之力，他已经迷上玉娟姑娘了。就这样，丁绍光陪伴他再去了一次曼春满，直接去了玉娟家的竹楼。姑娘喜出望外，脸红一直漫到脖子上，不是把切水果的小刀掉在地上，就是差一点把茶水碰翻在客人身上。心中有鬼的学徒和心中无鬼的老师，一个是局促不安，眼皮都不敢抬一下；一个是扮演说客，挥洒自如，神采飞扬。急于打破僵局，丁绍光开始给那个小伙子瞎捣乱。当看见玉娟姑娘退坐到凉台纺车跟前的时候，他大声嚷嚷让小伙子拿出男子汉的气魄来。没想到玉娟很快看清楚丁绍光是为帮忙而来，更没想到玉娟不仅完全听懂他京腔京调的玩笑话，还一生气骂起人来，一口流利的云南方言字正腔圆。

丁绍光真该挨骂！只是骂得太轻、太秀气，只让他感到姑娘是生气了，结果是吓跑了。

丁绍光至今与玉娟姑娘只单独见过四次面，这被吓跑的一面是第二次。第三次见到玉娟姑娘，是丁绍光告别橄榄坝启程返校那一天。清晨的薄雾还没有从“乐园”的田野上消失的时候，她就闻讯赶来送行了。这一天姑娘打扮得真漂亮，头巾又像“赶摆”那天一格一格、整整齐齐披戴在头上。发髻上一圈粉红色的小花，在丁绍光日后众多的忆旧之作中也仅出现过一回，被画家移植在少女的掌心里喻为了相思的红豆。

首先是同意改变路线，平时以有主见显示男子气的丁绍光，今天是怎么了，轻而易举就让一个女孩子掌握了指挥权。从橄榄坝到自治州首府景洪有水旱两路，丁绍光原本准备乘船回景洪，并已托运了行李，剩下来就等坐在船头观风景。来的时候是在澜沧江顺流而下，似跑马观花，跑步逛公园。早就盘算好，回程仍坐船，把接岸长天当作一张宽银幕，再看一回彩云之南的山水风光片。临到上路，撞上玉娟姑娘，三言两语就改变了丁绍光的路线，一声“我送你”，丁绍光也就踏上了去景洪的要走大半天的旱路。最初一段是三人行，州歌舞团那位同行还盼着送过桥头之后，能和姑娘结伴回去。到了桥头，玉娟根本不打算回去，她让小伙子到附近的果园去买点水果，让老师带着走。小伙子不知是计，一钻进果林，姑娘就拉着丁绍光的手飞跑起来。丁绍光也闹不明白是怎么让人牵着手跑了起来，像身上着了魔法似的。后来在书里读到“逃若脱兔”一词，他不禁哑然失笑，说汉语的词汇太形象，这就是他俩那一刻的写照；又在书里读到“吐气若兰”，他立刻想到甩掉那小伙子，跑出很远很远之后，玉娟姑娘在流沙河畔——澜沧江的一条支流，长舒一口气的模样。这河里的水流平稳极了，让人一望就有“春来江水绿如蓝”的意境。当玉娟姑娘拉他下河去洗澡的时候，丁绍光窘得只会说“别别别……我……我……我是学生！”玉娟姑娘一直把丁绍光送进景洪城的招待所，她充满幸福的一天也就随落日画上了句号。晚上，他俩一起去看电影。晚场放映影片是《红旗谱》，根据20世纪五六十年代风行一时的同名革命历史题材小说改编的电影。剧中有一个能让当时全中国青年人眼睛为之一亮的女学生。春兰敢恨敢爱，竟然把“革命”二字绣在胸襟上去参加反对黑暗势力的示威游行。

美丽的澜沧江

从晚风摇曳着两排棕榈的人行道上与三五成群的观众汇流，到在电影院里坐下来，玉娟姑娘一直把目光盯在脚尖上，上牙轻轻咬着嘴唇好像下定决心不再说一句话。一粒爱的当天晚上，丁绍光回到招待所，再也没看见玉娟姑娘。一夜都听见芭蕉叶上露水的滴嗒声。

种子早已成熟在心里，试着吐出一半，结果又全部咽回心里。35年过去，刀玉娟心存的这个“爱”字才完完整整出现在寄往美国的信里：“……（您）确实是我崇拜的人，先生，喜欢是人的天性，爱是我的自由，虽然您不理解我，可我还是爱您，爱是不能忘记的，先生……”

幸好，电影院里的夜色来得及时，它掩盖了丁绍光年轻躯体的初次颤栗。他只在心底刻下了花季少女欲语状的唇线。而那时的他，最怕再有声音从姑娘的唇间冲出来。“我一个穷学生，我的明天在哪里？对房前的贝叶树，对屋后的凤尾竹，对竹楼上冉冉升起的炊烟，对缅寺祈祷时敲响的大钟，我都慷慨许诺要回来，一定要回来。可我不敢对你说呀，能回来？不能回来？让你伤心的事，我能做吗？对你说我是学生，这句话的含意你能听明白吗？我不配呀！你这么一个清纯像独叶草、美丽像绿孔雀的傣族姑娘，我在西双版纳有什么不敢画、不能画？却不敢把你画在纸上……”

丁绍光论起画来，对色调、对韵味一说一个感觉。然而，在电影院真没了感觉。《红旗谱》什么时候开的头，什么时候上的高潮，什么时候满场的枪炮声、口号声全听不见了，只听见沙沙作响的胶片卷动声和突然柔和下来的抒情音乐声。定睛一看，银幕上出现了令人心跳的画面：剧中的男女主人公——运涛和春兰，正在大平原看麦子的那个草棚里谈情说爱，甜蜜得让人心都醉了。丁绍光明显感觉身旁的玉娟浑身哆嗦了一下，她突然说不看了。旋即起身，头也不回地跑出电影院，迅速消失在景洪的夜色中……

当天晚上，丁绍光回到招待所，再也没看见玉娟姑娘。一夜都听见芭蕉叶上露水的嘀嗒声。

次日黎明，丁绍光最后一个登上从景洪开往昆明的长途汽车，把头伸出车窗，一直到棕榈树最后消失在视线尽头，也没看见那个小姑娘可爱的身影。

第三章

红土高原

参天大树的故土

1 当场泼墨换来一碗“教师饭”

那个小姑娘可爱的身影不会看不到了吧？

1962年8月，中央工艺美术学院应届毕业生，23岁的丁绍光分配工作到了云南省会——四季如春的昆明。从以等候分配身份住进招待所之日起，他就没有打开从北京背来的铺盖卷儿，随时准备出发。今天盼着明天，明天盼着后天，只等人事部门的通知书一到手，他就给玉娟发份电报，他算了一算，电报经景洪城转到橄榄坝，再转到曼春满那个小小的邮电代办点，最后转到姑娘手中，最快也要三五天，说不定乡邮员后脚出门，他前脚就跨上了竹楼的木梯。

就在丁绍光做这个梦的时候，玉娟姑娘已经两百多天没有听到梦中情人的半点消息。

又一个一百多天过去了。

把你心悬起来，把你胆吊起来，悬心吊胆过日子，是什么滋味？

学工的、学农的、学政治、学经济、学文学艺术的，从北京、上海、四川等天南海北各地分来云南支援边疆的各类毕业生，先来的，后到的，和丁绍光同天住进招待所的，虽不个个都是“抢手货”，但也没有像他在昆明半年“滞销压库”。

当又一次从人事部门打听工作消息回到招待所，他一头扑倒在尚未打开的铺盖卷上，丁绍光终于尝到了梦破的滋味。

他申报志愿的六个“西双版纳”，成了六个大问号。

那时代的老式人事官员成年累月对人家的档案查来查去，服从阶级斗争的需要，把为人民服务的工作，当成挖空心思寻找斗争对象的专业。说他们干的尽是损人不利己的事，未必；说他们专门落井下石图痛快，也未必。谁手中有权，谁在眨眼间就可以改变一个人一生的命运。只有跨过这种门槛的人，才会明白希望与失望距离有多大。社会进步到“我表现才能，你给我机会”的那一天，还有多么遥远？！

你丁绍光在同一张申请表上反复写了六次西双版纳，就能说明你比报西双版纳为第一志愿的人热情高涨六倍吗？云南地处西南边疆，西双版纳是国防前哨，你不能不知道吧？内地因公出差还需单位组织审查，公安机关发放通行证，边防哨卡检查才放行，而你丁绍光家庭出身旧官僚，父亲母亲多个兄弟姐妹在港台，你不会不明白西双版纳是跑出国的最近通道？这么一推敲，这么一联想，丁绍光的动机被罩上浓浓的疑云。

六个月的朝思暮想，望穿秋水得来的是一个“西双版纳没有名额”的最后通牒。

20世纪80年代的昆明市貌

东碰西撞；丁绍光的梦之船在昆明触上了礁石。前行无望，却又不想改弦更张，尽管张仃院长带信来：如果愿意留校任教的话，他可以重新考虑回到北京。

“我只想到西双版纳工作！搁浅也要在滇池！”丁绍光贴近挂在墙上的云南地图，拣起一颗图钉，狠劲朝昆明近旁的那个圆圈压了上去，松开食指的时候，他发现图钉的外沿距离西双版纳那片绿色已经不远了。

人要不是自己会想些法子安慰灵魂，日子真没法过下去。“等了八个月，也没分配我工作，但明确告诉我，不能分配我到西双版纳工作。”后来，丁绍光听说两年前新成立在昆明的云南艺术学院缺一个中国画教员的消息，便主动找上门去。

人家需要的是国画教员，你学装饰画的，能行吗？美术系王主任先看到的是丁绍光的一批夸张变形画，摇着头，不用明说，意思是：基础太差，连人体的解剖比例都不懂。对不起，现场画一幅看看如何。

一见画案上笔墨纸砚摆出来，丁绍光的眼睛就亮了。半年搁浅，在人事部门越跑越少的自信，倏忽间还原到身上，这自信是让“高中画室”的启蒙老师、中央工艺美术学院的教授们宠出来的。早年，丁绍光身边的老人，都曾用过“学好数理化，走遍天下都不怕”的大道理引导他正确选择人生的道路。那时他就说过“我就要吃笔墨这碗辛苦饭”！没想到，他今天真是自己拿起笔来找饭碗了！得益于大学时代曾到黄胄老师家学画，于是他当场画了一幅黄胄风格的水墨人物，赢得主任们频频点头。这就是丁绍光日后笑说的“黄胄老师助我进入了云南艺术学院”。

当年在场的考官们当然记得，丁绍光在黑白世界一挥而就的“表演”，俨然是出场一个好演员，平时生活里并不光彩照人，只要戏装一穿、脸一上色、锣鼓一敲、音乐一响，精气神全都提了上来，登台亮相就是一个满堂喝彩。

2 独具魅力的青年教师

云南艺术学院至今还完好保存着丁绍光1965年以前的两幅绘画作品，不是“国宝”，是“校宝”。

一幅是在面试的紧要关头，即兴画的黄胄先生的《毛驴图》。他想去的地方去不了，盼他回的北京他不愿回，靠着这几笔，赢得云南艺术学院绘画系一个教席，在距昆明翠湖不远的“麻园”有了一个立足之地。52.5元的月工资——当时用国家发的粮票可买大米二三百斤，足够他一人吃饱全家不饿消耗十来个月，如果人只靠吃饭就能活的话。同时还有一间小小的单人宿舍，安一只灯泡，放一双碗筷、一床一桌一张凳，还绰绰有余。当时的中国知识分子和老百姓一样，对物质生活的要求实在是太容易满足了。当代中国文坛有一个颇为了得的农民出身的作家，同时也是一个名声远播的“啬皮”。他到手数目不算少的一笔稿费，最要好的朋友有意捉弄“啬皮”，要求他请餐一顿。他“两行清泪一下就滚了出来”。据说那天他流泪说了一辈子也许再也不说二遍的一段真话，他说：“我是个山里娃……其实我也不想啬皮，几块钱多写几篇文章也就够了。关键是在我眼里，两块钱不是两块钱，是白花花一堆盐！小时候我妈让我去买盐，两块钱要缝到衬衣口袋里，到盐店让卖盐人拆线。两块钱的盐，是一大家子人好长一段的唯一调料。你今后要宰我，就硬宰。我当时心疼一下，过后也就认了，但不能超过5块钱！”

旧官宦人家出身的丁绍光和这位农民子弟不同，就是在一穷二白的年月，也偶尔有“穷大方”一类的举动，显露出残存的贵族气。平时生活里穷惯了也就无所谓穷了，更多的追求则是在精神境界里不当穷人！丁绍光被云南艺术学院接纳之日，就是他爱上美术教育之时，开始一段他最为满意的“收进去后就不管了”的状态。云南艺术学院当时的规模很小，直到1966年夏天，合并了云南师范学院的音乐系、美术系改称艺术系后才逐渐扩大规模。学院的美术系和附中美术班总共只有80名学员，大学生和中学生上同样的课。也就是说这时期的丁绍光教授的白描、油画、木刻、中国水墨画、工笔重彩画和艺术史，是大学生、中学生同堂上课“一锅煮”。上大课，开讲座，操练的是“课堂团体操”。没人管很适合他自由天性的发挥，毕加索、马蒂斯等的画像和作品都让他挂进了教室，这当然是他节衣缩食自费买来的印刷品，“穷大方”。当时，在天子脚下的中央院校也不敢如此“崇洋媚外”。云南是个天高皇帝远的地方，美术界也没有什么真正能把青年人压得喘不过气的大权威，就有一个老好人袁晓岑主管。他是当代中国画巨擘徐悲鸿的学生。20世纪40年代初，徐悲鸿绕道新加坡、缅甸逃难到抗日大后方的云南昆明。袁晓岑抱了一些乡土气息非常浓厚的雕塑、绘画习作找到徐悲鸿门上拜师学艺的故事，丁绍光一到云南艺术学院就听人讲过。那时，年仅20余岁的袁晓岑，由于家境贫寒，始终没有机会学画，考上云南大学中文系，也是靠平时用手捏点小泥塑卖了交学费，半工半读。他的画艺是靠自学来的，

袁晓岑先生

袁晓岑的孔雀

他出生在贵州一个苗族和汉族杂居的小山村里，从小就拿木炭在地上、墙上画他放牧的牛、羊，用河泥对着猪、鸡、狗、兔捏小动物练习。悲鸿先生出于感动收了这个学生，不但拿出自己的速写本和一些默写画稿给他看，而且还带着袁晓岑到大观楼附近的农村画水牛等写生。有一次，悲鸿来到袁晓岑家里，看到他为画好孔雀自己不但养了孔雀，而且还把孔雀羽毛挂在墙上练习工笔写生，悲鸿高兴地说：“师法造化才能有创新、有进步。我在柏林学画动物时，就是这样每天对着动物画的。”那天，他还送给袁晓岑一个陶砚，并说：“端砚固然名贵，但不太实用，用陶砚最能解决问题。”

在悲鸿先生的鼓励和指导下，袁晓岑最终走上了艺术道路，成为颇有成就的画家、雕塑家，再往后成了云南省美术家协会主席。袁晓岑在主管云南艺术学院期间，当然明白学生们为什么会很快喜欢上了青年教师丁绍光。尽管对这个青年教师推崇的西方现代绘画观点，未必能全盘接受，但这大好人表现出来的“并不反感”，让丁绍光短时期就在云南艺术学院赢得一块任其发挥个性、横冲直撞的天地。油画课教师因故不能到校，他代；美术史教师一时缺人，他上。充沛的精力、热情的教学，很快让讲一口北京话的他在学生中显示出有别于他人的魅力。

毕业出校门，他在昆明踉踉跄跄端上个“教书育人”的饭碗，应该说是始料未及。他没有接受过教学技能的系统培训，对教育工作者必学的教育心理学、教育学原理更是知之甚少，至多算是一个有专长的半路出家人，但不必担心先生满腹经纶、不擅授业解惑。有的课堂上座率低，教师总是板着面孔读讲义，平铺直叙、语言乏味，催人昏昏欲睡，满肚子的学问给人造成的印象，也只能是茶壶里装汤圆——倒不出来。教书人不能缺少的，恰恰是这类教师的重大缺陷——魅力！

丁绍光打心眼里佩服的几个“老头子”——他母校中央工艺美术学院的老教授们，谁不是以自身独具的魅力走进青年人心中的？庞薰琹吸引丁绍光的不仅是他从巴黎留学归国后，依据对中国早期艺术的研究创作的一系列舞蹈家作品，以油画和西方水彩画相结合的风格画就的风景画、苗族妇女服饰艳丽的肖像画。丁绍光在20世纪60年代至70年代的风云变幻中，早晨起床就烧掉昨晚辛辛苦苦的习作，据说也是学的庞薰琹。1928年离开法国前，庞把自己的全部作品化作灰烬为的是明天一切从零开始。丁绍光吸引一群云南艺术学院师生、昆明画家在“文革”期间悄悄聚会，并在“四人帮”垮台后正式成立了非官方的艺术团体“申社”，据说也与庞薰琹早期的影响有关。1944年在四川执教时，庞曾热衷组建艺术家社团，效仿欧洲艺术家自由聚会的“沙龙”。

他对学生们说，抽象派不仅是西方画家，早在12世纪中国文人画作及书法作品就趋向于抽象。

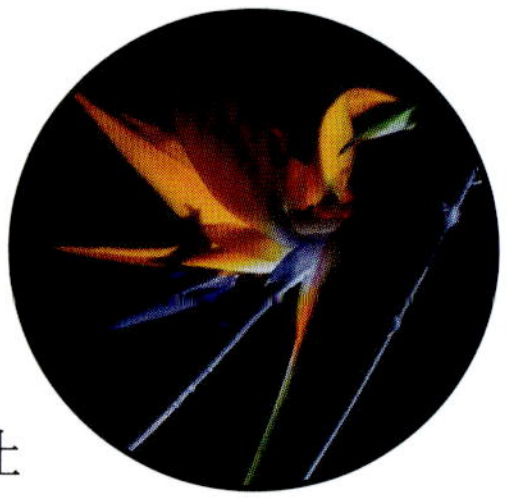

后来丁绍光回忆庞薰琹，多处强调老师的吸引力，是用理性分析无法解释清楚的。丁绍光在课堂上见过庞薰琹一面，仅看见他头上一尘不染、纹丝不乱的长发，就让青年学子在心中激动不已。“嗬！大艺术家！”荒唐吗？一点也不！一个戴上“右派分子”帽子的老教授，顶着半头霜雪往人前堂堂正正一站，给人感觉不是一棵随风俯仰的小草，而是一棵临风挺立的大树。那只能意会难以言传的与众不同的气质，瞬间就让你从心里生出没有杂质的好感，这就是魅力！

青年教师丁绍光对学生产生的魅力也来自一个个“与众不同”。1945年出生，仅比丁绍光年轻六岁的何德光，当时是云南艺术学院附中二年级学生。在他的记忆中，丁绍光的画技和艺术观点与其他老师不同。“……中国教育相当保守，我听到过的现代艺术很少。我们受过的艺术教育是苏联式的，而且我们还学他们的艺术手法。丁老师刚来时，我并不真正理解他的观点，但我感到他的观点与众不同……”

他对学生们说，抽象派不仅是西方画家，早在12世纪中国文人画作及书法作品就趋向于抽象。何德光在回忆中所说的丁老师擅长“教学生动化”，是指枯燥的艺术理论，经他连比带划用故事一讲，抽象就变成生动的具象。“我相信中国一度有过纯抽象艺术”，听丁绍光这么一说，学生们的耳朵就竖了起来，再听他说下去，就是一个故事，一连串的知识。“13世纪的梁楷画过一种酩酊大醉的感受，而不是一种形式或形状。这有点像毕加索说的，‘我画的是猫的微笑，但我没有画猫’；梁楷讲的一模一样：‘我画了一座山，但你看不出是山。’还有生活在公元740-804年的唐朝画家王洽，他喝醉时不用画笔，而是在纸上泼墨作画。他用手、脚、头发或身体的其他部位来绘画抽象的形状。”丁绍光在讲课中常常辅以形体语言，达到了引人入胜的效果。所以，何德光说：“虽然他年龄不大，但他影响了许多学生，我们都爱围在他身边。”

同学之间过的是在一个锅里搅勺的生活，在未来成为艺术同行，也必然成为竞争者，自己吸收到的养分，甚至各自收藏的一点画片、画册都像守财奴似的压在箱底，不肯轻易示人。眼前这位青年教师胸襟开阔，他一点不怕你有可能像跟着猫学会爬树的老虎，回过头来居高临下就会对猫张牙舞爪。自己的箱底——从来华交流的外国画家作品展上拾来的，从他老师们手中获赠的，从京城旧书摊上淘来的画册、图片、图书和边境鲜为人知的艺术期刊等，在他的单身宿舍里，他对学生们实行的是“开架式”阅读。学生们深受感染，一时间也纷纷把藏在各自箱底的大小画册捧了出来，同大伙儿分享。

“他的理论真多！”丁绍光当年的学生，不止一次听到过他“谈自己的理论”。“他有时严厉批评我们的画。他不喜欢我们在学校学的手法。”可这些挨过批评的学生又说：“他的批评并不让我觉得沮丧，只是有点怕他！他很严厉，可他讲得有理。”所以，他的学生若有人面对类似“你在何处对丁绍光留下深刻印象”的提问时，往往会讲起这样一些十分有趣的经历和见闻——

他和学生们一起翻读世界美术画册，翻过十五六世纪巨匠们的杰作，翻过十七八世纪大师们的精品，他突然扣上画册，站起身来对学生提问：看见没有？刚才看见没有？这里有一条线，闪闪发光的线，19世纪以前的美术史上可以看到的一条延续的线。大师也罢，巨匠也罢，大家基本上是按眼睛看见的世界在描绘。本来，他沿着这条线讲下去，必然会引出的结论是，19世纪以前的绘画、雕塑记录的同时代人的形象，他们起到了不可替代的作用，促使基本写实的艺术发展成为高峰！然而，青年教师让人听见的却是悲戚。他说对他们来说，看得越久，越觉得没有活在这个艺术世界的必要。他说自己在图书馆的大书架前，在美术馆长长的画廊前，也有过同样的感觉：面对一个个已经排列得满满的舞台，你还想站上去（就是当观众都要排队买票）争得一个位置或者一个角色，享受一片掌声，无论你有多投入、多卖劲，已有人当过这样的疯子、傻子（也有人说这世界没有几个疯子、傻子就不那么有趣了）。就是疯了傻了，你赶上的也只能是那个写实艺术的高峰和19世纪同时结束的谢幕式——在镁光灯的闪动中，照相机登场了！“他的理论真多！”他究竟读破了多少书？满肚子都是故事！他当年的学生、同事印象深刻。他讲当年照相机登场引起画界极大的恐惧，就是用一个故事把他的听众带进了19世纪的法国——当时法兰西学院派的一个领袖人物安格尔（油画《泉源》的作者）向法国最高法庭递上诉状，状告他的同胞——法国人达盖尔于1839年发明的摄影术不是艺术。在这之前，人们只可能凭借自己的记忆、传说、文字、绘画等方式，在想象与追忆中进行着对他们形象生命的延续。摄影的出现，无疑是丰富了人类对历史的记录方式。安格尔感到由此而来的冲击波是致命性的。他状告摄影是一系列机械性操作，不是艺术，应该在地球上消灭。这场官司结束后，摄影家通过镜头，运用各种方法，照样出现在

安格尔晚年的油画《泉源》

艺术上。往往讲到这里，人们就会发出笑声，丁绍光和大家一块儿笑，然后指出最可笑的是这位安格尔的某些作品是根据照片画的，他借鉴了照片。丁绍光大笑。他是通过这件事说明现代艺术必然出现的原因。社会的发展、美学哲学的进步、科学技术的发达、机械性功能很大程度上代替了画家的功能，这就逼得画家要想跳出去。从小就喜欢看电影，好电影反复看的丁绍光早就注意到世界上最早几个大导演几乎都是画家出身。无声电影完全靠绘画，是会动的连环画。导演需要知道两个镜头连接之后产生的故事情节是不是能让观众了解，他要考虑各种人物的塑造，这本身都和绘画有很大关系。所以最早的一批大电影导演都是绘画出身，他们是从绘画跳出去的。还有一批画家开始想：“我要画出摄影所不能照出来的作品。”这是20世纪所有世界艺术家都面临的，而且一百多年来都在思索的问题。直到今天我们中国画家，如果还没有很好地去想，这才是可笑更可悲的事。丁绍光对他的学生和画友们讲，在十八九岁时他有所思，在中央工艺美术学院他有所悟，在云南艺术学院任教时他一遍又一遍地重读东西方美术史，这有教学生的需要，也有教自己的需要。有作家说过这样的体会，写小说、诗歌的作家读小说、诗歌，尤其是带着学习目的读伟大的小说、诗歌，可能比自己写小说、诗歌还要累。画家何尝又不是如此？读伟大的画，是让你全身匍匐在上面吮吸，就像草与树的根尽可能深扎入土壤吸收水分和肥料，丁绍光读画、读画论、读画史就是采取这么一种姿态。

让挨他批评的学生最终信服，“他讲得有理”是知识的力量。云南艺术学院的学生们很快发现丁绍光“与其他老师不同”。他能直截了当“道出实情”，指出你画的内容或技法的匮乏，不是停在你身后唠叨，而是

白描《佤族女民兵》

跑在你的前面，一个劲地提醒。他对当时搞版画的（不仅是学生，甚至包括西南地区版画界的朋友）敢直言：“你们这个东西是人家淘汰了的——美国20世纪的铅笔广告。用铅笔做广告，人家的写实能力已经达到很强很强的了，铅笔线条画出的素描完全能达到你们木刻画出来的感觉，你们难道就毫无感觉？”他讲得有根有据，不是乱讲，让人很吃惊。有的人心悦诚服，但也得罪了一些人，他们认为丁绍光狂傲。学校一些思想保守的教师对他的批评最早是和风细雨，“文化大革命”中甚至发展成了“狂风暴雨”。但他总是不予置评。

3 “荣辱不惊”，艺术要他远离政治

“我对别人的表扬或批评不足为奇，我尽量敬而远之。”丁绍光这样说，也这样做。1970年前后，他被指定讲授学院派写实主义和传统的国画，同时被要求拿出作品去参评、参展为政治服务时，他也能让学校的保守派闭上嘴巴。因为他创作的《佤族女民兵》《藏族赤脚医生》等白描、水彩画，挑剔的批评者也不得不承认“他的创作符合标准，且画技无懈可击，并有革命的主题”。这个早在1962年跨出大学校门时就参加了中国美术家协会的全国会员，也不断有作品进入全国性美术展览。《藏族赤脚医生》是奉命之作，画的原型青翁，是云南中甸的少数民族妇女。她在藏区行医、走村访寨为贫苦牧民服务的事迹，被指定要在广州交易会上宣传展出，丁绍光接到任务后画了三幅长约2米、宽约1.5米的英雄像。这次他受到嘉奖——一次公费旅行，由作者亲自送画到广州，并安排一位女郎同行。这不是组织上为画家提供的旅伴，而是作为解说员站在画前介绍英雄事迹的。因此丁绍光连带受益，在去广州之前受命前去距昆明千里之外的雪域圣地——中甸去挑选解说员。他到中甸的时候，一大群漂亮的藏族姑娘，早就等候在大院中，都想争取到这趟美差。后来丁绍光对人讲，他从阳台上走出来，一眼便从人堆里挑出了最美的一位。他喜欢对人炫耀识别美的眼力，尤其是识别漂亮女人的眼力，所以就不必太在意他是看了一眼还是看了许多眼才完成了任务。尔后在他众多的东方美人图中谁又能分清哪一种图案、哪一片色块、哪一种脸型，又是否与他的

“香格里拉”之行有关呢？“她很漂亮，但衣衫陈旧，身上还有羊脂味。”丁绍光的记忆中确实留下了对这位藏族姑娘的鲜明印象。但他告诉你“没有故事”。漫长的旅途使初次出远门的藏族姑娘十分紧张，她紧靠着丁绍光，称他为大哥。这是没有故事的旅行。有朋友戏说丁绍光在广州的饭店和汽车上常为她争位置而和人家大吵大闹，一副护花使者的架势。丁绍光回答得一本正经：“那是在广州她常常遭到冷落，鄙人一生最恨人欺人！”从这姑娘身上他的确想到过玉娟姑娘，那个“可爱的小姑娘”，与他重相见是在“文化大革命”动荡的岁月，也就是丁绍光被迫留在昆明的几年后，趁混乱潜过“封锁线”才得以独自重返了一回西双版纳。他最不愿意回忆和玉娟姑娘见过的这一面。最不在乎人们怎么“戏说”画家在人生旅途中不时有个漂亮女朋友同行的故事，直到今天也是如此。

丁绍光是在云南成熟起来的。对来自别人的表扬或批评不足为奇，尽量敬而远之，是因为他深知自己的目标——“要画出摄影所不能照出来的作品”还是一个梦，一个诱人奋发的梦。为参展送作品，为任务搞创作，他明白那不是自己真心想画的东西，纯粹是一种生存伎俩。

这就叫“既端人家的碗，就得服人家的管”！

“表扬实际上比批评更危险。”这时候有消息传来，他为英雄造像的作品颇受“官方”赏识，要创作者留在广州等候上面来的大人物江青的接见。丁绍光不想自己的艺术创作从此就交给他人去“抓”，同时也担心自己的突然离去——像古代的大文人某某某那样毅然决然挂冠而去以显示傲慢，后果恐怕不堪设想……

两难之间——

云南发生了地震。

云南艺术学院有几名师生在地震中惨遭不幸。

消息传到广州，却救了丁绍光的“命”——这当然指的是艺术生命。

他有了遁词——以“地震”为借口，他迅速离开广州，逃回了昆明。

丁绍光事后审度，暗自高兴。

“我知道自己像屋檐下的‘雪人’，承受不了太阳光的直射。太阳不出来，‘雪人’还有鼻子有眼，一旦阳光暖上身，它就是一摊水……”

他追求的艺术，要他远离政治。

4 总算没有像梵高一样“疯了”

20世纪70年代丁绍光在云南

丁绍光在云南整整度过了18个春秋，人生截头去尾之后，18年几乎相当于青春的全部长度。那时候的中国，政治运动像涨不完的潮、灭不了的火。熬过十年动乱，回首一看，白茫茫一片。所以在大地复苏的时候，社会上流行一篇吃香的小说，这小说近乎科幻。主人公在梦中不肯醒来，幻想有新政策出台，补偿被耽误的十年，人人减去十岁，人人都可重新年轻一回。丁绍光的朋友和学生们读过这篇小说后，和丁绍光一样想笑却又笑不出来。不过，深知他的朋友和学生都颇为认真地做过假设，若果真有那样的政策，也可以不对丁绍光兑现。也因为十年动乱这充满惊涛骇浪的险恶时期，他在一次次被打入另册的时候，在人们耗尽精力去“关心国家大事”的时候，他获得的是安宁，在安宁中追求个人的发展。

“中国需要特殊性格的人才能生存。”这是丁绍光的原话。他性格中潜藏的某些不信邪、不怕火的元素，往往在紧要关头保证了他脊梁骨里的钙含量。“我知道我在‘文化大革命’一开始就成熟了，一开始就人人漩下去……”这也是丁绍光说过的原话。在那场“革命”人人都漩下去的开始，他就十分清楚自己那个家庭背景必然成为“革命派”的攻击目标。铺天盖地的大字报贴出来了，批判他的艺术思想，说他坚持反动立场用西方文艺思潮麻醉学生，误导青年。他被弄去看大字报，站在大字报前他却在想，能把人心夺走的艺术才算是艺术。大字报上抛出他档案上的材料，他才恍然大悟，父母在台湾，父亲还在国民党里做了中央监察委员的官。海外还有若干关系。如梦清醒，他去不了西双版纳是怕他叛逃出境。他从批斗大会上下来，关上门来一想，自己都奇怪为什么人家都想到你要出去，你却没

有这种想法，会不会真有一天要出去？尽管有一段时间，他也十分苦闷，情绪消沉，但聊以自慰的是没有让玉娟姑娘跟着他这个“四类分子”来昆明吃苦。近些年他不曾给心上人寄去过一行字，捎去过半句话，何尝不是明智之举？生性豪爽，平时什么都敢说，恰恰是对玉娟姑娘这码事严防死守，半点风声也未漏过。每当想到这里，眼睛一闭就是通宵梦都不来干扰的好觉。左邻右舍遭“红卫兵”抄了好几家，他索性夜里也大开着门，这叫做“平生不做亏心事，不怕夜半鬼敲门”。屋里有什么可抄？平时背地里试验性搞的画，早就是画一张撕一张，剩下一颗心在胸膛里跳着，就是抄去了也不会跟着走。1966年夏至1967年末，差不多一年半时间，丁绍光被“造反派”勒令搁下画笔，他的时间只能用于接受批判和编入牛鬼蛇神队列去参加体力劳动。太阳光这时似乎也多了一种功能——杀灭资产阶级细菌。这时人人手里都摇起了“小红书”，丁绍光也不能幸免，天天要去“早请示、晚汇报”。“文化大革命”一开始就人人自危，约半年时间朋友之间、师生之间几乎回避了一切往来，有的是人家怕沾着你，有的是你怕给朋友带来麻烦。有了这“请示”“汇报”的机会，丁绍光当然是早也去，晚也去。嘴里念，心里骂，眼睛看，看什么？突然走了人，会不会是又有上吊、跳河的事情发生？今天的队列加了长度，定然是运动有了新成果，一小撮揪成一大片。艺术家的气质中总有一些特异元素，或在高温高压下，或在极度抑郁后，猛然爆发与常人大相径庭的怪诞动作。19世纪荷兰籍大画家梵高是世界闻名的红头发疯子，一生渴望理解，却一生都在被人误解；半生都在渴望爱情，却孤身终老在疯人院。“他把烧焦了的、滚烫的土豆从火里抓过来，丢到嘴里嚼着，他忍受着口腔被灼烂的巨大痛楚，眼泪控制不住拼命地往外涌，直到麻木。土豆的作用不再是充饥，而是成为某种象征，被梵高嚼碎了。”据说这是画家站在画架前的写真。曾经和梵高相好过的那位荷兰小妓女被当场吓瘫倒地，是因为她跷起兰花指一层层剥开梵高送上的礼物，纸包里滚落出来的竟是画家自己割下的耳朵。一只血淋淋的耳朵送情人，疯到了何等惊人的程度！曾有不少中外画家变成疯子是事实。那时的丁绍光可曾想到过他在艺术史上熟读的人和事？人生的一个个渴望成为泡影，离发疯也就相差不远了。幸好是生就不服气的性格不曾弃他远去，在最觉窝火的时候他总能让机智再次露面找到一个个泄愤的办法。这就是旁人眼里出现的、“文化大革命”时期的丁绍光不时玩的怪招，用今天的话来说叫做游戏人生。那样的人生是不能不让人去游戏的！

你把他弄去批斗大会“炮轰”“火烧”。一声高过一声的口号猛表一阵态度之后，会一散，有人发现他坐着三轮车、昂着头在昆明逛大街。一群愤怒的“小将”，气喘吁吁追到车子跟前，振臂高呼“打倒腐朽的资产阶级分子丁绍光！”他被口号声轰下三轮车，你听他怎这时人人手里都摇起了“小红书”，丁绍光也不能幸免，天天要去“早请示、晚汇报”。

么说，他说“支持革命小将的行动”。在坐上三轮车之前，他没当过资产阶级，连“分子”都不是。坐了这一趟车，他才体会到资产阶级是什么，那是压迫劳动人民呗！这一回真正遭受损失的是那“劳动人民”——三轮车夫，显然是让气势汹汹的小将们吓坏了，生怕沾上为资产阶级服务的罪名，车钱都不曾要，蹬着车赶快逃去。事后丁绍光不说“资产阶级多么坏，剥削劳动人民不给车钱”，而是对小将们说：“劳动人民太值得学习了，绝不要资产阶级的臭钱。”而那车夫临走之前，的确装出一副恶心的样子，还把丁绍光刚坐过的车垫使劲拍打了几下，溅起一片灰尘。丁绍光明白劳动人民在心里同情他。

过去的中国也有让人看不懂的东西——博大精深的中国古代文化，此时让人闹不明白的文化毁灭和毁灭文化人的悲剧发生在什么年代，是中世纪吗？为什么？人越有知识就会越反动，科学家的脑袋可以被人用皮带抽打，钢琴家、画家的手指一定要交给锄把、锤柄去改造……

人怎么可以遭受如此伤害？人啊人……

5 红土地上的人们，他想终身图报

丁绍光是过来人，是从遭受非人待遇的岁月走过来的人！什么时候都要活得像个人，不是人人都能“达标”的，丁绍光深有感触。在做人上他受过许多教育，其中包括在“文化大革命”中的云南农村。这一回不再是西双版纳，而是在昆明附近，以“牛鬼蛇神”的身份他被遣送到农村劳动改造。改造在学校里其实早已实行，但经常有些怪怪的反应在他身上发生。比如给他一个受教育的机会，让跟队去某“革命根据地”参观，一到地方就闹肚子疼，“我肚子疼我不进去了！”在外面一蹲，最后还得要人去扶起来，一米八五的大块头往人身上一搁，压得“革命派”头都抬不起来。有一个时期全国人民都在大跳“忠字舞”，不要以为他不会跳，他跳得十分认真，手舞足蹈一跳一身大汗，还要主动争取站出队列表演。结果是不长一根笑神经的人，也笑得把嘴角扯到耳根上，老半天回不到原处。大家说他跳的不是忠字舞而是孔雀舞，他一本正经回答："没有这个可能。我几年都没想到一回橄榄坝，绝对！"在对他的批判会上，多了一条罪名是煽动群魔乱舞。对丁绍光的批判会没有少开，批到最后会不再开了，不是因为已经批倒、批臭，而是批出了怪事。丁绍光一进入挨批挨斗的座位，就有一个音乐系的女学生主动坐到他身边来。这位经风雨的陪坐女学生，不时还用臂肘撞他一下，或者用手指轻轻抠他手背一下，是提醒他不要当众睡觉。丁绍光挨斗时的风采，也能让女孩子动心——朋友们日后说过玩笑话。但自那以后丁绍光再难有出席批斗大会的亮相机会了。

丁绍光非常感谢这一位位曾在他厄运临头时，给予过他同情的人们。其中还有一位音乐系的学生，运动初期，在举目无亲的校园里，曾经陪他打过一场又一场的乒乓球，在小圆球劈劈啪啪的脆响中，他暂时忘记了人间的不幸与不平。这学生姓杨，名什么？他已经想不起来。不过，如今他还在对来自国内的访问者不断重复着对他的感激。1995年，功成名就的丁绍光短期回到昆明，专门从大理请来了当年主动参加陪斗的女学生，在翠湖之滨隆重宴请了这位已经退休的好友。席间不断举杯，祝"革命友谊"与生命之树同绿共青！

惩罚性的体力劳动，被当时的"革命派"普遍认为是可以让知识分子脱胎换骨的。丁绍光意识到他这种"高成分"的人到农村劳动，处境必然险恶：8月的毒日头，天天要背过山，别人驮不动的石头要去驮，别人不掏的臭粪要去掏；在学校打成牛鬼蛇神住进"牛棚"，多少带点象征性，侮辱人格罢了，这一回要住的是真资格的牛棚，实实在在要将人变成牛。

发生的情况远没有预想的糟。

最早露面的是有"狗狗""丫丫"一类名字的贫下中农家子女，见"牛棚"里没有他人，这一双黑黑的小手掏给丁绍光两只热鸡蛋，那一双脏乎乎的小手塞给丁同志几只烤红薯。一问小家伙，个个回答都一样，说他们家的爹娘都认得丁同志。那热烙烙的饮食，都是大人让送的。

再后来是牛棚里有了熏蚊虫的草药香……

再后来是送来的米饭碗底藏着老腊肉……

过路的阿婆，钻进牛棚里，喊一声"丁同志"，悄声说："我们都知道你是好人落难。"让丁绍光没事少出门，在棚里养着。养什么？丁绍光自己都不明白什么地方受了伤，是心灵还是皮肉？

老阿爹借口点烟对个火，结果是把烟锅递给丁同志。临走还透个消息，说村里正在发动群众搞"红海洋"，问丁绍光画不画得好"红太阳"……

原来丁同志在这一带颇为出名！

丁绍光在“文革”前夕到过农村，他参加过大学教师组成的社会主义教育工作队。那段时间，他把清查农村中的贪官污吏当作专业，嫉恶如仇的他，跑调查、写材料没日没夜玩命地干，当地饱受欺凌的小老百姓们都以为来了“钦差”。因为丁同志那一口北京话，惩治贪赃枉法雷厉风行，让当地群众认为他不仅是上面派来的，而且由于不了解他的家庭背景，还以为他的背后有着比当地“县太爷”还大的势力。看见他人遭受欺侮，他就怒火中烧；看见弱者求助，他的眼睑就垂不下来，本来就不算小的一双眼睛顿时瞪得大大的，十分爽快地做出“好汉的行为”来。丁同志啊丁同志，生性如此，到了哪里都一样。

丁绍光和其他知识分子一样，在十年浩劫之中饱受羞辱、身陷困境，什么样的苦都吃过，唯一的是在农村没有受到重体力劳动的惩罚之苦。形势发生巨变，到处都造起了“反”，丁绍光也从“牛棚”跑了出来。重新回到一切都瘫痪的学校，有人发现丁绍光从农村劳改回来，突然会哼几句现代京剧《沙家浜》……

滇池之滨虽不是阳澄湖畔，但他确实在身心憔悴的时候感受到人民的善良和慈母般的温情。“爱”成为他画作永恒的主题，泉源在西双版纳，在他的《沙家浜》里，这里、那里都是只为爱而不图回报的，让他终身眷恋的红土地呵！

6 携手贝多芬，重寻艺术感觉

不管“文化大革命”十年最终计不计算进个体生命的年龄，对丁绍光来说，生命列车运行的这一段区间，总体上是他的青年时代。对青年的特质，有人借运行的列车打过一个比喻，说青年是头一回出门坐车的乘客，一个劲儿地守着车窗向前观望，对前面的路充满了希望、幻想和惊奇。路在前面，必须取向前的姿态，年轻人总是向前看，因为他的爱情、事业、荣誉和精彩都只能在前面！

30岁前后要结婚，这是他给自己画的一张生命列车运行时刻表。距离而立之年眼下还有几年，幸好是那人荒马乱的年月过生日也没人来唱“祝你生日快乐”，要不然丁绍光准会把那歌词改了，改唱成“祝你身体快乐”。因为他实在快乐不起来呀，身体快乐不起来，心也快乐不起来！六个月的西双版纳实习，最终：“在一片茂密、杂乱无章之中我看到了那些眼睛，以后我可以作画了。”那时的感觉多么好，多么自信。

几年折腾下来，丁绍光突然惊恐万状。

最后达到的境界是用一条线就能表现它的造型、重感、质感，以及它的情绪流动。

从昆明乡下回到学校，形势发生很大变化，“革命”的火力集中转向了所谓的北京的资产阶级司令部和各地的走资派。丁绍光等就像被浪潮卷上沙滩的贝壳水草之类，有人路过看见，高兴了，拣几粒带着走；不高兴，顺便踏上几脚。丁绍光被人弄去干了一些宣传工作——画政治漫画，画毛主席像，复制《毛主席去安源》之类的历史油画。他突感惊恐，是拿起画笔找不到画的感觉。他深知艺术是心灵的游戏，而此时，从尘封的床脚找出的米开朗基罗作品复制品与他相向而视，他竟心如止水，毫无感觉。

没创作欲望，是艺术生命死亡的开始。

这时，他看见一幅画，与其说他是看见画友姚钟华画的一幅雪景，不如说他看见同时代艺术家为自己热爱的事业进行的挣扎。

与丁绍光同岁的姚钟华，在中央美术学院“高中画室”时与丁绍光相识，其父曾是美国约翰·霍普金斯大学的博士生。由于出身不好，蒙受多年痛楚。1964年姚钟华被分配到边远的昆明，曾从事当时被人瞧不上眼的电影院画工工作。在“文革”期间始终处于监视之中，家被红卫兵抄了四次。后来成为丁绍光为首的“申社”成员，旅美的云南画派画家。他悄悄让老朋友看的《雪景》是丁绍光同时代画家不肯向命运低头的物证。那年四季如春的昆明，下了一场罕见的大雪。大雪纷飞也没有制止住红卫兵、造反派狂热的“武斗”。多年无画作的姚钟华，被银装素裹的翠湖公园引发了少年狂。他躲在两块石头间避开呼啸而过的子弹，竟然开笔作画了。直至上面派人来收缴两派武斗狂人的武器，他被当作目击者带到车上。大卡车冒雪开出昆明，前往远郊的弹药库上交武器，途中的雪景让他置饥寒交迫于不顾，瞅空子溜了下去。待汽车开走，他便坐在路旁，继续素描起来……

丁绍光也有自己的“雪景”，那是米开朗基罗的石膏像。当他惊恐地感到艺术的感觉正在离他远去的时候，他意识到必须开始画画，从头开始。从最没感觉的地方着手找感觉，就像当年在西双版纳的古榕、棕榈、热带植物的群落中寻找“眼睛”似的，他把米开朗基罗幸存的石膏像捧到斗室的桌案上，开始了夜夜不停的描绘。不过，他这番从头再来，已不再是从原地起步。用素描的方法不间断地作画线的训练，这是张光宇老师的真传。最后达到的境界是用一条线就能表现它的造型、重感、质感，以及它的情绪流动。

一台熄火已久的车，既然被重新费劲地发动起来，他绝对不肯在坎坎坷坷的途中让引擎再度冷却下来，即使燃油耗尽，就是用手推、用肩扛也要拼死向既定的目标进发。向前一步，就是一次机会。

所有的事业有成者，在回顾艰难来路时，都会如此述说心中的体会。

"山鹰只有折断的翅膀，没有折断的路程。"

20世纪50年代的云南，曾经是一群"诗鹰"盘旋的地方。丁绍光心中早已留下了诗人在《边地短歌》里对鹰的吟唱。

一次机会，在他采取向前的姿态时，终于被争取到手里。"烽火连三月"——围绕权力争夺，云南后来者居上，从挥拳头、拼钢钎木棒开始的"武斗"发展到枪炮齐鸣，刀光剑影绝不逊色于全国水平。许多青年人倒在血泊中，学校的造反派成了手拿武器的"职业革命者"，高喊着"造反有理"离开了学校。这时，丁绍光自告奋勇报名参加"护校组"，和仅剩的两三个教师一起留守在随时有可能遭到洗劫的校园里，机智又一次闪射光芒。

丁绍光负责照管图书馆。

这就是说他可以照管帝王将相、才子佳人。中国的文豪曹雪芹、罗贯中、施耐庵……他可以负责照看；法国的、英国的、意大利的、西班牙的、荷兰的、美国的、苏联的大师巨匠，他陪伴于身旁。所以，他有机会再次见到了罗丹、达·芬奇、米开朗基罗、毕加索、马蒂斯……这样的一批大画家、大雕塑家。心仪已久的约翰·克利斯朵夫意外的出现，使他立刻找到少年时就有过的景慕，此时无须向罗曼·罗兰老人询问"只能活一次的血肉之躯和受苦受难的勇者贝多芬"如何取材、如何塑造出克利斯朵夫的奥秘，因为贝多芬此时就在他身旁，同样由他负责照管。学校的唱片真多，不仅有巴赫、海顿、莫扎特，更有从他们手中接过奏鸣曲形式、"因为心中有着不能不宣泄的东西，才是我作曲缘由"的贝多芬不朽的作品。和米开朗基罗的雕塑一样，贝多芬的音乐早就是他崇拜的对象。当绘画的感觉正离他远去，他放贝多芬第一张唱片时收获的同样是惊恐：音乐的感觉同样正离他远去。

他偶然发现了贝多芬作品标号第10的那首奏鸣曲，这是听觉之门把音乐家与世界隔绝之前的作品。

留声机的唱盘上响起壮丽的D小调忧郁慢板……

贝多芬向同样年轻的丁绍光叙说着内心里梦一般的生活。丁绍光贪婪地啜饮其中涌出的柔情、希望和忧愁的泉水，灵魂再次有了颤动，颤动于温柔的叹息之中。当柔板转入回旋曲的过渡，内心从忧郁转入了平静。音乐使丁绍光从忧伤中得到解脱，沉重的翅膀复苏了轻盈的感觉，仿佛飞翔在梦中……

丁绍光艺术的研究家们，注意到他主动参加护校，独自一人照管图书馆和音乐系唱片

室的“烽火连三月”，是个人获得安宁和发展的时期。在他自己的回忆中，他也强调过“这段时期很重要，那是很好的训练”。遍读世界文学名著，不是复习他少年时代有过的短暂作家梦。通过文学大师的作品，“文学即是人学”，青年丁绍光对人性和心理有了更深刻的理解，这对他的绘画创作有着潜移默化的重大影响。从临摹世界大师的作品到尝试新的绘画技法。这样的训练，有人拿竞技体育打过比方。跳高运动员要经过千万次的腾跳，才有跨越横杆的一跃而过；世界级的球星至少也得踢过十万八万次，才飞起一次应声入网的临门一脚。打这比方的是他老师黄永玉。

为未来跨越横杆的一跃，他在刻苦训练；

为未来临门一脚的劲射，他夜夜作画到天明。

他没有注意到何时瘦到了“形销骨立”的境界。

他注意到馆舍的墙头、廊檐和门窗上留下的弹痕像蜂窝，也是在事过之后。对窗外的枪炮声，他充耳不闻。先是贝多芬，接着是莫扎特，然后是其他音乐大师和他们的音乐，日后回荡于丁绍光绘画里的旋律，是源自这一段充满音乐之美的云南岁月。

有这样的统计数据出现过，那是20世纪90年代一张香港报纸，说丁绍光在“文革”中大约损失1亿美元的财富。因为他晚上作画，天明撕画，画了1500多幅，也就自毁了1500多幅。到“文革”结束的1976年，没有一幅绘画作品保留下来。他当时不能不这样做，是弃卒保车，是舍画保身。他首要的是要保住自己，也要尽可能延长那个难得的艺术自由空间。

香港媒体以商业眼光看到丁绍光巨额的经济损失。

中外评论家和画的欣赏者，以艺术眼光看到因为贝多芬、莫扎特……因为音乐，丁绍光日后的现代重彩画个性特征鲜明，似乎可以放在耳畔聆听。

20世纪最后20年，尤其是自1985年前后开始的最后15年，世界画坛出现了来自东方的新锐——中国的“云南重彩画派”。画坛劲吹“丁氏画风”。至今美国大学讲绘画色彩，也经常举丁绍光的画作为例子。画的骨子里非常民族化，坚持了东方艺术源远流长的线条造型特长，而在表现手法上，却借鉴了民间艺术、文人画，尤其是西方抽象画的许多技巧，突出了主观印象下的变形。对备受青睐的“丁氏画风”，有人用十个汉字概括其特征：“用世界语言，讲中国故事。”

注意到没有？丁氏画笔在讲中国故事时所使用的世界语，其构成成分已不仅是色彩、线条，融汇其中的音乐更是这世界语中的一大特点、一大亮色。画中有音乐的节奏感和高潮性

《人与自然》

的笔触，使人感到生命的跳跃，这被强化了的特点和亮色，也是丁绍光有别于云南画派其他画家，并从中脱颖而出成为国际画坛倍加重视的卓然大家的重要原因之一。

7 “空气、阳光、水”——音乐

“音乐和水、空气一样重要。”这是丁绍光强调自己的艺术生命里，音乐不可取代的位置。

“我所想描绘的是像贝多芬的交响音乐那样超越国界而感动人们心灵的作品。”这是丁绍光的艺术追求。他要寻找一个跨越古代和现代、东方和西方、抽象和具象，以及文人画、学院派画和民间画、少数民族艺术的结合点，创造出一种承前启后、超越时空限制的，属于全人类的开放性艺术。丁绍光坦陈，他追求的最高艺术境界来自贝多芬音乐的启迪。

《摇篮曲》

《中国之歌》

丁绍光的绘画观是独一无二的。他说："线对于我，有如音乐的主旋律，在形象的塑造过程中我刻意追求这种音乐般的韵律感。正如著名诗人歌德对诗歌的韵律所说的，'韵律是一种魔力'。哲学家尼采也曾从原始人类的舞蹈中强调证明了韵律与节奏感受在艺术上的威力，而毕加索则把这种原始而粗犷的韵律和节奏感带进他的画里。而我的主旋律（线）主要是来自东方，我想捕捉一种古老、神奇、宁静的美感……而色彩的处理，正如一个作曲家的组织配乐，用各种乐器组成交响效果，以加强主旋律的表现，达到更加完美的境界。"

音乐在丁绍光生活天地里的出场次数，远远多过情侣、家人、朋友，甚至多过不离手的画笔和香烟……

多年以来，他绘画只能在夜深人静之时，通宵达旦陪伴他的唯有音乐；他的那些蓝色的梦、紫色的梦，只有音乐能与之款款同行……

在贫穷与他同居一室的云南，他用一条伸出户外的天线，延续着从"云艺"唱片室复苏过来的爱好；

在美国洛杉矶比佛利山庄的大客厅里，有主人心爱的非洲木雕、东方古陶，但最引人注目是静立的顶级音响和钢琴，那是音乐的位置。

如今为他代步的"奔驰600型"，电动车窗一旦升起，就是人与音乐共处的空间。接待笔者访问的那天，萦绕在这个小小空间里的是"乡音"——不久前，着一身尼姑装的中国歌手李娜来洛城拜访丁先生，特意将一盘响遏行云的高原之歌送给了知音。这些日子（1998年）的丁先生，正在为中国西部高原即将开幕的"中国 '99昆明世界园艺博览会"创作主题宣传画《人与自然》。他搬来厚厚一摞出版的画册，中文的、英文的、日文的都有。笔者随手翻开

《弦律》

《催眠曲》

一本，不期而遇，竟是音乐！又是音乐……

占据大部分画面，毫无争议的主角是一位正在醉心弹奏竖琴的少女。是琴弦？是心弦？是琴声？是心声？画家用漩涡描绘成线条，漩涡似的线条将琴师、竖琴、鹤、太阳和月亮有机地结合在一起，充满梦幻蓝的空间成为一片《和谐》的世界。

重彩画《和谐》，丁绍光1986年作于美国。丁绍光举办作品展，音乐是场场必有。有时请钢琴家在一旁演奏，有时请竖琴师来画廊抚弦。衣冠楚楚的先生、女士们彬彬有礼漫步展厅，经纪人一边对顾主分送红、绿、黄三色制成的圆形胶贴，一边交谈着走近丁绍光的画作。三种颜色是美国画廊流行的销售语言，分别代表顾客的三种态度：在画框上贴红点表示“此画已经有主”，贴绿点表示“印象不错，可交定金”，贴黄点则是“有待考虑，态度暖昧”。主客双方都温文尔雅，都风度翩翩，但既是交易毕竟当面要有个说法，也就有议论纷纷……

音乐弥漫在画厅，音乐弥漫进心头。《和谐》的创作灵感源于一次美展请来的竖琴师，丁绍光解释说：“大家都在交谈，而那位女琴师只在后面静静地演奏竖琴，这给我一种十分安宁的感受。”

人们乐意接受美丽的画，是美丽的画带给人们的总是一个和谐的世界！

丁绍光作品的主题并不反映他的生活经历，但它们反映了他热爱的一切。翻过汇集他作品的画册，从音乐获取灵感的远远不只一幅《和谐》。1984－1992年的几年间，这方面题材的精品就有数十幅之多，仅用手抚摸一下画的标题，便让你满掌溢满音乐，有《摇篮曲》《中国之歌》《弦律》《春泉的韵律》《回声》《古老的旋律》《白由之歌》《凤凰之歌》《催眠曲》等等。离家出国已多年，他是通过画中人物怀抱中那似琴又似汉代古瓷瓶的东方乐器来表达心中眷恋之情的。这样的“旋律”、这样的“回声”、这样的“之歌”，只能是撩拨游子心弦的“China”迸发出来的。

丁绍光1989年创作的重彩画《月光下的榕树》，题目不着音乐一字，但恰恰是体现他热爱音乐，“音乐和水、空气一样重要”的写意之作。前景是精雕细刻、身材修长、风情万种的傣族妇女，象脚鼓在她身后的竹瓦上，横过她腰间的大三弦和脚边的乐鼓，正在仰面等待她的目光和手指到来，鼓面和锣面上此时已洒满了月光。凭借明暗不一的蓝色、黑色绘出栩栩如生的夜景，在傣族妇女身后浮雕般刻出古榕树的巨根，象征生命之树和弦乐鼓乐相连，音乐和月光与世同存。

丁绍光追求绘画里的音乐效果，是他把观众当作知音去追求的结果。

有一段“音乐诗画”的故事，曾经在1988年日本东京街头小巷传为美谈。丁绍光画展在“银座”开幕的那一天上午——

一位日本客人在开展仪式之后，突然走到丁绍光面前，深深地鞠了一躬。

“丁先生，我是个日本作曲家！”

赶忙躬身回礼的丁绍光，在埋下头去的瞬间，才注意到向他致礼的日本客人手里拎着一把小提琴。

“丁先生，你的大作《母与子》震撼了我的心灵。我想以你的画题即兴谱写一曲乐曲敬献给你。”

译员的话音一落，得到首肯的日本客人——那位作曲家便快步走去展厅一角。半个钟头后，他又突然在熙攘的人群中露面，这一回是在展厅的中央，他持琴运弓立刻便“语惊四座”了。他一边用小提琴演奏着即兴创作的乐曲，一边用诗一样的语言对他的同胞和来宾诉说：“乐曲的生命来自画家在《母与子》中流露的激情……”

一曲终了，全场掌声雷动。在一批观众退场、新的一批观众入场之时，这位作曲家又再次拉起了他的小提琴乐曲《母与子》。更为感人的是这首日本乐曲很快赢得了知音——几位歌星在银座展厅和广场上迅速演唱开来，吸引了一批又一批的观众，使丁先生在东京展出《母与子》的故事，名副其实地成了一幕幕反复上演的音乐诗画。

《母与子》	母亲给予孩子的爱是无限的，是真真实实爱的原点。本画就像是表达了丁绍光少年流动着对母爱的那份憧憬及重逢后的温馨

《古老的旋律》

1986年 *Tiger lady*

Ting Shaokuang
1990.

《自由之歌》——《凤凰之歌》

《回声》

第四章

丝绸古道

探胜求宝万里行

1 敦煌支撑他奋力前行

“行万里路，读万卷书”——一个艺术家成功的基础。

丁绍光“读万卷书”的重要篇章，是在云南的18年；

丁绍光“行万里路”的重要段落，是在云南的18年。

对他亲朋好友、师长、学生进行的访谈中，笔者特别留心到这样一个特点：他们在讲述丁绍光“读万卷书”时，常常讲出他行路的故事；而在讲述丁绍光一次次的万里之行时，常常听到一个个读书做人的故事。印象尤为深刻的有两三回，一回是“文化大革命”中的1967年，丁绍光逃往敦煌和麦积山。

怎么会是逃呢？顺势加入“大串连”的洪流，戴一只红袖套就有了全国漫游的通行证、食宿证、免费车船票。丁绍光利用这种机会重返西双版纳暗访过玉娟姑娘，这叫“潜入”；去过一次北京，这叫“上访”。1967年夏天，丁绍光爬上开往新疆的火车，目标正前方——敦煌、麦积山，是投奔艺术圣地，实际情况是出逃，再一次逃出昆明。当他的一些朋友和学生暗中通风报信，上面要抓他“反革命”，丁绍光闻风而“逃”了。

没有被抓成“反革命”的丁绍光，虽说“西出阳关无故人”，逛到新疆维吾尔自治区首府乌鲁木齐，他倒是过上一段“自己解放自己”的新生活。塞外奇缺美术人才，恰有那样多的空白需要涂上“革命”的色彩——火红的色彩。丁绍光就凭着会画“红太阳”（毛主席像）的手艺，就像那时的一首战士歌曲所唱的，“哪里需要哪安家”，过上了有饭吃、有烟抽、有酒喝、有色彩相随的日子，在军营、在学校、在工厂……

千佛洞

在乌鲁木齐的最后几天，丁绍光早就被敦煌搅得坐卧不安了。满城的传单“暑天八月即飞雪”下个没了没完，丁绍光心中一片奇寒。走半条街，能捡回半挎包传单。敦煌的消息多起来，读一张是“北京红卫兵

鸣沙山

月牙泉

兵临敦煌城下”，读两张是“扫平莫高窟，痛死帝修反”，读三张、读四张，不是敦煌告急电，就是急电告敦煌。他拎着两瓶新疆出的葡萄酒，这是在乌鲁木齐画最后一张“红太阳”换来的，终于又挤上了返回阳关的火车。过酒泉，他把葡萄酒开了瓶。酒泉是古丝绸之路上产出夜光杯的地方，他改写了唐人的名诗句“葡萄美酒夜光杯”，一路上用搪瓷缸子喝着葡萄酒，也不是“欲饮琵琶马上催”，而是“心向敦煌车笛催”了。

张大千是从这条路走向敦煌的。从成都出发，经兰州，携妻带子及门生数十人，进至这河西走廊的西端已有三四千里之遥。到此“深入不毛”之地，只得在赤日之下改乘勒勒车或以骆驼代步了。沿途土匪出没，人畜俱惧……

历代的艺术家似乎无一人不是冒险犯难走进艺术殿堂的！

丁绍光步张大千后尘，来到2000多年前汉代置县的敦煌古城。岁月沧桑早已不见它曾是中国古代通往中亚和欧洲交通要站的昔日风光，城南有鸣沙山、月牙泉，兵荒马乱的岁月，谁有心去聆听鸣沙冷月叙说“古代白骨无人收”的凄情；城西北有玉门，西南有阳关遗址，没有诗情的心境，谁愿意去追寻那一声梦中响过的驼铃……

歇一下脚就走，丁绍光在进敦煌县城时盘算过，然后到千佛洞（莫高窟），首先去看张大千为其编过号的第五层300多个洞窟。北魏及隋唐人家供奉的菩萨，是张大千先后临摹敦煌石窟壁画的极品。

向当地老乡问路，丁绍光才明白今天是无论如何是到不了目的地了。从县城到千佛洞还有50来里路，有10里绿洲、10里戈壁，再行就是30来里沙碛。步行也得深夜动身，天明赶到，这样可以躲过白日酷热。张大千走这一路遇上过土匪，丁绍光进敦煌只遇上红卫兵的宣传车。高音喇叭动员全城的“革命群众”到县城中心的十字街头去参加批斗会。丁绍光在昆明参加过多次批斗会，可在敦煌邂逅的这场批斗会，虽是旁听，却是触动了他的灵魂。那天在斗争台前站成一长排的“牛鬼蛇神”，虽说被指名道姓斥为莫高窟挖出的“黑帮”，只不过是当时一个什么研究机构的一帮子文化人。记忆中一片模糊的白发——站在台下挨斗的“牛鬼蛇神”只能把头颅低垂在胸前，其中两个人的影子是丁绍光敦煌行的意外收获。

一个人是以“国民党残渣余孽”身份揪到斗争台下的。20世纪40年代玉门油矿附近驻扎着国民党的一支工兵，张大千来敦煌后，临摹壁画需要搭建画架的大批木料和进入洞窟照明用的蜡烛，工兵们便和油矿支援的物资器材一起，让骆驼拉到了千佛洞，充当了木匠。佛洞那“工兵”被逼着交代参与张大千破坏敦煌壁画的罪行，果真还交代出这么一件事：月圆戈壁，千佛洞的中秋之夜。63岁的国民党监察院院长于右任视察西北，前来看望正在临摹敦煌此时的丁绍光已能从日间那场批斗会上，根据“工兵”的供词拼凑出大千先生当年采蜜、酿蜜于中国古代文化荟萃之地的一些情景片断。

壁画的大千先生。参观到一个洞内，墙上有两面壁画与墙壁底层分离，表面明显有烟熏火燎和挖损破坏痕迹。他们正在议论造成破坏是否与20世纪20年代初在新疆古城一带扰乱的白俄有关？因为这帮白俄解除武装后，曾遣送敦煌安置。当地人士恐受其扰，将这批约五六百人的白俄送到千佛洞居住。这是在清代王道士盗卖藏经洞文物给英国探险家斯坦因之后，敦煌文物遭到的又一次浩劫。那一夜，确有跟进洞口的随员，手拉着上层张开欲裂部分，为使大家有可能看清底层画像的究竟，用力过猛致使年代久远已遭风化腐蚀的薄壁脱落。

其实这一段“公案”，自从有一“外来游客”欲求张大千之画未得，遂向报界发送新闻，指称张大千“任意剥落壁画，挖掘古物”云云，海内外人言啧啧，是非莫辨，已有多年。“工兵”的供词也只能说明一个事实，因历代信佛者修建洞壁画像，经常把旧洞加以修补，改为己有，洞中壁画往往也就不只一层。对风化脱落无法再保留的部分，张大千等也确实进行过某些清理扫除工作，仅此而已。

是夜。皓月当空，躺在县城小学课桌临时拼成的“床”上，丁绍光乏困之极，却偏偏不能入睡。下午遇上的批斗会，筛去那些震耳欲聋的口号声，批斗者的振振有词、挨批者的口是心非，起码有几点实实在在的感触是属于自己的，那就是佛像。朝朝代代都在大兴土木、兴师动众造佛像，都在追求不朽，然而岁月无情，最终的命运不是风化就是脱落。既然外层壁画已经剥落到无貌可辨的程度，就肯定里层还有壁画，丁绍光突然想到：如果自己当时在现场会怎么办？这时，他从桌上坐了起来，对墙壁挥了一下拳头，自言自语道：“我肯定同意打掉它！”他首先想起了色彩——从看过的张大千临摹敦煌佛像展览上获得印象的，四个蓝颜色、四个绿颜色、两个红颜色、一个白一个黄的敦煌壁画色彩，然后他想起了临摹本上唐开元、天宝年间所作的壁画，他猜想那大概就是打掉外层，揭发出来的唐代艺术精华了。他有极好的记忆力，自信有超人之处，真正感兴趣的东西，回忆什么有什么。什么都回忆不出来的，一条线、一块色彩都不曾有的，肯定是当初没有半点兴趣的东西。他从当床的课桌跳到地上，月光像一个漫画家立刻把他的身影夸张地投放到教室空洞的粉墙上。他想感受一下或者说是在摹仿中多少感觉一下，早他四分之一世纪、年龄整整大他40岁、来自四川内江的先行者，如何在蜂窝状的洞窟中如蜂酿蜜般度过了八百多个日日夜夜，此时的丁绍光已能从日间那场批斗会上，根据“工兵”的供词拼凑出大千先生当年采蜜、酿蜜于中国古代文化荟萃之地的一些情景片断。

1969年，在丁绍光昆明的宿舍里，一群当时不能画画却憧憬着有朝一日能拿起画笔的云南画家，最初是每周一次聚会，到1972年发展到天天相聚，和丁绍光探讨中西艺术的区别以及融会贯通两种艺术方法为中国创立一种崭新的艺术。再次在一群怀才不遇、情绪低落的青年画家中塑造出“精神领袖”形象，丁绍光的博闻广记在高谈阔论中起了十分重要的作用。他们的话题涉及古代希腊，涉及那个人们对美的人体充满崇敬、有多少人口就有多少件雕塑、几乎每一个人都是雕塑家的人类文明青春时代。他们的话题涉及意大利文艺复兴，但丁在不朽的史诗《神曲》中首先提出的“人文主义”“人本主义”“在上帝面前人人平等”；涉及巨匠罗丹，人们不仅听过丁绍光对那整天都有裸体模特来回走动的雕塑工作室的“胡吹神侃”，还听过他跳上桌子朗诵罗丹的遗嘱：“爱美的青年，你们应该在佛第亚斯和米开朗基罗面前（佛代表古希腊艺术，米代表文艺复兴）躬身致礼，崇仰前者神明的静穆和后者粗犷的忧思！”他们的话题也涉及18世纪西方美术史上出现的第三个高潮时期，直接用色彩塑造形象和形体的许多重要画家。朋友们都记得有一夜就是围绕着一位名叫德拉克洛瓦的色彩大师度过的。丁绍光不知从哪里拾到一张残破的油画印刷品，作者的姓名已被人抹去，他一眼判定是德拉克洛瓦的巨作《希阿岛的屠杀》，画面中流血人物的逼真效果震撼了每一位参观者。丁绍光激动得大声喊叫：“这是人类文化史上一件了不起的作品。”他把当时并不太明亮的电灯特意移近那幅印刷品，让在场人仔细看，说是“一笔笔油画颜色，与古典油画可以近看的效果完全不一样”。人们记得丁绍光还信口讲出这幅油画初次展出时的一段口舌之争：那位强调素描的学院派代表人物，站在强调色彩的大师面前说“你应该回去学素描”，德拉克洛瓦的回答是“你在近处看不到我画的好处，那么你应该站到我的背后去看”。其意思是你的学术成就早已落在后面了。

丁绍光谈吐幽默，复述大师们幽默的言谈时往往能传之神韵。对于地处边陲、身逢“十年动乱”、不过问政治却常常被政治过问的云南画家们，应该说和丁绍光一起闭门清谈艺术度过的那段时期，是充满苦闷的。别人遇上的温饱问题、生存问题，他们受到同样的煎熬，贫穷对于中国人是人人有份。而他们比别人觉醒早一点，早一个时辰洞察到20世纪是东西方文化开始交融的这样一个伟大时代，就会有早一个时辰的紧迫感袭上心头。丁绍光尤其如此。从几十年前大师徐悲鸿、刘海粟、林风眠等带来的海外画坛信息，他的老师庞薰琹、张仃、吴冠中等作品求变透露出的忧心如焚之中，他已接收到中国绘画将面临挑战的信息。对毕加索、马蒂斯、高更等西方现代派大师们作品的研究，使他获益匪浅。尤其是毕加索最早从非洲原始艺术和黑人雕刻中学到很多东西，继而寻求东方艺术尤其是中国艺术的养料，这

一点，同样让丁绍光听到了东西方文化交融在20世纪的信号。所以，丁绍光和画友们夜夜的长谈中，敦煌是主要话题。张大千在敦煌莫高窟长达2600多米，密密层层、高高低低、大大小小，多层排列像蜂窝一样的洞窟中“采蜜”，也曾是丁绍光敦煌之行带回的话题。后来，一些朋友在忆起这些谈话时说：“听丁绍光讲述张大千临摹敦煌壁画，我们真想让他穿上一件长衫，他连比带划就像在演出张大千临摹壁画似的。”丁绍光本人也说，听过曾为张大千先生搭建画架的木匠“供词”，再往实地一看，面壁一想，感叹就不仅仅是来自壁画本身的非凡造诣了。

临摹一幅壁画，少则数日，多则数月。两年有余，成画仅276件（张大千随身带去海外56件，其余在中国大陆的以四川省博物馆收藏为最多。笔者注）。临画的艰辛，仅是要把从成都、重庆、兰州收罗来的透明蜡纸在洞外粘连成原画大小，进洞后在距壁画两厘米左右处悬挂起来的第一步，就是一项让人要早生白发的工程。张大千登上木架之后，虽说左有人秉烛、右有人捧砚，但要一无倚托地临空勾摹壁画上的线条，日日画、月月画，别说是悬空作业，就是画纸平铺在桌上画，也要画得你骨质增生。况且那画是有的在天上，有的在地下。天花板上的“飞天”，需仰面三五天得一幅；离地二尺高的洞窟中，尺许长的一组小人物，画的是一个大故事，你要在地上侧躺着画，三五个小时翻不得一回身，一画就是三五日。这才是临摹一画的第二步。一步二步还只是初步，正式的临摹需要移步洞外进行。迎着阳光，清晨将画布架子竖在洞口，将蜡纸所绘的初稿覆在画布后面，强光之下，布上透出画影，这才用木炭条勾出轮廓，再用墨描，稿定之后将画布架子抬进洞内，对着壁画着色，看一笔，画一笔。据后来从他人文章中看到的有关记述，也证实了丁绍光观画时的判断，佛像人物主要部分一丝不苟，都是大千自己动手绘出。

“借中国重彩画之神韵，领世界画坛之风骚。”西方画坛的艺术评论家就丁绍光的画作，发表过诸多精辟的见解。共通的一点，就是当他们知道丁绍光曾经亲临敦煌石窟，便不约而同从丁的画作中寻找敦煌曾在哪些方面给这位炎黄子孙提供了养分。如美国评论家安·威克斯看到的“他吸收了许多精彩的主题，并在许多年的艺术创作中重现了这些主题”。他的名作《艺术女神》《佛光普照》以及《女猎手》《信鸽》等背景上屡屡变形再现的黑色“飞天”、古铜色的车马，让人一目了然这是来自敦煌壁画中的古代中国，正如毕加索将古代石刻木雕融入他的大画《战争与和平》。东西方的画家都在各自“索取自己民族历史文化的财富，让本国人民的艺术激励他们的创作”。法国著名艺术评论家安德鲁·帕利

敦煌莫高窟壁画

诺，称丁绍光是“现代浪漫主义星座中的一颗明星”，“他放射一种力量，正如敦煌莫高窟中那绚丽多彩、形态各异的佛像壁画一样令人震撼。他的线条具有中国艺术巨匠那种精致的优美和一丝不苟的准确。这些巨匠千百年来以毛笔描绘了一条金色的线条。”

而丁绍光在论及传统继承绘画技法时，更多谈到位于甘肃天水东南的麦积山——我国另一座著名石窟。

有一个事实，就是丁绍光在敦煌没有作过一张临摹，他只是沉醉。用他自己的话说，“我忘却了外界的混乱和喧哗，沉醉于古代的文明。”

敦煌是他取之不完、用之不尽的精神矿脉!

对中国民间艺术情有独钟的丁绍光，面对“敦煌那些震撼世界的伟大壁画”“没有留下任何名字的作者”“若中国美术史不改写”，他半生都有过不曾停息的愤愤不平。“他们才是真正的专业画家，把毕生的全部心血奉献给绘画事业。他们的画包括了美术、文学、历史、美学乃至科技的各个方面，是中华文化的宝藏。但在历史上，他们却只被贬为一种‘工匠’，没有应有的地位。而且在中国美术史上占主导地位的文人画家，虽然也有很好的画，但他们很多人都曾做官，或同时有其他职业，实际上是‘业余’的。”

在光线昏暗的画廊中，“工匠”举目望穿天花板上的唐代“飞天”。凌空而画，这供人仰视的艺术，用笔设色需要何等的功夫，一笔不苟需要何等强大的精神支柱！他俯首低看，在离地仅二尺高的地方，要画尺许高的神姿仙态，这比登天还难的艺术，需要全身心奉献的艺术，没有俯身其上就不准备再爬起来的毅力和勇气，谁敢来握这支心无二志的专业画笔?

对画窟的仰视俯览之中，丁绍光心灵的胶片上摄下了无名画工身影上叠合着的现代大师的身影。

丁绍光在离开莫高窟那天，风沙蔽日。环绕洞窟前的清浅流水和蓊郁的树木，一瞬间好像置放在一块巨大的磨砂玻璃背后。丁绍光心中暗自庆幸，完成了一桩夙愿。当他对黄沙漫天的莫高窟远远地投去最后一眼时，那拔地而起长达2600米的陡峭岩壁，竟像是瀚海上一峰巨大的骆驼，层层叠叠的洞窟似骆驼载其上的排排箱笼……不沉的船，生命的山，它永远昂首在东方的地平线!

1996年元月，中国台湾出版大型图文集《巨匠与中国画——丁绍光》，载入丁氏1987到1993

在西方巨匠的作品中，我们可以清楚找到东方文化的痕迹。在梵高的作品中，我们看到日本的浮世绘；在克列姆特的作品中，我们可以看到中国的民间版画。

年所作的重彩画40幅。移居美国的画家，此时已蜚声海内外。其中一篇长文——《迎接人类文化新高峰》有丁绍光如下一段文字："碧天黄沙的丝绸之路，贯通着东西方贸易的往来和文化的交流。随着第一批中国丝绸茶叶、瓷器经此运往欧洲大陆，欧亚大陆上的各种古老文化，诸如古代中国文化、古印度文化、古波斯文化，以及随着马其顿带来的古希腊文化，都在这条丝绸之路上交汇、融合，闪烁着东西方文化交流和人类智慧的光芒。而20世纪，更是东西方文化高度结合的伟大时代。20世纪初，一批批中国与日本留学生登上欧美大陆，现代艺术运动犹如狂涛巨浪席卷了整个世界，淡化了东西方文化的差异。在西方巨匠的作品中，我们可以清楚找到东方文化的痕迹。在梵高的作品中，我们看到日本的浮世绘；在克列姆特的作品中，我们可以看到中国的民间版画。东方艺术和原始艺术曾经启发了许多西方现代派的大师，我们的祖先也一定可以启发自己的子孙。流在我们子孙后代身上的，绝非易于凝固的血浆！一个人类文化的新高峰一定会在东方的地平线上出现，让我们举起双手迎接它吧！"

"绝非易于凝固的血浆"——敦煌对丁绍光艺术的影响源远流长——溶在血管中，淌在画纸上。

美国洛杉矶比佛利山庄丁宅，1998年入夏以来，通宵达旦，灯火通明。丁绍光又一回为新作热血沸腾了。这是他迄今为止40多年绘画生涯中所画的最大一幅，是比18年前离开北京前夕为人民大会堂绘制的《版纳晨曦》大出许多的壁画。经过较长时间酝酿，已经画过两次白描稿、一次彩色稿的《艺术女神》，现在正由他和邀来做助手的著名旅美画家何能一起动笔，把在画面上跪着也有3.5米高的美丽而修长的女性形象——他塑造的两个现代艺术女神，一笔不苟地搬到地面上。豪宅宽阔的大厅临时改作了画室，只有它的地板上才能容纳这幅巨制。铺在地上的是七张日本特制宣纸，长7.4米、高4.4米的《艺术女神》，一天16个小时，整整26天，一气呵成。然后再用三层5米长的加厚宣纸装裱，装箱空运回国，作为赠送上海人民的礼物。

升起在东方海平线上的标志性建筑——"上海大剧院"，用它可以容纳世界万千目光的辉煌门厅，安置了《艺术女神》。1998年8月27日隆重举行揭幕式。当画前的纱幔徐徐拆去，站在厅外人民广场另一端的人们都能清楚地看到，巨画透过玻璃凸现在大剧院的厅墙上。在那极具美感、夺人心魄的以红色和蓝色做主色调的大画面上，两个现代艺术女神以优雅的跪姿作朝拜状：一个仰着头，与天呼应，象征着艺术有着自由飞翔的天空；另一个低着头，身旁是代表上海市形象的朵朵白玉兰，象征着艺术根植于坚实的大地。而捧托在现代艺

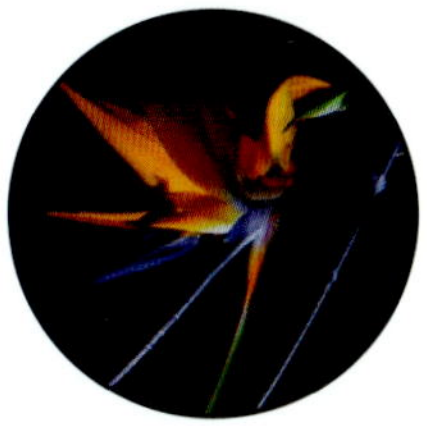

术女神手掌上的是对古代艺术的敬意——发自作者内心的由衷敬意。从画面上方凌空飞过五只仙鹤，负载着现代和古代联系的寓意，在没有尽头的时空——被作者涂抹成一片红色的背景上翩翩起舞着，象征古代艺术之神的“飞天”。这曾经是敦煌壁画上的“飞天”，如今从丁绍光的心中穿过胸壁飞了出来……

丁绍光深知壁画画得好，可以使建筑锦上添花；画得不好，会破坏建筑风格。所以，他事先了解和熟悉了壁画将面临的景况，决定追求色块和色彩的冷暖对比，以整体性表现出与原来类似画作的不同特点。剧院背景墙是红色的，他就选用了另一种红色，与背景既协调又有变化，从而达到整个墙面都衬托出来的强烈效果。丁绍光和观众一起驻足在人民广场上，远远地观望着壁画，犹如盖在大剧院玻璃门上方的一方鲜红印章。这是他的心血之作，溶化在他心血里的，正是中华民族优秀的文化传统！

此时，大放光芒；

此后，还将光芒万丈！

2 动手在“麦堆”里刨“粮食”

天水麦积山

正因为地处长期被人遗忘的角落，山高水远成为拒人千里的屏障，云封雾锁往往存留下先人早年鬼斧神工的营造。丁绍光在去敦煌的途中就曾打听过麦积山。因形如堆积的麦秸而得名的山，高不过一百四五十米，在排列着祁连山、天山这样一些九天揽月“大汉”的大西北旷野上，它真像是造物主在麦收之后，丢弃在甘肃天水附近的一堆麦秸。知者甚少，路人完全无视它的存在，反倒让丁绍光暗自庆幸：麦积山石窟遭摧毁的危险性远远小于名声远播的敦煌。1967年，通往麦积山连一条像模像样的公路也没有，出了天水城，爬山越岭全靠一双脚。过去倒是不断有“香客”往返在路上，那是“牛鬼蛇神”纷纷出笼的时候。而今，戴了红袖套的“香客”，徒步长征的都到革命圣地一类地方去了。就是知道一点麦积山的“天兵天将”，也往往视它是一个“小

麦积山石窟壁画

巫”，或者是路边一蓬荒草而已。

丁绍光奔它而来，要在如山堆积的麦秸里刨出“粮食”。成长中的艺术家，揣着一只填不饱的胃，敦煌小开了一回胃口，更加剧了他饥肠辘辘的感觉。艺术永远让心爱者饥肠辘辘！

丁绍光吟哦嗟叹过去的时光，不止一次地认定：云南岁月是他一生中十分重要的时期，西双版纳是他毕生的精神家园。西双版纳，“在我看来一切都很美”，“在临走之际，我觉得自己能画好每一片草、每一朵鲜花、每一棵树……”当然他也怀疑过自己“如果现在回到那儿，是否还能那样做”。同时他又说“假如你能从我现在的画中观察到宁静，那这宁静就来自我那时感受到的宁静”。丁绍光在云南艺术学院度过的教书生涯，是这时期的一个重要阶段。由于教学需要，“我重新开始研究中国文化、中国的民族民间艺术、中国美术史，到了敦煌、麦积山考察也是研究的继续”。而他对麦积山的急于一见远胜敦煌，是因为学生时代深受过庞薰琹、张光宇美术思想的影响，他们在课堂上讲过元代以后的中国美术已渐显衰微。丁绍光于是也有了稍稍悲观的见解，欲见衰微之前传统国画的精髓，自然要追溯到较敦煌石窟更为久远的年代。这驱使他去探索现存中国大地上最遥远年代的古典艺术奥秘，就是这偌大的“麦秸堆”。

麦积山石窟，从有关碑刻资料的记载和现存文物状况来看，开凿于晋十六国晚期，北魏、西魏、北周年间大规模建造，其后隋、唐、五代、宋、明、清亦续有修凿。

麦积山石窟

现尚存洞窟194个，规模虽不及敦煌492个洞窟的五分之二，但各种造像7000余尊，其中1米以上者1000余尊，不失壮观。壁画虽尚可看见古代中原画风的面目，但大部分已剥落。因山石不宜雕刻，麦积山石窟造像多为泥塑，与敦煌现存的45000平方米壁画虽无法相比，但风格清新秀丽，富有生活气息，这就使麦积山拥有了自己的特色。

丁绍光将往日写在教案里的麦积山的知识，在心里又默诵了一遍便出发了。步行出天水城之后，他便重新着上了“流行色”——那较初出阳关时已褪色许多的旧军装、红袖套。一路上，他已经大体摸清情况，麦积山石窟入口处尚存一座残破的寺庙。这国家一级文物保护单位，曾有一个文管所栖身在庙里。据说还剩下一个人在坚守岗位，人们称他麦老汉。不知道麦老汉的原姓，也不知道他实际年龄究竟有多大，这方山水养出来的人看起来显老，虽实际年龄不过是早晨八九点钟，在外来人眼里早就是过午的太阳了。所以碰见中年左右的男人，一般尊称老汉不算什么。而这方山水养菩萨，却是格外的滋润。这个世界就是这么怪，越是穷山恶水的地方越是藏着美丽的风景，越是有美丽风景的地方，越出绝代佳人。和丁绍光混得可以推心置腹之后，这麦老汉说起菩萨细皮嫩肉、流光溢彩的来由，他可不说是山水养出来的，而说是塑泥菩萨之人感情滋润的。他把丁绍光叫大丁子，“大”取其人高马大，“丁”取其姓，“子”是小伙子的意思。麦老汉说：“大丁子，把你关在这庙里，让你十年八年、二十年三十年造像、塑菩萨，你能不想家？塑菩萨的也是人嘛，想爹、想妈、想老婆、想孩子，别说你是有意，你是无意也会把见过的想过的人都往泥里掺和，一人给他们找一个位子。你想想这是什么地方？西方极乐世界呀！”麦老汉见解不俗。

丁绍光自与他见面起，就一直在揣摩老汉的真实身份，可能是破庙的关系，他最早联想到《水浒传》里的大军草料场、风雪山神庙，完全凭直感，无端地就将眼前的守庙人和几百年前革职的林教头林冲扯到了一起。老汉面额上又没刺字，凭什么想人家是“充军”发配来的？不凭什么，就凭他渐渐露出的谈吐，怎么也不像从当地雇来看庙的放羊老汉。一个知识分子当初分配到天荒地远的文管所，和充军发配又差得了多远？

“大丁子，怎不往前走了？看见唐宋的就迈不动腿，后殿的北魏、北周还要不要看？”麦老汉领着丁绍光看了几天泥菩萨慢慢习惯了，不时回头催上几声。大丁子已经入迷，到哪儿都站着不走，老汉最初还以为他在表演给人看，搞美术的随身都带着写生本，到哪儿不画上几笔。这大丁子可是一笔不画，照他自己保证的：不拍照，不写生，只用眼睛看。老汉从来没有见过的是，大丁子对他看中的菩萨也一个劲在画，不过不是用笔在纸上画，而是用食指往空中画；不是突然快、突然慢那样地画，而是心平气和地画，非常用劲地画线。如果是让他把画出的线落到纸面上，这线是可以力透纸背的。老汉站在一旁看，也能感觉出一条条从菩萨肩头掂到手指上的圆线，忽儿走，忽儿停，那坚韧劲儿像怎么也扯不断似的。当然丁绍光自创的一套“修炼”法，旁观者还以为他是在搞临摹线条的无实物表演。

麦老汉在几口酒下肚之后，他道出对丁绍光在石窟里成天动手比比划划的印象。他说：“我还以为碰上了《皇帝的新衣》里那个聪明绝顶的‘裁缝’呢，左比划是一条线，右比划是一条线，‘皇帝的新衣’，你说完工了，可谁也没看见。”他还说：“大丁子，你一天到黑盯着我们菩萨身上看，空手道似的比比划划，夸那些线条如何能表达感情。你说的1600多年前的晋朝大画家顾恺之就有什么画人物的高论，我们外行听不懂，你说他画的《洛神赋》是假托洛水女神吟自己的悲欢，了不得的技法，既能描形又传神，画出悲恋的心情。一根线能起这么大的作用？你小子眼力不赖，我相信你说的。看过川戏一个叫《花荣射雕》的折子戏没有？公子和小姐一见倾心，那感情就是让一条线表现出来的。两人的视线连在一起，调皮丫环从中捣乱，一碰‘线’，两边都在动。舞台上没有一条线，可观众谁都看得见两颗心拴在一条线上。所以，我相信艺术高手画出的线，都是用来拴住人眼光的，是粗是细，是虚是实，是曲是直，是轻是重，都是在诉说你自己的感情……”

听麦老汉一席酒话，丁绍光当然明白，眼前这个守庙人绝不是他自称的最多算个“识字分子”，说高兴了，肚子里的墨水就漏出几滴来。至于他是怎么“充军”发配来守菩萨的？扫地掸灰尘看庙门之余，还搞不搞点研究？也许是麦老汉不便触及的内伤，就像自己不愿触及父母今在何处，有无爱人之类的话题一样。

“你怎么刚才不回答我的问题？”

“什么问题？”大丁子佯装没听清楚，麦老汉刚才借塑菩萨人也要想家、想父母、想老婆、想孩子，在继续摸这个“天兵天将”来麦积山的真实目的。从见面那一刻起，双方就像在演戏。

3 真形显露，同是艺术痴情人

丁绍光不仅打扮得像个“天兵天将”，而且还真是从天而降的。

他那天从天水城一早动身，路上走岔了道。好不容易找人问清楚，饥肠辘辘摸黑到了破庙，敲了好一阵子紧锁的门，半点回声都没有。最后他是选择了爬树，爬到一棵靠近庙墙的古柏树上，纵身跳进了院子里。

唯恐敲门的是来捣毁塑像的红卫兵，又见 “天兵天将”从天而降，候在院子里的麦老汉吓得浑身发抖，半天才解释清楚没敢开门的原因。大门让几天前来的北京红卫兵贴了封条，他是支持小将“革命”行动的，还掏出上衣兜里的《毛主席语录》，说是小将送他的礼物。

不管心里有多么躁动不安，一旦接触书画、接触画页，一旦接触艺术的脉动，心就平静下来，也透明了许多。

机警再次在丁绍光身上发挥作用，他在老汉递过来的小红书上瞥见了北京××红卫兵司令部的印章，他一口字正腔圆的北京话立刻要人相信他们是同一个司令部的，他特别强调了亲自来看看的意思，仿佛他是个什么头头似的。“‘革命’不能搞得冷冷清清呀！”京腔唬得人一愣一愣的。

丁绍光大学时的同学刘秉江、张世彦、乔十光，“文革”中也没少受磨难，趁“大串联”他们也先后逛到了河西走廊。几个莫逆之交终于在麦积山会师了。几个年轻人一见石窟里的泥塑就差点露了原形，一进去就激动得要命。丁绍光回忆说，“那个乔十光一看东西好，就骂粗话、骂大街，激动得打人，一拳打在我身上，现在都能感觉到疼。又一拳打在麦老汉身上，老汉语录也不念了。”“语录”是天天必念的经，丁绍光等每天进入洞窟之前，这麦老汉就一本正经地带着“红卫兵”念几段《毛主席语录》，然后大家就高声朗诵着“下定决心，不怕牺牲，排除万难，去争取胜利”。

丁绍光印象深刻的还有住下来的第一餐饭。麦老汉让他女儿端到“天兵天将”面前的是一人两个馒头。放进嘴里一咬，嘎嘣嘎嘣直响，沙子满嘴钻，丁绍光早已饥饿难忍，还是把它视作上苍恩赐的佳肴而狼吞虎咽地吃了下去。老汉一脸的虔诚，连声陪不是，抱怨地方上对待文管所就这种态度，连国家配的一份口粮都不是霉变了就是掺了沙子。实际上是他暗中让女儿做了手脚，让“天兵天将”早早离开麦积山。在丁绍光之前到过石窟的几批戴红袖套的，也就是这样让这个毕生一直在研究古代文化的年长学者糊弄走了。麦老汉糊弄人还真有一套。他陪你去一个洞窟一个洞窟地“审查”泥塑、雕刻和剥蚀得十分严重的壁画内容，他才不讲什么忠呀孝呀，什么因果报应，什么儒家思想之类的，他讲的全是揭露封建社会罪恶，仿佛这座座石窟是阶级教育展览馆似的。更有甚者，他别有用心地把那些金刚之类的造像信口胡编成农民起义军的将领。丁绍光当然很快就明白，出于无奈，麦老汉急中生智，是一个以喜剧手法表演悲剧的“大演员”，目的是使国宝免遭灭顶之灾。

在他对政治极端绝望的时期，丁绍光悲观地想过，画笔不会让拿了，想画的东西不让画了，越有知识就会越反动，教书的饭碗也不让端了。死，不容易；活，更艰难。自己能做什么？申请充军发配到某个边远地区去当个图书管理员或某个文化遗址的守门人也好！他从小就喜欢跑图书馆、博物馆，也可以说他是在图书馆、博物馆泡大的。不管心里有多么躁动不安，一旦接触书画、接触画页，一旦接触艺术的脉动，心就平静下来，也透明了许多。出国之后，忙于生计，红尘滚滚，能轻手轻脚走进去、安安静静坐下来的地方，还是图书馆、博物馆。自从麦积山修炼几十天之后，他总会在看书看画的间隙抬起头来看看那些默默无闻、一生都在兢兢业业的守库护宝人。在物欲横流的今天，也还能从他们身上读出安贫乐道的信

条，他们始终不渝地坚信知识能够酿就美和充满美的人类的明天！

守库护宝人，探宝人丁绍光在心里深深地向您致以敬意！

4 解决一个很重要的问题

几十天，他像一根钉子楔在麦积山石壁上。

麦积山石窟典型的铁线描壁画1

从一个洞窟向另一个洞窟出发，每一次都得从流连中挣脱出来。流连太深，被羁绊住的不仅是手脚，还有未来。他此时想到的已不再是复制辉煌，而是在另一个高点上会师。因此，丁绍光对麦积山所进行的研究是有颇多与他人不同之处的。不停留在对传统文化的了解和赞美，而是立脚西方现代艺术观点。观点虽在当时不全面，但感觉很清楚，丁绍光在麦积山做的事情是用西方美学、西方美术所推崇的艺术观点在中国找痕迹。

“在我的冒险经历中这是个决定性的时刻，麦积山石窟和敦煌的壁画，依我看来，事实上是非常现代的。我还以为看到了一些鲁奥重彩边框的美丽人物的画。浓重的黑色线条，那的确是很现代的……”丁绍光在回顾此次忘却了尘世的喧嚣纷杂、浸淫于古代艺术中的特殊经历时说。所谓浓重的黑色线条，就是他日后画作中，对解决人物造型、强调画家非常个性化的感情起到不可低估的作用的“铁线描”。这大胆粗实的条条铁线，丁绍光也从不讳言其灵感是得益于麦积山石窟。所以他不止一次地说：“表达一个中国人的哲学、中国人的美学，还有画家的感觉、画家的感情，和线结合很重要。这是我在麦积山解决的一个很重要的问题。”

精力弥漫、孔武有力、雄心勃勃的大丁子，在洞窟的菩萨塑像面前，表现出那种强烈的固执和勇往直前的劲头儿，渐渐在麦老汉面前显露出真形。饭里的沙粒最后也减到了“零”。对文管所这类单位，政府还是照例要拨几粒粮食来养着的。丁绍光等人也就心安理得地吃了那几个外出人员的份额。早就打听到麦老汉有喝几口的业余嗜好，也有细心一面的丁绍光，从嘴边省下的“伊犁大曲”是在来之前就准备在挎包里的了。丁绍光喝几口的习惯一直延续到大洋彼岸……

麦积山石窟典型的铁线描壁画2

一段时间内，麦积山成了大丁子和麦老汉精神无须设防的又一"世外桃源"。即便如此，麦老汉在"探底"时曾经提过的问题，依旧没有答案。

不回答不等于没有父母；

不回答不等于没有心上人。

亲人在心里，旁人也能感觉出来——他嘴里抿着酒的时候，唇线闭合得更加严密。

终于有一天，麦老汉听见几个青年人一边传着酒碗一边展开讨论：

——中国庙宇的雕像头为什么都做得很大？不按正确的解剖学来做。头占全身比例的八分之一，手掌是头的三分之二，上臂为一头，下臂为一个半头……

——这能说明什么？我们中国古代不懂人体解剖学吗？

——中国的针灸是什么时候开始的？说不定掘开秦始皇陵墓，还能从陪葬的哪位娘娘身上找出扎过的针眼来。

——针灸可以在人身上找出那么多穴位，说明老祖先很懂解剖学，比西方人懂得早、懂得精！

——中国人很懂解剖学，这就更证明了我们老祖宗在一开始的艺术创作中，准确的解剖学就不作为评价艺术的标准。

——中国艺术的起点不比西方低，恰恰说明我们古代艺术家的高明。

——中国艺术一开始走的就是夸张、变形，以形写神，象征的道路。

5 "铁线"会在谁身上大放光彩

麦老汉听大丁子赌咒发誓说，将来一定能把她们画出来。她们是谁？只能是心上的亲人。怎么画？根据心上的感觉去画。好的菩萨塑像看起来一个个色彩鲜亮、慈眉善目，人站在她们面前，就想对她们倾诉。她们永远保持着与画家见面时的那份可贵的青春。

菩萨的偶像也许是心中的母亲，她在儿子心上永远是年轻的！

还有玉娟姑娘，这可爱的傣族小姑娘，橄榄坝的梦中情人，丁绍光还没来得及画出这幅注定要画的心上图画，她已经过早地走过了花季。

花季前面是雨季……

麦积山石窟造像使画家预见将来，他会运用明快的"铁线"去描绘现实中罕见的、无比优雅的女性。

丁绍光最后一次见到玉娟姑娘，是在去麦积山石窟的不久前、"文革"刚刚开始"革命大串联"的时候。

昆明与西双版纳中间，有一道边防检查线。

丁绍光是和串联的红卫兵一道冲过去的。

如果是早来五年，他五年前通过这道边关……丁绍光后面大半生的历史，可能因此改写。

丁绍光在昆明被耽误得太久了。

刀玉娟不知道昆明有一个云南艺术学院，更无从知晓那位北京学生为她在毕业志愿书上六次填写西双版纳。她只知道时间过得太长，比她已经过去的16年还要长……

丁绍光在昆明的五年，是惊魂未定的五年。政治气候一会儿是多云转阴，一会儿是阴有雷阵雨，自己那听起来就让人害怕的出身和说不清楚的海外关系，使他像站在一只风口浪尖上颠簸的小船上。即使玉娟姑娘能从农村出来，穷教师穷画家也不敢想下去，他看不到幸福的彼岸在哪里。

无药疗治心伤，时光可以冲淡记忆。丁绍光在昆明的五年，没有往西双版纳寄去一个字。

如果是三年前，丁绍光能冲过哨兵把守的检查站，像现在一样走在景洪的棕榈大道上，或许他将是把新娘背上竹楼的另一位新郎。

迟到的丁绍光，踏上橄榄坝第一步的时候，他已经知道这场没有开花的爱情结局。没有一个傣族姑娘可能在20岁后才谈婚论嫁的。无望的玉娟姑娘，挡不住家庭和如云追求者的压力，已经和当地一傣族青年结婚，并且有了一份安定的工作——在农村供销社做了售货员。

麦积山石窟造像使画家预见将来，他会运用明快的“铁线”去描绘现实中罕见的、无比优雅的女性。

重返西双版纳，丁绍光不是为了来傣家的竹楼前补喝一碗婚礼的喜酒。旧日情人不仅有法定的贵宾席入座，还可借助酒精的燃烧，当众坦言往日的情爱从今了断；满腹的恩恩怨怨一吐之后，端起酒碗为新娘、新郎的幸福来一个充满男子气的豪爽干杯。然而，这台喜酒撤去已经多时，玉娟已经是一双儿女的母亲。

爱情，总让人过得昏昏迷迷……

丁绍光终于在供销社的柜台前看见了她，同时也看见了她眼里的万分惊讶。

丁绍光跟着玉娟到了她家的竹楼。

丁绍光把随身所带的钱，一文不剩地全给了两个小孩做了见面礼。一切全在昏昏迷迷之中，自己将如何回去都不知道。

玉娟让丁绍光在屋里呆着，返身下了竹楼，可一个多小时仍不见人回来。

丁绍光出门一看，玉娟什么地方也没去，就坐在竹楼下的楼梯口上：双手捂着脸，埋在筒裙里。

丁绍光走下竹楼，从她身旁走过去，于是丁绍光看见她死死捂在脸上的两只手和露在裙边的一双赤脚——那像老树皮一样的脚，已经被无情地烙下了岁月的沧桑，由于生育、忧伤、内外操劳，如花的玉娟姑娘已经过早地凋谢了。

丁绍光似乎听见深埋着头的玉娟在喃喃地说：“不要看我，不要看我，我已经很不好看了。”丁绍光日后也不敢肯定，他当时是不是也嗫嚅过：“不呵！不呵！很好看……”但有一点丁绍光可以肯定，他没有看清玉娟那张脸。因为在他离去之前，这张脸始终掩在她树纹般粗糙的手掌中。

因此，永远鲜活地留在丁绍光的记忆中的，只能是玉娟姑娘的满脸秀色。

真情是人生记忆的保鲜剂！

从某种意义上讲，丁绍光在经历千波万折之后，趁“文革”的混乱，只身重返西双版纳，在橄榄坝完成了和玉娟的最后一见，也算是对“流水落花去也”的一次感情了断吧！

结果是剪不断，理还乱……

1997年，中央电视台和云南电视台合拍一部海外华人生活的长篇专题纪录片。赴美的摄制组，在比佛利山庄拍完丁绍光长长的几集之后、在飞回国内补拍西双版纳镜头的前夕，丁绍光慎重拜托乐意为朋友两肋插刀的吴导演，回到西双版纳一定要为他找到曾让他心流血的“刀”。玉娟是姑娘的名，她姓刀。比当初那段音讯渺无的5年足足长过5倍，弹指一挥间，已经过去整整30年。

丁绍光的大女儿丁婷快结婚了，她乐意接受爸爸的礼物，挑来挑去，她要的就是《乐园》。

摄制组的大侠们跋山涉水，终于找到早已不在原址的刀玉娟。他们把背过千山万水的画册送到刀玉娟的病床上。翻开第一页是丁绍光的照片，后面是介绍他成就的文字和呕心沥血的现代重彩画。她翻画册，文字不看，“重彩”也不看，只看丁绍光的照片。大侠们三次动手把画册翻到后面，三次都被她执着地翻到第一页。摄影师当然不会放过眼前的机会，把这30年才有的一见统统地记录了下来。

摄制组拨通国际长途，把找到刀玉娟和刀玉娟因胆囊开刀正在住院的消息同时告诉了电话线另一端的丁绍光。人们听见他用发颤的声音在大洋彼岸着急地叫喊：“你们带了多少钱？全部，全部摄制组的钱，都请给我掏出来交给她！多少？4万？好，4万元全交给她！”

“绍光，我感谢您忘不了我、关心照顾我，您是我一生中最忘不了的真心朋友。”刀玉娟给远在洛杉矶的丁绍光写过一封信。刀玉娟为这封信整整写了35年。

这是一封丁绍光轻易不肯示人的信，笔者有幸，间接从中摘出一些只言片语。

信的全文，据说是邮到洛杉矶之日起，整整50天一直揣在丁绍光最贴心的地方。不止上百幅以女性为题材的作品，她是源头。

只有具有感人温情、又反映艺术家本身人品的作品，才是有魅力的作品，这也是他的魅力所在。丁绍光曾将一个个梦幻追记在画纸上，其中有一幅《乐园》，是那段“了断”了30多年后的忆旧之作、追梦之作。在到达美国6年之前之后的许许多多作品中，显而易见丁绍光曾不止一次地摘章取句——那封刀玉娟35年才写成并寄出的悲情西双版纳。而《乐园》则是专利，只属于画家“不朽的情人”。

他运用蓝色——就用中国古代以代表日出的东方、一年之初的春、一日之始的晨的蓝宝石色彩做主色调，弥漫在天空和远景融为一体的空间，渗透在蓝带绿、绿带蓝、蓝带紫、紫带蓝的梦的主体上——

画中傣族少女形象具有一种绝尘的优美，真是人间靓丽的一尊玉塑。从少女宁静的面颊上，从少女欲语的双唇上，在她柔波一样的手臂和露腰的如纱薄衫上，浅浅的粉红从里向外渗出一种温暖人心的感觉。

一条条金色的明快的“铁线”，装饰在少女的发型和傣族的饰物上，镶嵌在少女身旁的蓝白相间的热带植物叶面上。同样的金线韵律一般宛转在凌空飞去的双鹤上……

捧托在少女纤纤十指中的红色碎粒，外国人往往把它视作捧出少女胸间的希望之花，而我们东方人一眼就能认出那是画家寓意的点睛之笔——从唐诗里摘来的，“此物最相思”的粒粒南国红豆。

《乐园》

令人遗憾的是，麦积山那位守库护宝、给予过当时未成名的画家丁绍光许多帮助的“麦老汉”，他到死也没看到这幅丁绍光成名后的《乐园》。正如丁绍光的恩师张光宇生前也不知道是因为丁绍光有这么刻骨铭心的初恋，他画中才有那么多让人采撷不完的红豆。麦积山使他拥有用不完的“铁线描”。

1988年《乐园》在美国画廊问世不久，即成为私家藏品。复现在丁绍光比佛利山庄的家中是近来的事，正是“天堂鸟”开花的季节。

丁绍光的大女儿丁婷快结婚了，她乐意接受爸爸的礼物，挑来挑去，她要的就是《乐园》。

丁绍光用十几万美元回购了这幅昔日的追梦之作。

《乐园》如今挂在丁婷的卧室里，陪伴在女儿的床头。

丁婷系发妻张达喜所生。

第五章

赴汤蹈火

方显出男儿本色

1 老学生回母校，老师身边需要人

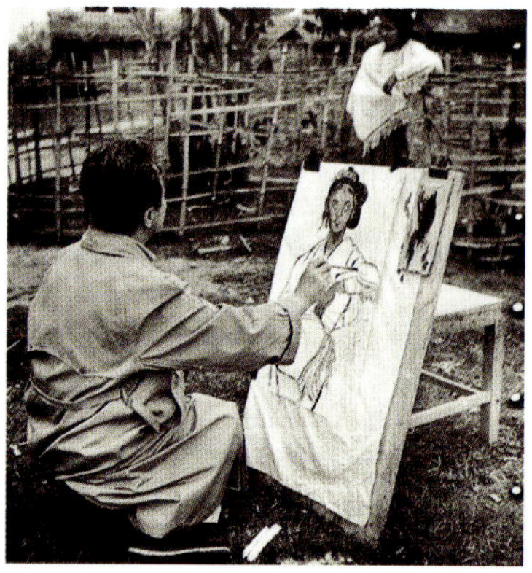

1960年，张仃在云南西双版纳写生

1966年“文化大革命”刚开始，中央工艺美术学院的院长张仃 50岁刚出头，一夜之间头发全白了。张仃被揪到千人大会上批斗，刚下跪就被拳打脚踢当众推到台下，转眼成了名副其实的“下台干部”。张仃的一幅公鸡图，被诬认是反动的别有用心之作；还有一幅仰韶陶器静物画，坐实了张仃“反革命”罪名，因为有人引经据典说这陶壶是用于放骨灰的，于是画家的“狼子野心”昭然若揭——他被罚去打扫厕所、锅炉房干苦力、军垦农场监督劳动，“以观后效”。他在诅咒革命，希望革命死亡。张仃对这些荒唐的指责嗤之以鼻，但当时一个红卫兵听了放骨灰的解释后勃然大怒，嚷道：“画这些东西的家伙在哪儿？”那时教师都被锁在一室，睡地板，红卫兵踢开房门，叫出张仃，把他拖到篮球场，逼他跪下。一位广州来的姑娘抽下腰间的军用铜扣皮带，劈头盖脸抽将下来，其他人则大肆侮辱他。数年后张仃回忆起痛不欲生的惨状，还说：“这只是一次小规模的批斗会。”小规模的批斗如此惨烈，大规模的又是何等规模？跨学校、跨行业、跨地区的“革命派”都串到一块儿。学生不认老师、下级不认上级、同事不认同事，六亲不认才算彻底革命。就在一次大规模的批斗会上，低头站在斗争台下的张仃，听见高音喇叭在喊：欢迎外地来京的战友“火线亮相”。他知道又有六亲不认的“重炮”要对他的“三反”罪行开火了。谁知好一阵子，喇叭突然不叫了，紧接着有人被轰下台去。（据丁绍光回忆，他是被一脚踹下台的。）张仃根本不敢相信他听见一个熟悉的声音在嚷嚷，“别的我不知道，但张仃是个很好的老师，我知道！”

张仃既然被打成“黑帮”，就必须每天到最黑的地方去接受惩罚——每天去学校打扫早已没用的锅炉，每天黑乎乎的早晨就得去，黑乎乎的晚上才能回家，进屋他是一个黑乎乎的人，谁也不敢来见，他也是谁也不想见。可就在这么一个黑乎乎的晚上，在离学校四五站的他家中，丁绍光令人吃惊地出现在饭桌边。那个时候他的儿子张朗朗还没被抓。张朗朗非常有才华，受其母陈布文的影响，文笔非常好，非常有思想。后来因为反江青，他坐了很多年牢，开始是被判死刑，后来改判无期徒刑。丁绍光去后让张朗朗买回一条鱼，一起吃顿饭。吃饭的时候，张仃拨了一点菜在碗里，蹲在旮旯吃，怎么拉他到饭桌他都不来。张仃的老伴陈布文早年曾是鲁迅先生的学生，写过很多杂文，和张仃一起去的延安。她是个很特别的人，张仃很早就是党员，但她不是。解放后她当了一段时间的中学校长，后来干脆在家，非

20世纪50年代张仃、陈布文

20世纪50年代张仃全家福。后排是朗朗和姐姐，妻子抱着的是廖廖，张仃抱着的是大伟

常低调。她对世俗看得很透，文笔很犀利。丁绍光到云南工作后，和张仃的通信，不少是她代笔的。“对我帮助很大的陈布文，我很敬佩她的思想、她的为人、她对人类的同情。她心怀慈悲，不像我们一般画画的，仅仅因为会画两笔画就自我膨胀得不得了。”

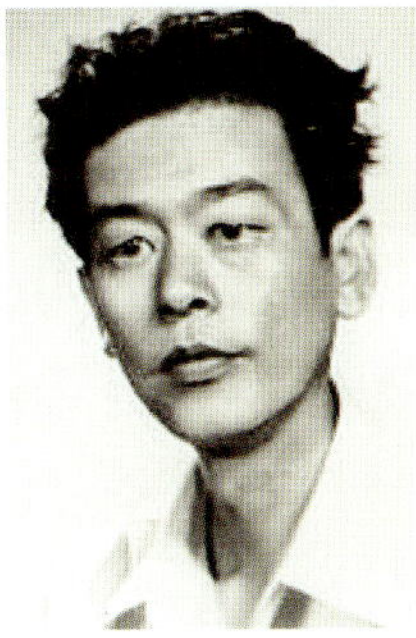

青年丁绍光

运动一开始，刚满27岁的丁绍光就在云南艺术学院被打成了“反动学术权威”。在1966年夏天“一个悲凉的夜晚”，他痛心地把“布文老师数十万言的书信”被迫“付之一炬”了。因为随便抄出一封都可污为黑线联系，都可治你罪、抓你人。面对老学生，师母也只好歉意地解释，说老头子觉得没资格和你们年轻人坐在一起吃饭。张仃端碗蹲在墙角，丁绍光也就蹲到墙角去，张朗朗也端着饭碗蹲去他边上吃，什么也没说，什么也不必说。只要张仃感觉身边还有一个人，丁绍光就感到满足了。他几天前冲到批斗大会上“火线亮相”，上台之前就知道后果是严重的。自己本身就是一个从昆明“牛棚”里“自己解放自己”脱逃出来的“革命对象”，当众去宣称张仃是好老师，那些铜头军用皮带的威力岂能没有深入血肉的亲身体验？当时是什么也不顾忌了。丁绍光螳臂无法挡车，他只想让张仃先生知道此时身边还有一个人。尽管先生浑身上下，从抗日志士当兵的历史直到领导干部、人民画家的光圈都被涂抹得面目全非，满身污秽、一片漆黑，就是整个世界都从你身边撤退了，这个人——你当年的学生也永远不会从你这个“全院头号走资派、反动学术权威”身边撤退的。他现在和老师蹲在一起了，他相信无语的老师有人蹲在身边就会把饭一碗接着一碗扒进嘴里。丁绍光也是过来人，在昆明那些乌烟瘴气的批斗会上，他的头一次次被强压下来，他却一次次把头挣扎着抬起来，当他被跌跌撞撞推进黑暗的“牛棚”，转过身来他首先寻找的是钉死的门窗会不会有一条缝。他想看见的是人！如果还能说话，他想让人听见的不是“请给我一口水喝”“给我一块裹伤的纱布”，而是“我没有问题”！他想给人说的就这么一句！就为了这么一句话，他曾四处找人，并无什么奢望，通过目光就能判断是与非、清与浊，或者你心中和我心中都同时有了那么一种隐隐的惶惑——而过后方知“祸从天降”是唯一能解释这场旷日持久大悲剧的产生原因。在用目光找寻目光的过程中，他找到过心疼，找到过

于是，吴先生、黄先生遭受体罚扫院子的时候，他们确信不是老眼昏花，而是确有人在向他们致敬——无言的鞠躬。

那人就是丁绍光。

丁绍光见着当年的老师，向他们每人一鞠躬！

心冷，不在那些口号、皮鞭、唾液横飞的野蛮人身上，而是很有知识的人对知识的践踏，是朋友猛击来的掏心一拳。比如说你知识分子不就要一个人格吗？好，就从这里砸下去！……在举目无亲的校园里，那主动坐到身旁陪你参加“斗争会”、陪你打过几场乒乓球的青年学生，是最温暖的陪伴。曾经痛不欲生的人，深深地懂得自信也需要得到支持啊！

蹲在墙角的张仃把一碗米饭送进了嘴里……

连续几天，丁绍光差不多都在吃晚饭的时辰，有意路过一下张仃家，看见老师在继续往嘴里扒饭了，他便在夜色中悄然离去……

丁绍光最怕他所尊敬和爱戴的人群中，又有谁下定那份明天不再端碗的死心。运动一来，到处都在死人。尤其是生性刚烈的人和清白的人，他毫不费劲就归结出这两种人是最经不起伤害、宁为玉碎不为瓦全的人。在昆明，他就从小报传单上看见了大作家老舍在北京自杀的消息。年幼在北京，对老舍先生他只能是仰视的，仰视《龙须沟》在银幕上，仰视《骆驼祥子》在书橱中。老舍原名舒庆春，字舍予，在先生采取“舍予”的方式结束自己生命之后的几个月，丁绍光“翻越校墙，逃离云南回到北京”，从雨迹斑驳的大字报上、从市民、从文化界朋友口中，他再次听到老舍生前最后几天的一些片断，和老北京人甚为熟悉的德胜门外小小的太平湖。一个人民艺术家，一个正直善良、诚实谦和、爱花爱画、爱民族艺术的知识分子，肝胆磊落、铁骨铮铮、伤痕累累，无助地选择了一泓清水还他一身清白。对老舍先生如何被挂上“黑帮分子”的木牌，如何遭受非人的摧残和凌辱，如何遭受白面书生同室操戈的陷害，他从张仃等被批被斗的群众场面上已经看到。而老舍先生是独身一人，在销声匿迹两天之后才被湖边晨练的人们发现，“七手八脚”地打捞上来，放在岸边，他的全身已经很凉、很凉。人们发现岸边放着他的上衣制服、眼镜、手杖和钢笔，制服口袋里有工作证，上面写着他的名字和职务……然后“不知是谁找来一张破席，把他盖了起来”。听过对“老舍之死”白描式的述说，丁绍光尤为震惊的是先生为何是独自一人？如果是在先生留下那句“我爱咱们的国呀，可是谁来爱我呢？”遗言之时，或者事前能多少被觉察一点，他就不会痛不欲生地最后奔向爱他的母亲去了。——这北京旧城墙外的西北角、和太平湖近在咫尺的太平湖毗邻的大北房，曾是他母亲晚年的居住地。老舍在走向太平湖的前夜，曾和他妻子有过最后一次长谈，那是她在帮老舍脱下被血块粘在身上的汗背心，用棉花团蘸着热水一点一点地将深陷在肉里的棉纱浸湿泡软取出来，心颤、手颤、浑身都在颤，眼泪流不断的时候进行的生死之谈。天亮之后，她被老舍硬推出门上班去了。老舍临走之前，是和三岁的小孙女郑重道过别的。老舍把一生最后的一句话留给了一个天真无邪的孩子“和爷爷说再——见——！”如果他身边有一个不和他说再见的人，一个无论什么托词都推不出门的人，或者护在他身边就是不离开的人，或许会是另外一种结局吧？丁绍光不由得在心里暗自想道。尽管这样的想法过于天真，但他猛一激灵便想到一个个教过他的老师……他们不能再成为老舍之二、老舍之三，他们身边需要有人，他们目光里需要有人，哪怕是一个微不足道的学生，只要还是一个有人情味的人。

于是，就是蹲在墙角、执拗不肯见人的张仃，也感觉出身旁来人，正以期求的目光要他努力加餐；

于是，庞老、吴老排队在“牛鬼蛇神”的行列里“请罪”的时候，他们看见路边也有人站下来鞠躬；

于是，吴先生、黄先生遭受体罚扫院子的时候，他们确信不是老眼昏花，而是确有人在向他们致敬——无言的鞠躬。

那人就是丁绍光。

丁绍光见着当年的老师，向他们每人一鞠躬！

见着老师，就向他们每人鞠个躬，就像当年来访的墨西哥画家西格罗斯面对云冈石窟的菩萨们，只能采用跪拜的方式表示心意一样，丁绍光从不随风俯仰，却在人前弯腰了。在那有话不能讲、无法讲的年代，他只能用这种独出心裁的方式表现对“菩萨”们的敬意了。这是向艺术表达伟大、崇高的致意，也是对一群有血有肉、有灵魂的长者，对他们的知识和才华虽无声却最有力的确认！

2 教授家门前站着流泪的“孩子”

夜色降临之后，除张仃家门被轻轻敲开之外，吴老、庞薰琹等教授的家门，也一扇扇被来自昆明的老学生丁绍光敲出了回音……

庞薰琹的家门是久叩不开的。这一点丁绍光是早就明白，庞教授的家门早在1957年“反右运动”之后就对外人关闭了。说起1957年，丁绍光深感他“进大学的时间真好！不是1957年进校，我就完了，我跑不掉。1957年进校‘右派’已经划定”。而庞薰琹这位20年代末从法国巴黎学成归国的艺术家，曾是1956年中央工艺美术学院的建校元勋。丁绍光进校时，刚过50岁的庞已不再是第一副院长，去了官职，戴了帽子。“进教室门是一头白发，眼睛盯着天花板，第一堂课他给学生讲话，庞教授第一句话‘我不是一个好师长。’讲完后就怔怔地几分钟不说话。”这就是新生丁绍光对庞的第一印象。当然印象中还有这“右派”满头霜雪却纹丝不乱的头发，丁绍光对同桌的好友脱口惊呼：“你看他这样子像爱因斯坦，是大艺术家！”庞的精神气质有特别浓的艺术家味道。丁绍光在第一堂课结束后的第三天（学生的记忆是多么清晰），来到今天要敲响的那扇门前——庞薰琹的家门前，同样是站了好长时间不

20世纪80年代的庞薰琹

敢敲门。“后来我还是敲开了门，满屋子的法国味道，一到九点钟全家都在听西洋音乐。他是大翻译家傅雷的好友，而且很快将成为儿女亲家。开始我听不懂他叫我什么，后来才听懂他用江苏常熟话叫我‘孩子’。”尽管丁绍光在艺术上直接受到的教益和影响，张光宇要较庞薰琹大，但今晚，他硬是要去敲开这户早已没有音乐，只有一灯如豆的“黑”教授之家。因为他最担心这位60岁的老人。

傅雷之死，也是丁绍光到京之后再次听人说起的。傅雷和庞薰琹一样早年留学法国，回国后从事过美术考古和美术教学。丁绍光青少年时代爱不释手的法国文坛巨匠罗曼·罗兰、巴尔扎克、梅里美、伏尔泰的鸿篇巨作，都是傅雷先生翻译介绍给中国读者的。尤其是《约翰·克利斯朵夫》，对丁绍光热爱音乐、在极尽艰难的人生路上奋斗不息有过不可低估的影响。老舍死于1966年8月24日的北京，而仅在10天之后的上海，又传噩耗，傅雷夫妇双双上吊自缢……4天的大抄家，红卫兵从阁楼上抄出一只从未打开过的小箱子，从里面查到一面老掉牙的小镜子，背后嵌着蒋介石像；从一本旧画报上翻到一张宋美龄的照片。于是傅雷夫妇在“‘右派’傅雷窝藏反党罪证”的口号声中被迫跪倒在地，带铜扣的皮带劈头盖脸打下来，岂容你傅雷说清楚；高帽子、长板凳让你戴、让你站，岂顾你学者的尊严。遭受奇耻大辱的傅雷夫妇，当夜留下遗嘱，仔细交代了当月房租和一生孤苦的老保姆的生活费，留下现钞53.3元作为火葬费……凌晨，深感“含冤不白，无法洗刷的日子比坐牢还要难过”的傅雷偕夫人终于解脱了——尸悬铁窗横框上，一块上海浦东土布做的被单上撕下两长条，挽结为生命的句号。

丁绍光最担心的莫过于庞薰琹。教授有着和傅雷相似的阅历，相同的“右派”帽子，且又是已定的儿女亲家……他不仅了解庞教授的个性，对他热衷研究新的艺术也十分敬佩。庞在法国受过豪放不羁的艺术家团体的影响，回国后在上海、抗战时在昆明、在四川他都组织过一个个艺术家的社团，并领导社团活动。庞对丁绍光产生了直接影响，后来的丁绍光也联合了云南的一群艺术家，在“文革”期间悄悄聚会，并在“四人帮”垮台后又正式成立了艺术团体“申社”，继而在海内外撑起“云南画派”的旗号。庞教授早期在一家家艺术院校、国家博物馆、画院担任过要职，致力于少数民族和中国早期艺术研究。他和张光宇同样对丁绍光传授过从民族民间工艺的无名画师身上吸收营养的艺术思想，他本人创作的西南少数民族妇女画卷，对丁绍光作品中闪现的浪漫情趣，也产生了深远的影响。为丁绍光更为了解、更为担

庞薰琹的景物

心的是他在中央工艺美术学院掌权期间，像张光宇、吴冠中……这样一批才华横溢的艺术家来院执教，并举着革新的旗帜和艺术的保守派争战不息。他们在“反右”中已经遭过重创，这回的“文革”早就把他们列入挨整的黑名单，收集材料的信函早已发到包括昆明在内的全国各地。“士可杀不可辱”，他太有可能牙一咬、眼睛一闭，成为傅雷的同路人。

丁绍光就这么想着、想着，再次举手叩击着庞教授久无回音的家门，在越来越深的夜色中……

门开一缝，丁绍光侧身进去，“老师还在家！”刹时，让他高兴得几乎要昏过去。有谁见过丁绍光这人高马大的汉子流泪呢？庞薰琹，白发苍苍的庞教授，他眼前站着的，正是流泪的“孩子”。

22年后，丁绍光在美国洛杉矶接受笔者的采访，自然少不了要谈起他和当年老师相识、相知、相交的往事。旅美画家，昔日云南画派的主将之一、丁绍光最好的朋友何能在座。大概是上述的一段太悲苦，他有意调节一下气氛，突然提高音调，插进一段话来。他说：“老丁，老丁，你听我说过没有？你赴美之后，我们云南画家在北京搞了个‘十人画展’。庞薰琹来了！你知道老头子是从不参加北京任何画展的，他破例参加了我们画展的开幕式。为云南的画展，他拄着拐杖来了两次！他为看云南来的，来回走动了很长的时间……”教授是个很有性格的艺术家，他的目光并不是轻易就落在什么上面的。不仅是老年才如此，他父亲是银行家，青年时代到澳门，他只去看画廊，从不去看他爹的银行。他爹在街头碰见他，问他为什么不去看银行，他说：“有什么好看？臭钱！”

庞薰琹在77岁那年，即1983年病逝于北京。晚年退休在家，他主要以西方静物画风格创作花瓶图。15年后，丁绍光专程回国，直奔迟到的20世纪即将结束时才召开的庞氏遗作展暨讨论会，地点在江苏常熟——庞老的故里。当代海外华裔画家中的佼佼者，连续三年被选为联合国代表画家丁绍光的莅临，在江南小城引起不小的轰动，市里的头面人物纷纷出场，与北京来的评论界权威一起洗耳恭听丁绍光登台演讲。丁绍光当仁不让第一个发言，盛赞庞教授对中华人民共和国早期艺术教育做出的巨大贡献，庞老完全应该被列进中国现代美术奠基人之列。他不同意只把庞薰琹的成就拴在工艺美术一条线上的定调。庞薰琹、张仃、吴冠中等实际上都不是搞工艺美术的，他们是搞现代艺术的，所以他们的贡献不仅在工艺美术上，而且对现代美术在东方的崛起起了重大作用，将他们和徐悲鸿、刘海粟、林风眠等几代画家

“文革”中，丁绍光回到母校暗中做人、夜夜探访老师们的日子，他唯一没有去过的，却是他最熟悉、最常去的张光宇家。

全部连起来，才是中国现代美术雄踞东方的奠基石。

与会者对丁绍光的发言报以热烈的掌声。他事先并未准备发言稿，谁也不能为他准备发言稿，他有感而发，只不过把心中的块垒倾倒在为纪念庞薰琹而召开的作品讨论会上罢了。神采飞扬的演讲结束不久，紧接着便是神色黯然。当丁绍光被簇拥着步入“庞薰琹生平及艺术成就陈列馆”时，贵客的显赫和逝者的凄凉形成巨大的反差。庞薰琹的画有几张，介绍文字有几页，展览陈列的地方竟然是参观者和游人根本摸不着方向的常熟市一所工科学校的旧房舍。因看见各方头面人物到会，文化主管部门对这据说一年仅有二毛钱门票收入的展馆开始改口，准备从代管的学校收回。“这社会太势利！”丁绍光愤然出口之后，也愤然出手——出资40万元人民币，建“庞薰琹纪念馆”，立“庞薰琹艺术研究会”，名誉馆长、会长一肩挑。丁绍光双手接过荣誉证书，转身对先生的遗像再度一鞠躬。事后，有朋友问绍光在遗像前鞠躬时是否有补致悼词的感觉，他回答，“是的。不过，我当时念在心中的是过去信中的只言片语，却是肺腑之言！”20年前，丁绍光为北京人民大会堂作壁画时曾写信给庞老，他此时想起的正是信中的一段话：“老师，我深深体会到艺术有一条真正的线，这条线就是民族艺术的脊椎骨，这条线一代一代传下来，有无穷的生命力！”另一番肺腑之言，出自他1980年赴美之前写给同一人的信中：“老师我有预感，我可以在艺术上大步向前进，许多想法、许多画面似乎就在眼前，这时候我特别需要像您这样的老师给我指导……过去您启发了我，不仅在技巧上，而且在道路上，这道路指引出光明的前途。”当丁绍光定居美国，在艺术上进行拓展之时，他不忘先生的教诲：“艺术只有立足于民族传统，才能赢得国际地位。”他每日作画14小时以上，锲而不舍，总是“希望能冲出一个新的局面”。他在信中写道：“每取得一点成绩，都忘记不了恩师的启蒙和教导——没有民族性就没有艺术性……”如果庞薰琹曾读到这封信，当是老师生前读到学生寄来的最后一段文字，没有句号。丁绍光对老师的感恩之情，是永远没有句号的！

3 为报三春晖，全抛一片心

慷慨解囊报师恩，在庞薰琹之前，还有40万元捐款是为张光宇。“文革”中，丁绍光回到母校暗中做人、夜夜探访老师们的日子，他唯一没有去过的，却是他最熟悉、最常去的张光宇家。他死得太早，距今已50多年，没有来得及看到自己所开辟的道路已经被拓展为怎样广阔的天地。他又死得很及时，幸运地逃过了一场人间少见的浩劫。要不，他必定要在紧接着而来的“文化大革命”中受摧残，被批斗。张光宇病逝于“文革”前夕的1965年。因身陷昆明不能进京陪伴恩师走到人生尽头，丁绍光多年来一直耿耿于怀。1992年4月，丁绍光从美国回到北京举办个人画展，虽已功成名就，可谓春风得意。虽然恩师张光宇已故世多年，他为人依然如初，专程登门探望师母，握着老人的手，由衷地说：“没有张光宇先生就没有我丁绍光。”对恩师过早地走了，自然是扼腕叹息，面对太过于势利的社会现实，对这样一位“启后来者更上层楼的大家至今没有得到一种公正、全面、客观的评价”，他再次愤然了。如何纪念张光宇？他和大师生前友好、学生弟子心有灵犀一点通，做一点实事，比开一个有方方面面到场、主席台要加长加宽、见报名单大热闹大团结要好得多的，能慰藉大师在天之灵的应是对张光宇实事求是的深入研究、评价和继承。丁绍光慷慨解囊，捐助40万元人民币，在中央工艺美术学院设立“艺术基金会”。设奖用于鼓励中国装饰艺术的发展，奖励成绩突出的艺术工作者。没有用捐资人的名字命名，饮水思源，奖项和基金会的名称只有三个大字，那就是丁绍光的恩师张光宇！为此，巴金、曹禺也纷纷来函来电祝贺：他是一个在中国现代艺术史上的筚路蓝缕者，他的作品代表中国新美术发展的方向，他的价值标示出20世纪中国艺术向现代转变的必然。丁绍光终于舒一口气，道出心中多年想说的话。

1957年，张光宇工作照

在20世纪的最后岁月，张仃、吴冠中、黄永玉都先后在北京春光明媚的季节里举行了当今中国画坛规格最高、规模最大、反响最为炽烈的作品展及艺术成就讨论会。早已越过古稀之年的大师们从不讳言他们在这个时代曾经历无数的坎坷，但他们作品所显示出的卓越艺术成就，是中国当代绘画艺术的一座座高峰！高峰之上风光无限好！

黄永玉凭窗作画。20世纪50年代所凭之窗是在北京罐儿胡同那不到10平方米的房子里，用油彩在破墙上画出来的。如今是在家乡湘西凤凰县绿水盈窗的吊脚楼上，展丈二巨纸，画他“万荷塘”中的大荷花。湘泉酒集团公司为采用黄永玉设计的“酒鬼酒”包装，曾欣然出手1800万元人民币巨资，这仅是社会对先生艺术作品价值认可的一例。而先生不时忆起当年得不到绘画材料的岁月，曾得到云南一帮穷学生暗送画纸来京城。想方设法凑集画纸送到数千里之外的老师手中，除何能、蒋铁峰之外，他记得还有一个学生丁绍光。

吴冠中画作的艺术成就，他的形式美、抽象美的艺术理论在争议中一次次为中国美术的发展冲破桎梏，他的拍出天价的画作和近年来如影随形、沸沸扬扬的假画官司，使他一直处

2007年5月，黄永玉作画

十舆论的焦点。作为新时期以来最有影响的中国画家之一，他对丁绍光青年时期画作有着很高的评价，载于丁绍光处女画集的序言。而20世纪80年代第一年，以丁绍光为首在昆明成立的“申社”首展的序言也是吴老欣然命笔，鲜为人知的却是他像对待知心朋友似的从画背后谈到这个学生，他说：“丁绍光是个大方、热情的人。他永远是朋友，他总是为去云南的学生准备住处和素材。画如其人，他十分慷慨，和大家分享他的一切。”事实正是如此，早在丁绍光画作产生影响之前，传出昆明的是青年丁绍光为人的口碑。他曾接待过上百位来云南的艺术家，还竭尽全力照顾过那些艺术家的学生和家人。所以在“文革”结束后不久的1978年，张仃的女儿携带父亲的画作来到昆明，回京之后谈及的不仅是丁绍光为恢复老师艺术声誉准备的画展，如何众口交赞，如何盛况空前，更多讲到为了画展举办成功，丁绍光一手操办付出的巨大努力，日以夜继的奔波，为师全抛一片心。

一日为师，终身敬之。值得丁绍光敬重的师长们，似乎都不肯取道“中庸”，大都敢于在人前讲话，为讲真话，吃过大亏；吃亏之后，依然敢于人前讲话。不肯媚俗的文人气质，铁肩担道义的传统美德，在丁绍光身上也有多处露头——在为人处世之中，展露性格嫉恶如仇的一面。

这个故事，在他所作的一幅漫画背后。

丁绍光画过漫画吗？画集不收，评传不载，但确有其事。就是现在问他，他也会说，“有这事！”且余怒未消。“我算经受够了，这次搞点儿现代艺术了！”现代艺术四字，丁绍光咬牙切齿一字一顿。接着说：“这回画漫画，我的才华可以发挥了。五颜六色一堵墙，画满漫画全是他！”他是谁？混画场也混官场，“文革”时期靠整人起家，把人整倒，他攀将上去就弹冠相庆。丁绍光在北京返校探望师友之后，回到昆明正遇上云南艺术学院美术系成立一个临时权力机构，除工宣队、军宣队领导之外，丁绍光被推选为群众代表，当了不足三星期的“官”。下面将讲到的“解放石膏像”做完之后，紧接着“解放教授”，每月只发15元生活费的袁晓岑被扣多时的工资是他亲手送到老人家中。好景不长，因为丁绍光大胆妄为竟自作主张，系里的教职工每天只被召集起来政治学习20分钟，他就宣布解散。“大家干正事去！”哼！不把“革命”当正事？一顶吓人的帽子扣下来，丁绍光此生的官场生活宣告从此结束。

艺术家是可爱的，丁绍光尊为朋友，宽厚相待，乐于相助；

权术家是可怕的，你得绕开他，别让他染指你的艺术；

艺术家、权术家之外的“第三者”，是可耻的艺术家兼权术家，丁绍光不接纳在自己的师友中，你可以憎恨，但终须看到有时他会得意洋洋地出现在你的周围……这也是人生的一种风景！

1996年
《摇篮》

第六章

以画结缘

『二人世界』变奏曲

1 流淌着雅乐古韵的成都记忆

成都老街

张达喜和丁绍光第一次见面的时间，是1967年夏天快结束的时候。地点是成都新南门外的四川音乐学院。

如果张达喜和丁绍光坐在一起来追叙这段姻缘的起点，丁绍光会说，“那一天我走得口干舌燥，好像过了一座什么桥，是不是司马相如高车驷马走的那座桥？”张达喜会说，“你想得怪美。你不是司马相如，我也不是卓文君，你走过的不是驷马桥，你推着自行车走过的，只能是我们音乐学院学生进城经过的锦江新南门大桥。”

他俩的第一次见面，不是通常说的“约会”。

他俩的第一次见面，却是通常说的“千里姻缘一线牵”。

结束新疆、敦煌和麦积山之行返校不久的丁绍光，这个逍遥派，怎么又从试通车的成昆铁路南端逍遥游到了西端？

这条线是丁绍光云南艺术学院的同事——音乐系杨老师夫妇搭上的。杨老师的夫人是“川音”的曾老师，不久前探亲去过昆明。

曾老师在邻居丁绍光家串门的时候，突然看到一幅画。大概是丁绍光刚画完还没来得及处理掉，或者是画中那个姑娘丁绍光认为值得再看几眼，正摆在屋里欣赏。

“你什么时候认识‘熊猫’的？”

“我不认识！”丁绍光不知道曾老师为什么会这样发问。

“不认识你怎么画‘熊猫’呢？”曾老师大惑不解。

“我没画熊猫呀！”当丁绍光明白所指是画中人，他便立刻解释这是在新疆碰上的一个女孩子，凭着印象，加了背景，刚落在画纸上。

曾老师将她先生也动员来参观“奇迹”。

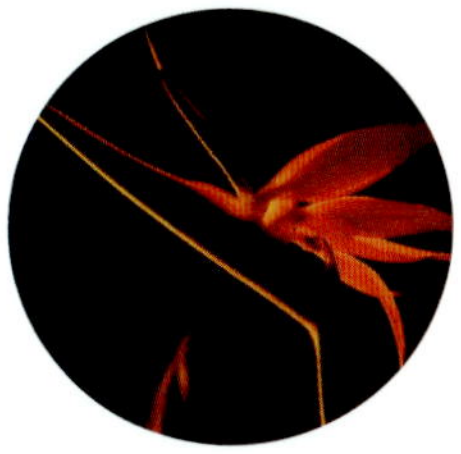

杨老师当场证实夫人眼力一流，他不说像也不说像极了，而是说画中的女孩子就是张达喜——川音声乐系毕业班的漂亮女学生。“熊猫”的绰号，是取她柔顺可人的性格，还是取她额前那一对弯弯的眉毛？弯弯的眉毛下一双大大的眼睛？当然，她的身材绝不像“熊猫”。在日后丁绍光的女性题材绘画作品中，她修长的腰身和手臂，如雪如玉的肌肤，和那份无时不在的妩媚，注定要占一定的份额。

丁绍光出现在四川音乐学院门前乃情理之中，是命运假媒人之手做出的安排。

张达喜是仓促上阵，就像舞曲的前奏响起，自己都还不曾知道双人舞谁是女主角。被人从幕台的侧幕条边推出来，手舞足蹈一阵子，才发现来的是“阿哥追”。

黄昏之前，骤雨初歇。刚练过声的达喜，正站在校门口，说不清什么原因地东张西望，她手摇一把桃形小扇子，有一下没一下在玫瑰红的短衫襟前拍打：刚才弹琴练声出过一身汗。她看见远远来了一辆自行车，矮矮的曾老师坐在矮矮的红颜色女车后座架上，被一个又瘦又高的小伙子推着走进“川音”大门。“好奇怪呀！大热天，穿的呢子裤、皮鞋，头发飞在头上，人又高，没见过这样的人。”达喜心里想。

丁绍光是有备而来的。凭着画家的职业敏感，他在校门口瞥了一眼，不用问，他就知道刚才那片玫瑰红是张达喜。

后来，张达喜让曾老师叫去了教师宿舍。她进门一看，刚才用眼角余光扫过一眼的推车人也在老师家里。她悄声问曾老师：“这人好奇怪哟，是不是有病？大热天穿呢子裤子！”年轻姑娘难得不以衣帽取人。那年月丁绍光工资微薄，做一条能挺起裤线的毛料下装找对象专用，还得喝好长时间的稀饭才能攒下这笔制装费哩。他没料到成都那年的“秋老虎”忒厉害，给了一个下马威。

我来给介绍介绍，这是谁谁谁，那是谁谁谁，丁绍光和“熊猫”就算经“月老”介绍正式认识了。旋即，曾老托辞出门，“熊猫”被拜托陪客

青年时代的丁绍光和张达喜

“去过北京吧？那老胡同、城墙根、四合院，几个人围坐一圈，天上地下地‘侃大山’，你见过吗？”
达喜说，“我们四川人叫摆不完的‘龙门阵’。”

人说话。20岁刚出头的傻姑娘，心地单纯，根本没想到是老师故意安排二人世界，让他俩自由活动。开初，达喜主动找话说，看绍光眼睛盯着自己的皮鞋尖，她还以为昆明客人不会说话。等丁绍光把话匣子一打开，达喜很快就没戏了。

“咱啥都不会，就会瞎白话。”丁绍光操一口北京方言，第一句话还算谦虚。紧接着他说北京是出“侃才”的地方。“去过北京吧？那老胡同、城墙根、四合院，几个人围坐一圈，天上地下地‘侃大山’，你见过吗？”

达喜说，“我们四川人叫摆不完的‘龙门阵’。”

绍光抓住话题，摆了一个北京人侃大山过了头、变成吹牛皮的“龙门阵”：“有一天两位仁兄侃兴正浓，旁边有人冷不防递上一句：‘帮忙买两颗原子弹怎么样？过年让小孩爆着玩。’你听那仁兄怎么回答：‘怎么不早说！我昨天才卖了两篓子！’仿佛原子弹跟北京大白菜似的，他一天能卖出几篓子。”

丁绍光开局打得不错，张达喜笑起来更像“熊猫”了。“他好会讲故事哟！”张达喜许多年后都在赞叹。“你要听多长时间的故事？有讲半小时的故事，有讲10分钟的故事，有讲3分钟、5分钟的故事。”张达喜听丁绍光把时间切成一段段的卖故事，真是一个好怪的怪人哟！她心里想。不过，那一天，她终于知道坐在面前的客人是学艺术搞画画的。

“哎哟！你还会画画？”

“看不出来吗？”

“看不出来！我看不出你还会画画？”“熊猫”终于顽皮起来，“那你画我嘛！”

“我可以画你，可现在没法画呀？！”

“为什么？”“熊猫”紧追不舍。

“我没有纸，没有笔！”丁绍光两手一摊。

“这简单！”“熊猫”一头钻进曾老师书房，拿了桌上的铅笔，撕下笔记簿上的纸……

“请老师画嘛！”送上纸笔，然后往画家对面一坐。

“这怎么可以画画呢？”

“又有笔又有纸怎么不可以画画？”

“我们画画不是这样，如果你希望有一张画的话，你给我一张你喜欢的照片，过几天我还要回北京去，画好后给你寄来。”紧接着又添了一句，“你要什么画？”

“我要铅笔画就好，你现在就画！”达喜把凳子往前挪了挪，又重新把姿势调整一番。然后用一双含笑的目光把对手再打量了一遍。

“看这个人这副样子，他能画画吗？人高，像根电杆；人瘦，脸颊凹下去可以放一只鸡蛋；一脸的青春爱国疮（当时青年学生如此称呼脸上的青春痘）；大热天穿条呢裤子，还是深蓝色的……”达喜很得意自己的新发现。

丁绍光虽然也感到对方的眼光灼人，但毕竟没有恶意。自己也绝不是那个“侃大山”昏了头可以做原子弹生意的吹牛客。

双方争执不下。最终还是以“熊猫”同意回去拿照片，绍光送她一张画像作为“和平协议”。

张达喜永远也解释不清楚姑娘时代神秘的心跳。这个工人家庭出身的女儿，在“川音”那种家庭出身不好占很大比例的环境中，算得上是个“香饽饽”，甚至大有希望作为一滴新鲜血液吸收到党的队伍中去。竟然就在第一次见面后不久，她主动把一帧“青春的倩影”送到了昆明来客手中。为这张照片，她可是翻箱倒柜地找啊找，终于找着一张与妈妈的合影，送到照相馆，让人把自己单独洗印下来。这意味着什么？姑娘将从妈妈身边走开了……

丁绍光想要的就是“熊猫”的照片，他不用来画画。从他的初恋对象刀玉娟起，画家只画梦。张达喜也不例外，至今没有一张丁绍光为她留下的肖像画。在北京，把“熊猫”的照片拿给当时最好的朋友张世彦看，丁绍光颇为自负地说：“这就是我未来的太太！”丁绍光找了一个学音乐的！立刻在昔日的同学中引起轰动。又是许多时日不见面了，在亲人和师友面前，他最不乐意展示生活中悲苦的一面。他在人前的形象是永远的神采奕奕。当年如此，日后亦如此。有一处成功也要拿出来鼓舞同行，连爱情亦不例外。仅见过几面的张达喜，背地里就被他宣布为“未来的太太”，却是对迅速接近而立之年的同辈们莫大的鼓舞，似乎到了爱情的季节，他们是同样可以排队进入的！

2 “他会画画，你不会饿饭，嫁给他！”

丁绍光和张达喜因画结缘，不止于1967年夏天在成都四川音乐学院的初次见面。

丁绍光求婚，画从中帮忙，线条为他说话，色彩为他渲染。他们是继续演出的“画中缘”。

一年之后，四川音乐学院毕业生张达喜在按国家分配去地处中国西南战略大后方的渡口市（今攀枝花市）报到前，这个钢城歌舞团未上任的演员，先回了重庆的老家一趟。到家的次日，连托运的行李都还没来得及取回来，叩门声响，达喜开门一看，“怪人”不远千里而

20世纪80年代的攀枝花市（原名：渡口市）

来，站在门槛旁。

"你……你怎么来啦？我不认识你！……"达喜慌了手脚，语无伦次。

"你不用害怕，我不是为你而来。"丁绍光信口从闻名遐迩的重庆版画界挑出一个画家的名字，来说明他到重庆"不是为你而来"。紧接着主动挑起重担，汗流浃背扮演了一回"山城棒棒军"：在出门就爬坡的重庆，他去火车站为达喜扛回了托运的行李。

达喜一家人，父母亲和老奶奶，很快发现他们的心肝宝贝哪里是什么不认识，菜是一个劲儿拣好的往他碗里放，脸是一个劲儿为他红……

三个老人对达喜的婚事持三种态度。

达喜日后回忆起来，说丁绍光像画廊里一幅待售的画，当然是用美国画廊做比喻。只有美国画廊的顾客才有画框上贴"红点"、贴"绿点"、贴"黄点"，表示不同态度的做法。

达喜的父亲，工厂的老工人，敦厚朴实，他贴的是"红点"——投的是赞成票。他的评语是一句话：我给他八分钱一包的经济烟，他都要抽，他不嫌我们工人家里穷。

达喜的母亲，立场坚定——老母鸡护小鸡的天性，她贴的是"黄点"——反对录取为女婿，理由是：这个人这样高大，长相很野蛮，达喜嫁给了他，哪一天他不高兴了，拎着你的脖子能把你从窗子上扔出去。

达喜的奶奶，家里事由她说了算。丁绍光这人一贯能讨老人喜欢，当学生，老师喜欢；上了社会，老朋友一大堆；进了达喜家，老奶奶说不清楚原因就先喜欢上了。事实上是爱屋及乌，老奶奶最疼爱孙女，绍光沾了达喜的光。她最初捏在手心像是一张"绿点"——印象不错，允许考虑。等她让达喜陪着去儿子厂里看过丁绍光临摹在厂门口的大油画《毛主席去安源》，就和儿子的观点统一了。老人家对孙女说：他是铁饭碗，他会画画，你不会饿饭，嫁给他！当然，丁绍光露这一手，是达喜父亲给自己工厂推荐的。他很乐意站在厂门口，听上下班工友的赞扬，重庆话说的他们厂的毛主席"画得那么像，简直不摆了"！

其实，张达喜与丁绍光的结合，摆在当时的标准秤上称，或者在普通人眼里看来，并不是半斤对八两。两人的阶级出身是针尖对麦芒，合在一个屋里是"国共合作"。一个是年龄看小六七岁，正值豆蔻年华；一个是年龄看大八九岁，中年"王老五"。婚姻就是这么一回事，当两人决定携起手来的时候，旁人怎么使劲也难把两人的腕子掰开。携起手来走累了，想松开手各自走一程，你旁人怎么着急把两人的手臂往一块儿挽，也总是又费马达又费电的事。丁绍光和张达喜拉着手在家门前进进出出的最初阶段，外表条件显然占据上风的达喜必定要主动伸手，挽住绍光；一到街上，绍光就说“别这样”！把手腕挣脱出来，一个人走在前面。走在众人面前，他就是一个大男人。邻居的小孩儿，还替这时而牵手时而松手的一对年轻人编了个顺口溜，尾随在后面一边拍着小屁股一边有节奏地唱：

熊猫大眼睛
嫁个美国兵
…………

怎么把丁绍光和“美国兵”扯上关系？据达喜讲，就因为那时绍光又高又瘦，鼻梁不低、眼睛还特别大，小孩看到很害怕。白马王子、小帅哥一概被达喜剔除在对象之外，喜欢一个人喜欢就是条件，一见面就把照片送上去，证明这人浑身上下散发一种招女性喜欢的东西——一种信任感，特别的男子气。他能悄悄就让女孩子喜欢上，达喜发现不只自己一个人，婚前她就有所发现。有一次，她从四川渡口到昆明出差，到了云南艺术学院又困又乏，被绍光安排在他宿舍里休息。他自己到一个老师家办什么事去了。晚上九点钟，有人敲门。门开，一见是陌生人，那人问，“你是谁呀？”一脸不高兴。“我叫张达喜”，那人直勾勾地瞧着对手，也不说自己是谁。“你请坐。”“不坐了！丁老师什么时候回来，我再来。”丁绍光回来了，那女孩果然又来了：“丁老师，我要和你说话，不希望别人听到！”“‘熊猫’，你在家歇着。我谈谈就回来。”绍光跟那女孩子出去一会儿，回来告诉达喜她叫什么什么名字，是音乐系的毕业生。她跟他说北京有个什么人写信来说，希望她到北京去，于是她来问老师要不要她去。“如果你要我留下来，我就留下来，要我走我就走！”绍光回答：“好啊！你当然上北京呀！”

达喜一听就明白了，这女孩子悄悄喜欢上了她的老师。丁绍光坦然地说：“一点感觉也没有。”他记得大概就是这个女孩子，或者是音乐系的另一个女生，在他从“牛棚”里被抓出来挨批判的时候，曾主动坐到他身边参加“陪斗”。对这件事，他很感恩，但恩情和同情同样不是爱情！

3 婚后岁月：“米汤泡饭心也甜”

丁绍光和张达喜是在1969年结婚的。

那是没有婚纱的婚礼。那时的昆明没有婚纱，中国大陆全没有婚纱。

没有《结婚进行曲》，也就是婚礼是没有音乐的。当时流行的《白毛女》《红色娘子军》男女主人公都免谈婚嫁，有音乐也没有爱情的旋律。而所谓新房也就是丁绍光那间单身宿舍用灰浆刷刷，最多算粉饰。

前来祝贺的客人都是和丁绍光一起关过“牛棚”的“牛友”。大都是夜间行动，天黑以后悄悄溜进门来，说一声“恭喜你们”，吃两颗糖就赶快告辞。那糖是当时供应的裸体糖——无包装古巴糖。客人进门含两颗在嘴里，出门都还没有溶化。多年后还有朋友开玩笑说，丁绍光和张达喜的“喜糖”很硬！

喜欢音乐的丁绍光不认为他们的新房里没有音乐，张达喜就是音乐，洞房里有他的喜欢。

一床被子，两个枕头，桌上放着送新娘的一段衣料，是丁绍光特意为结婚购置的。

在没有客人来的时候，他俩就互相守望着。

张达喜认为身边有绍光，长相守就是幸福。

丁绍光很多年后才发现婚礼的缺陷，如今的青年人恢复了戴婚戒的传统，而传统的结婚戒指是一个圈，意味着爱情的无始无终。

从那天之后，达喜对绍光的称呼免去了“丁”字，而绍光对“熊猫”的爱称免去了“熊”字。比如说，他画画的时候，就说：“猫，过来，给我研墨……”他没烟抽的时候，就说：“猫，给五毛钱，买包烟回来。”绍光要的是昆明产的“金沙江”，二毛九分一包，而“猫”买回来的往往是“大中华”——当时的国烟，三毛八分一包。到吃饭的时间，绍光就说：“猫，解决肚子问题，上街吃去。”什么“过桥米线”之类的名吃，他并不喜欢，就爱吃一点小菜、花生米。有时间也牵着手出去走走，去过昆明不少地方：翠湖、滇池、大观楼、吴三桂为陈圆圆修的金殿呀……但有一个地方没去过：银行。他俩没有存折，既无钱存，也无钱可取。张达喜成天“猫”在丁绍光身边，两情相悦，婚后的日子十分甜蜜。丁绍光那时也画画，但不搞创作。画一张就撕毁一张，是借护校躲在学校图书馆听着贝多芬唱片开始画的。从麦积山“修炼”回来，一直延续到结婚之后很长一段时期，再多的回忆在他撕掉的“一千零一夜”里也打发得所剩无几。这段时期画的内容，张达喜有不小贡献。于是，他就说，“‘猫’，我来画你。”

画站着的“猫”、画坐着的“猫”、画躺着的“猫”……

“猫”在被画的时候，心里说不出有多甜。

小夫妻的日子，有八个字可形容：物质匮乏，精神富裕。最让她受不了的，是画完一张撕一张。她要求保留总遭到拒绝，“绍光不是说遇上哪一天让人抄了家，这就是罪证；就是哄小孩似的说这不是我最好的画，将来我会送你最好的画。”

将来？那个遥远的将来在哪里？

达喜总算从四川渡口调进了昆明市歌舞团。

这要感谢丁绍光的“坏成分”帮了忙，他这样的出身成分是不可以到国防建设要地——当时十分保密的钢城工作的。按“嫁鸡随鸡”的惯例，单位也就放了正在“接受工农兵再教育”的张达喜。婚后，她回到剧团即被送到工厂劳动，七斤重的土坯，一天要脱一万块，累得全身都浮肿了。

是丁绍光亲自到渡口接回妻子的。“穷三担”俗话说的是再穷的家也会有三担行李。张达喜的“穷三担”被分装在大大小小的旅行袋里，丁绍光是左挎一个、右挎一个，一手再提一个，沿着大裂谷崎岖不平的公路一步一步往几十里外的金江火车站挪动。走出一段，把包放在路边，又回过头来扶着病妻走上去。

夫妻——

用甜蜜粘接起来的一段人生路，不可缺少相濡以沫的情话，

更不可缺少搀扶……

4 对着长天喊，对着大海喊

不能创作，却偏偏想搞创作；

你有抱负，它有埋人的黄土。

守望着身边睡熟的孩子们，达喜心里甜甜的（女儿丁婷是他们婚后次年即1970年12月出世的，儿子丁立出生在六年之后“文革”结束前夕）。

躺在蚊帐里抽烟的丁绍光，外人看不见他躲起来的心思，做妻子的岂能不知此时丈夫心里很苦。尽管达喜对绍光也算是一见钟情，婚后就不可能只看他一眼。

丁绍光忽而仰天长叹；

丁绍光忽而梦中惊起。

——不为别的，就为不能搞创作，不能画自己想了多年的画，就是画出来也无处可发表他的画。

“这样下去，没有意思！”达喜最早听见他是自言自语。

“能够出去，一定要出去！”这一回，是丁绍光下定决心后，毅然对妻子说的。

张达喜不假思索就对丈夫要出去的愿望表示了支持。这“出去”的意思，妻子十分清楚，不是出门，不是出差，而是出国！前不久，她就支持丈夫做过一件事。这事情来得很突然，更是事先没有想到的。一贯躲开政治的丁绍光，就是绘画也搞唯美、搞纯艺术，前段时间，学校当局下死命令要他们拿画笔表态，结果他和青年教师何能、蒋铁锋联袂创作了一幅绕开政治满纸升平气象的大版画《莺歌燕舞》交账，打了一个艺术擦边球。现在找上门来的，当然不是让去画画，而是真正的政治。

——对台广播，准备对海峡对面的国民党发起新一轮攻势。丁绍光被确定为对台广播的喊话人。当时的喊话，不是十多年后中央电视台每周播放的《天涯共此时》，也不是主持人林芝小姐在荧屏上为海峡两岸失散的亲人架线搭桥。而是让喊话人像站在战壕里，手举喇叭筒说我们这边如何如何好，你们那边如何如何不好，弃暗投明会如何如何受欢迎等。充当喊话人角色的往往是国民党政权留在大陆的旧部或亲属。丁绍光征得妻子同意，很快参加了“统战”工作。这一回，他要利用政治为自己“要出去”的愿望服务一回，让海峡对岸的父亲、母亲和亲人们，听一听他们留在大陆亲生儿子的声音，听一听离散骨肉痛楚的呼喊。苦埋在心底你们听不见，忧系在梦中你们看不见，这一回对着长天喊，对着大海喊，固然不能一开口就能诉尽“八千里路云和月，三十功名尘和土”。丁绍光认为这是天赐良机，只要把海那边的亲人喊答应，让亲人们知道在云海之南还活着一个丁绍光，那个“将来”就跟在喊声的后面……

丁绍光的“喊话稿”交上去很长时间之后，终于有了回音。夫妻俩被通知注意收听。于是他们一家人便伏在半导体收音机前听到了丁绍光致丁俊生先生的“家书”。对台广播不止一次隔海呼喊着已经官至国民党中央监察委员的丁俊生的名字，最初播出的内容也较为简单，儿子如何思念，儿子如何成人——共产党培养他上了大学，当上了人民教师，娶妻生子，生活幸福，盼望二老回乡走走看看……后来重播的“家书”内容随形势发展有过增删，愈来愈凸现出丁绍光作为“云南画派”重要画家的形象，海外的亲人包括远在美国的妹妹，不仅从广播中更在香港出版的报纸上，发现了丁绍光不断长大的身影——在“文革”的十年动乱结束后，他作为中国艺术家获得新生的青年一代画家，被允许对外宣传。再后来，望穿秋水，海外终于有了回音。妹妹执笔代言的信捎来父母的想念、亲人们的深情，一封封从美国、从中国台湾经过香港辗转到了昆明的丁绍光家中。

“出去”的想法实际上由来已久，十七八岁的丁绍光在北图见到毕加索的绘画作品之后，已经萌生对西方现代艺术的向往。他觉得那是另外一个艺术世界。而他对苏联、东欧都没太大兴趣，最好到庞薰琹、徐悲鸿去过的西方。老早就有过想法，但又明知不可能的那个想法里并不只有一个“天堂鸟”遍地开放的美国。

“出去”前面加上了“一定”，形成“一定出去”的想法，下了“一定出去”的决心，是经历了太多文化人“革命”的这十余年。上山无路，过河无桥，想画不能画，不画不能活，眼看熬近人生的不惑之年，终于有了妹弟的来信，这时他想到有机会出去的地方是美国。

5　白描画集出版，“圆梦”有了信心

1979年金秋，云南人民出版社出版了《丁绍光西双版纳白描写生集》。29幅精美细致的佳作，来自他别妻离子为期40天的三进西双版纳之行。复出的张仃先生受文化部委托主持新建的北京机场候机楼壁画的绘制工作，第一个被点到名字进京的就是弟子丁绍光。为搜集创作素材，丁绍光走村寨、穿丛林，写生在三四月间的流沙河畔，18幅热带风景画、11幅西双版纳少数民族村寨生活的白描图一气呵成。他的画室是河畔的蕉叶棚，是路边的“鸡茅店”。他的画笔是根据傣族人的写字工具而精心制作的竹笔，用的画纸是平滑光洁厚实的铜版纸，他在纸上施以重墨，他在墨里融入深情。创作激情之高令人难以置信，像是一块高压高产大油田钻到第一口探井的第一次震耳欲聋的强力试喷！

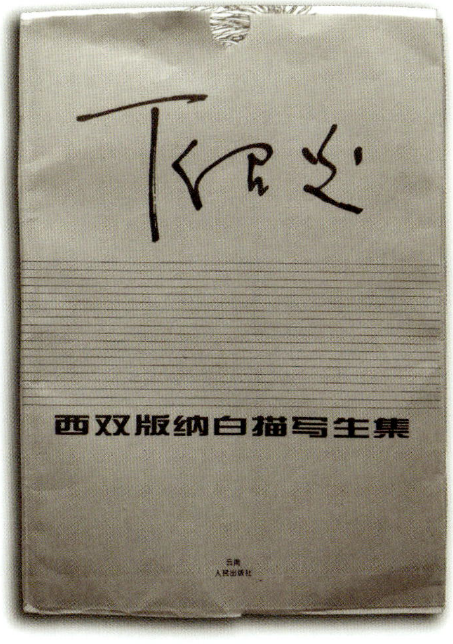

《丁绍光西双版纳白描写生集》

“香蕉芒果人家绕，林密藤多书狂草。最是竹楼惹画师，傣家少妇肢腰俏。”当今中国画坛学贯中西的吴冠中大师，当他捧着丁绍光的白描集，就把自己的这首诗写在为之作的序言里，诗里通篇是爱和赞——

爱他的白描，“气势磅礴，韵味深长，寓精微于粗犷，织疏密成块面……予人美感，具

有性格……”

赞他的白描，“只有一条线，长缨在手，缚住了版纳的美感。”

好评如潮。

丁绍光白描画集的出版，同时带来的还有可观的经济效益。废止十多年的稿费，“春风吹又生”。作家、艺术家的劳动价值被重新允许用稿费形式来体现。年近40岁的丁绍光有了半生最大一笔进款600元人民币。从邮局取款回家那天，张达喜觉得是家里搬进一座“金山”。绍光给岳母买回一件40多元的衣服，老岳母用手摸了半天还是舍不得穿在身上，最后挂起来，有人来，老人家就拿出让别人看看女婿的一片孝心。

“有机会一定出去。”绍光和达喜又商量起来。这时的达喜心里已有微妙的变化，一贯的夫唱妇随也出现了不和谐音。她对“出去”不再积极，假设出去了，她也说：“如果你们家里很有钱，我也不要寄人篱下。”

一年后，丁绍光果然有了出国机会，他到达洛杉矶不久便给留守的“熊猫”来过一封信，头一行字就是：猫，你不是说你不要寄人篱下吗？我到这边后是无篱可寄……

张达喜也有极佳的记忆力，记得恋爱中说过的蠢话，记得爱情中许多神话般的美好细节。记忆犹新的是夫妻俩讨论到出去后何以为生时，她记得丁绍光像举一块砖头似的举起白描画册，然后又抓起一把画笔擎到半空中，很自信。

6 那时的家像个招待所

因为画的缘故，丁绍光向张达喜走来；

同样因为画的缘故，丁绍光从张达喜身边走开。

展开在画面上的故事是美丽的，不准备接受喝彩的故事却隐在画的背后。

对这一个时期张达喜有自己的回忆，她说：“我们结婚时，绍光还不能画画，我们整天厮守，能从绍光身上得到爱，我就足够了。等到他能够画画了，绍光就对我说，你带着孩子出去。一大早起来，我到哪里去呀？”

“高兴上哪里去就上哪里去。”绍光说，“反正你不要太早回来，你带着孩子回来我就不能画画。”张达喜说：“是呀，是呀，那时我们住房非常拥挤，我就带着孩子满街地转，我能上哪家去？人家都有事。饿了等，累了等，我们等在外面，让他一心画画。他画起画来，我们这个家就不存在了。他画里的竹楼才是他的家，画里的树才是他的儿女，画里的鹤才是他的爱人，我越来越感觉昨天看到的那个男人不是他。孩子要洗澡了，你敢叫他放下画笔帮一把手吗？不敢，你得当心他把炉子上的开水，

迷迷糊糊不是冲在盆里，就是淋在孩子背上。有人说爱情也许是盲目的，可是面包却让你嗅觉灵敏。绍光画起画来，面包也不能让他有嗅觉，有那些红红绿绿的颜料，他就饱了。”

“我这个人又不爱把话讲出来，闷在心里挺难过的。有时，想一想就想哭。有时候，晚上睡觉，偶尔他翻过身来抱我一把，摸到我脸上有泪水，‘哟！怎么啦？猫？’他完全不理解。后来我就对他说，‘你是有我无多，无我不少’。说了几次，他就烦了，‘你要我怎么样？已经结婚这么久了，还要成天搂搂抱抱？’我说‘绍光，我不是成天需要搂搂抱抱，至少你不要让我感觉在这家里我是多余的人，是你不需要的人。你不需要我，也不需要孩子，你只需要你的画！’”

真正圈养在动物园里的熊猫，也不只有温顺可爱、憨态可掬的一面，饲养员也随时提防着哪一天突然发起脾气来。不过，张达喜不发脾气，就会自个儿闷坐在一旁流眼泪——生自己的气。她想起当年一个高年级女生看过她“手相”，一副泄露“天机”的样子，那个女生神秘兮兮地嘱咐过“猫”与所爱的人如果分别三天，你的对象想念你的时间不足三小时，那个人就不适合做你的爱人。她把这话告诉正在作画的丁绍光，进入了状态的画家头也没回地说了一句话，“我一天工作八小时，睡眠八小时，休息八小时。猫，休息我就免了，这八小时用于想念。”玩笑话。“熊猫”心里想，如果真是这样，该有多好。事实上，他一画起画来，那休息的八小时从来就是一张不能兑现的空头支票。画，就像插足进来的第三者。不不不，这个比喻不够恰当，不要说热恋那阵子画是绍光唯一能显露才华的地方，她是连人带画一起深爱的。噩梦醒来是早晨。在20世纪70年代最后三年，丁绍光能够重新提笔画画了，那画就像她家的儿女似的一个个呱呱坠地，她的爱是让画家画一样的儿女和儿女一样的画共同分享的。就是越来越感觉画家有了画就够了的时候，她也没有迁怒过这接踵而至的爱的竞争者。就在1984年张达喜被早去四年的丁绍光接到美国，画家远没有大红大紫，以卖画为生，是出一张卖一张，天天都盼望有顾主上门，有一张新作要出手了，又总是夫妻俩一起动手打包装箱。这时达喜的感觉是当妈妈的要送女儿出阁。绍光一见她眼眶潮湿了，总会说，“快送走吧！我下一幅会比这更好！”丁绍光永远只看前方，什么时候也如此。而张达喜抱着画坐在车上，总是迟迟下不了车，她对绍光说，“我们这是在卖儿卖女啊！”

世界上的艺术家，这里指部分男性艺术家，不知是谁恭维过这样一句话：懂得谈恋爱，不懂得结婚。

有一段时间，在丁绍光埋头画画旁若无人的时候，张达喜悄悄地翻看了一批名人的传记。就是在云南的岁月，丁绍光家里也会有这样的书。她翻过世界画坛的“星星王子”米罗，画出宇宙灵魂的克利，迷狂的绘画天才蒙克，为绘画而活着的雷诺阿，塑造永恒生命的罗丹，以及毕加索等人的传记。被她从第一页读到最后一页的是大科学家爱因斯坦传。在艺术界几乎没有找到，而在科学界终于找到爱情和事业兼有的一个美满幸福的家——爱因斯坦的家。

张达喜和丁绍光也曾共同搭建过这样一个家的雏形——还是不能够画画或者说是充分施展才干、自由地对着画纸倾诉心中感情的时期。但丁绍光已经在学院重新执教，也可以在社会上参加活动。事业上说不上什么大进，但在朋友中威信渐渐升高，他渊博的知识和领导才干、超前的艺术观点和天生的慷慨为人，让他的家在不短的时间，很像是一个平民艺术家的“沙龙”。那时的张达喜也认为做丁绍光的太太是“蛮好的”，她戏称那时的家“就像个招待所”。她说：“每天7点钟起床，把门打开，人就进来了。每天家里都有人，何能、姚钟华、蒋铁峰、戴广文、刘绍荟……后来成为他们‘云南画派’的好多名人都来‘侃大山’。他们都很年轻，都充满抱负。绍光更是显得精力过人。我除了烧水、买烟，就坐在一旁听，饶有兴趣地听。每天都听到眼皮打架实在睁不开了……第二天起来，到处是杯子，遍地是烟头，满屋是烟味……”

丁绍光脱口而出：这是农民起义领袖，洋法家。当时正在“批林批孔”。“法家”即革命派的同义语。一张洋面孔，骨子里是造反派。没问题，大家点头，同意解放。

7 解放石膏像

“绍光这人心好！”达喜在背地里夸丈夫，常用“心好”这个词。富有同情心的丁绍光经常干出一些别人怎么也干不出来的事，这事让他的同情心碰上了，就火花四溅。事情发生的时候，让家里的张达喜心惊肉跳；事情圆满收场后，在学院的教师学生中间又添了一段美谈。

譬如那个云南艺术学院的“石膏像专案工作组”吧。“文革”以来“专案”特别多，工作也特别多。把你打成“反革命”是专案组的工作，揭你头上戴错的帽子，纠“反革命”的专案组一换牌子成了落实政策专案组。全中国独一无二的“石膏像专案”，却是让丁绍光的同情心惹出的一桩令人忍俊不禁的“另案”。

大约在进入20世纪70年代中期，“文革”中关闭的大学重又开门。录取没有参照学科考试的分数线，有的只是家庭出身、政治表现这条录取线。从敦煌、麦积山逍遥游回校的丁绍光在被允许重执教鞭的时候，出现在讲台下的学员都是被保送来接受高等教育的工农兵。他们当中的大多数，普遍有一种优越感。当他们跨进校门、教室门，面对着黑板像掉进了无底的深渊，无边的黑暗。世界在他们面前变成了一个未知数，他们在教师眼前也是一个个未知数，紧跟着是愈来愈多的自卑感开始吞噬优越感，一部分或者大部分学员转向对知识的寻求。丁绍光适应新的教育气候，也逐渐受到欢迎。最初的欢迎是谨慎的，就像他上课时也格外谨慎小心一样。像“文革”前那样大讲毕加索、马蒂斯已经变得十分危险。工农兵学员不像从前的学生，也不像从前的自己进校时已有扎实的功底，他选了几位学生私下开过“小灶”，结果发现他们也不能领会先前讲授过的许多观点。因此丁绍光只能在课堂上不越雷池半步——讲授一些写实主义和传统的国画技法。而自己则在晚上闭起门来，悄悄尝试现代主义，并和以往一样画完一张烧掉一张。

待人真诚的人都是极富同情心的，尤其是对弱者。丁绍光视他们为弱者加以同情，认为自己在参与一场骗局，浪费他人的时间，就如在谋财害命。上大学学美术连石膏像都没画过一张，他认为这是不能容忍的。他想到他们难以靠画笔吃饭，不能当画家；他没有想到其中有些人靠文凭可以去当“官”，因为“官”是最容易当的，甚至连笔都不用动。前景堪忧。丁绍光终于行动——找到学院工宣队、军宣队的门上，他们是当时学院的最高领导层。学生们也支持丁老师适当画一点石膏像、加上几堂临摹课的建议。“最高层”有点吃不准，主要担心是石膏像的内容。于是就成立了“石膏像专案工作组”，重新审查评价石膏像，并任命

基督耶稣

维纳斯

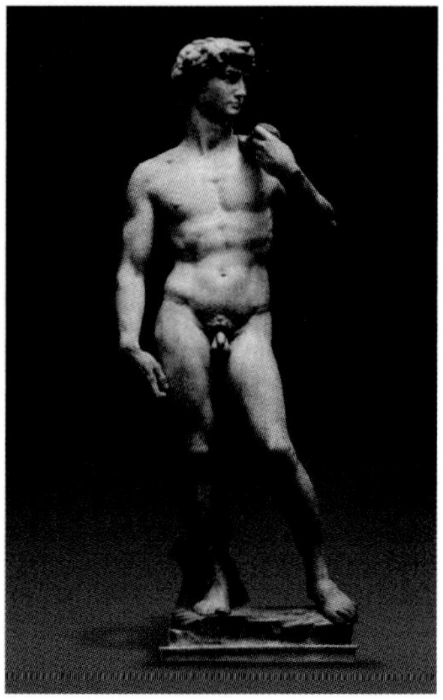

大卫

丁绍光为让朋友和张达喜都心惊肉跳的组长。

封闭多年的“石膏房”，终于成为“解放区”。

工宣队、军宣队和几位政治可靠的青年教师都来参加审查石膏像。定性结论当然由组长说了算。这点“权”抓在手里，丁绍光当然不肯放弃。好像麦积山石窟洞开的瞬间！他感觉。

第一个过堂的是一尊基督耶稣石膏像。

丁绍光脱口而出：这是农民起义领袖，洋法家。当时正在“批林批孔”。“法家”即革命派的同义语。一张洋面孔，骨子里是造反派。没问题，大家点头，同意解放。

第二个、第三个、第四个……

丁绍光真算得上是一个天才，一尊尊石膏像都被他信口雌黄了一个个名字。那是一个个非常好听的名字，一个个非常动人的出身。照丁绍光自己的话说：“我当时是见一个石膏像就乱编一通，反正把过去电影里、小说里看过的、记住的都用上了。什么烈士、什么卫士、什么护士，统统都用上了。”老师全都笑得捂住嘴，幸亏躲在工宣队、军宣队背后，没让人注意。最后剩下一个“维纳斯”，一个“大卫”，两个裸体。老师们全都溜出门去，丁绍光也遇上了难题。他突然想起杭州美院出的小报，他们批判“大卫”是男流氓，“维纳斯”是女流氓。对不起了，罗丹先生！对不起了，爱和美的女神——阿佛洛狄忒。男裸体是男流氓，女裸体是女流氓，丁组长只好不徇私情。在宣布学院的石膏像一个不砸，通通解放出来，让学生们去画的时候，他不得不借用小报的语言，当着工宣队、军宣队的面宣布把那一对裸体男女重新监禁起来。让人想不到的是，“维纳斯”结果让人抱着跑了，日后还为此闹出个笑话。他媳妇从乡下来探亲，竟把摆在宿舍里的“维纳斯”穿上了衣服。丁绍光一直记得那人抱走“维纳斯”时说的话：“你们不要，我要！”他也一直记得回到教研室，同事们还在对他取的名字大笑不已。但连维云老师很愤怒。这个印尼归侨，与他同来云南艺术学院的几个印尼华侨学生不堪侮辱先后自杀，他算挺过来了。他画画得很好，曾是大画家司徒乔的学生，比丁绍光年长，批评起人来火气很大：“丁绍光，丁绍光，我以为你是个有文化修养、受过良好教育的人，可现在我认为你根本没有什么文化修养。你为什么干这种傻事？给那些雕塑取那些可笑的名字是愚蠢的行为！”丁绍光答道：“不这样做才是愚蠢的，如果我不那样做，学生们还有什么可画的？！”

8 在夫妻关系踩了刹车的时候

倒不完的茶水，飘不散的烟味……

永远留在张达喜记忆中的，是丁绍光和朋友们不见不散的夜夜长谈……

“他们谈美术上的事，永远没有完的时候。批评学院派写实主义的条条框框呀，毕加索如何，梵高如何，马蒂斯如何，文艺复兴时大师们如何精彩，中国近代的石涛又是如何的了不起，石涛的画论又如何与现代大师的理论相似，等等。后来他们想在中国发起一场现代艺术运动，搞了一个民办艺术团体‘申社’。我也是在一旁担完了心，又往他们身上鼓劲的呀！我亲眼看见绍光那时还不能画自己心里想画的，干预太多，画的什么植物，有什么经济价值都有人过问。我记得绍光有一回大发牢骚，为的是画家们被弄去现场表演，三四个、七八个画家一起画一张画。这个画一方石头，那个画几茎竹子，那个画几只飞鸟几朵鲜花，应酬完了，一顿酒足饭饱。绍光跳到桌子上，痛斥这种违反艺术规律的表演性绘画，是糟蹋艺术，是庸俗。绍光需要支持，需要理解。那段时间，我不能完全理解他，但我是不理解也支持他的。”

是的，理解的支持，不理解的也支持。有谁见过张达喜把到家里来“侃大山”的朋友拒之门外的？没有，一个也没有。其实，丁绍光家的经济十分拮据，招待朋友的茶叶，一个月都得喝掉好几斤。照达喜的话说，那时候是“吃一碗面是一碗面的钱，吃一顿饭是一顿饭的钱，炒菜的盐巴、烧水的蜂窝煤都是计划经济”。艺术不能当饭吃，吃饱了才能谈艺术。到了月底怎么办？就常常向“婷婷的银行”借钱，女儿丁婷的存钱罐里总会有一点压岁钱之类的散碎银两，从没有过存折的丁家，唯一有这么一个急救站。达喜抱怨过吗？抱怨过！抱怨的不是钱的入不敷出，抱怨的是丁绍光画背后的情爱故事。她思想单纯，却活在一个并不单纯的世界里，丈夫和儿女就是她具体生命的意义，她当然有用抱怨来表达这一切的权利。达喜越来越发现她在绍光生活中不足8小时，分别3天思念不足3小时，连30分钟也不足。她是在一个昆明的雨天测试出来的。她说：“那天，我们歌舞团正在演出。到散场的时候，大雨都还在下。团里的女演员，谈恋爱的，当然不说了，钻到伞底下就走了；结了婚的，即使晚来一步，也是让先生接回家去的。唯有我回家是个落汤鸡。把门一开，满屋的烟，看不清谁是谁，他们还在高谈阔论，什么线条，什么色彩。我不进门，他们连外面下雨都不知道。有几次，骑自行车回家，路过一个小山坡，总被人挤了下来。有一次还跌到山坡下，回家就哭了。何能见状问：‘熊猫怎么啦？为什么哭？一定是被欺侮了！’绍光一边盯着他的画架，一边说：‘遇上坏人啦？怎么可能？！’何能才说董景霞（何能的太太当时也在云南省歌舞团做舞蹈演员）演出回来也让人欺侮过，幸好周围有人。后来，改乘公共汽车，下车还要摸黑走十几分钟才到家，一路紧张得不得了。像这样的情况，人家都有先生接，我没有。我的先生在画画。”

“有时候，我很自私地想，还不如前几年他不能画画，那时我觉得过得很幸福，因为有先生爱我，等他能画画的时候，我就没有先生了……”

1980年5月，张达喜在昆明遥遥挥手送别飞出国门的丁绍光。

1984年8月初，丁绍光在洛杉矶航空港迎来赴美团聚的孩子和妻子。

“你必须看着我，看着我就高兴”——张达喜依然是当年的张达喜。

“我这个人整天脑子里想的是我的画。我的艺术很重要。我要在世界上立住脚！”——丁绍光到了美国，是急于在世界立脚的丁绍光。

两人的想法像开在洛杉矶不同编号公路上的车……

1986年，丁绍光和张达喜长达18年的婚姻关系在平静中画上了休止符。

是谁说过？还是根本没人说过？生活的车轮从来就是这样运转的。当真正的爱情在夫妻关系踩了刹车的时候，它还将继续向前滑行一段，对男人、对女人都是一件麻烦事。这麻烦是因为当初的甜苦都是共同的经历，是甜是苦都将进入人生的记忆。而记忆是要跟随人向前滑行的……

离婚后，丁绍光的情倾注在画里；

离婚后，张达喜的爱转移向宗教。

他们在滑行中保持的关系，既不是爱人，也不是敌人，而仍旧是朋友。

第七章

京华来去

云南画派露曙光

1 众星汇集首都机场候机厅

1978年，“文革”中饱经磨难的张仃复出后不久即应邀负责第一个重要项目——装饰北京机场。装饰开放的窗口，壁上的大画可以使冰凉的空气顷刻间变得温暖如春，使苍白的面容因阳光飞溅瞬间变得云涌霞奔，使眼神困倦的旅人们为眼前展开的开放世界立即亢奋起来……

张仃《哪吒闹海》

袁运甫《四川山河》

张仃接手了新建北京机场的壁画创作工作，尽管这项目要完成重大的主题性背景，但幸运的是规定题材是他喜爱的，也是最为擅长的。丁绍光也是通过他的老师首先对少数民族这一题材产生的浓厚兴趣。外国艺术评论家同时也注意到了：“20世纪30年代起，世界艺术的焦点集中于民间传说，在中国则是对少数民族的研究，而且包含了爱国主义的情愫。对于20世纪七八十年代的画家来说，少数民族题材提供了幻想的素材，使艺术家有机会逃避政治现状，思考理想化的生活方式。欧洲人尊重美国‘高贵的野人’，同样中国艺术家也认为少数民族人民比饱受政治沧桑的城市居民过着更安宁、更自然的生活。描绘他们或他们的生活习俗就是描绘自己的乌托邦。”复任中央工艺美术学院院长的张仃，旨在重现中国的壁画艺术，“帅”印一挂，自然是雄心万丈。他对国内众多青年艺术家的装饰画能力了若指掌，将调集精兵强将来京华大展宏图。首先联系的是昆明，他指名请来北京携手合作的就是丁绍光。

丁绍光对机场壁画的前景十分振奋。整个候机楼将安置七幅令人耳目一新的大壁画，至少要有一个厅是要创作反映云南少数民族的画作。丁绍光一到北京，举目一看，张仃身旁将星云集，生于1939年的丁绍光此时只能是一名“小将”。张仃创作《哪吒闹海》、袁运甫创作《四川山河》、肖惠祥创作《科学之春》、张仲康创作《参天大树》、李化吉与权正环夫妇俩创作

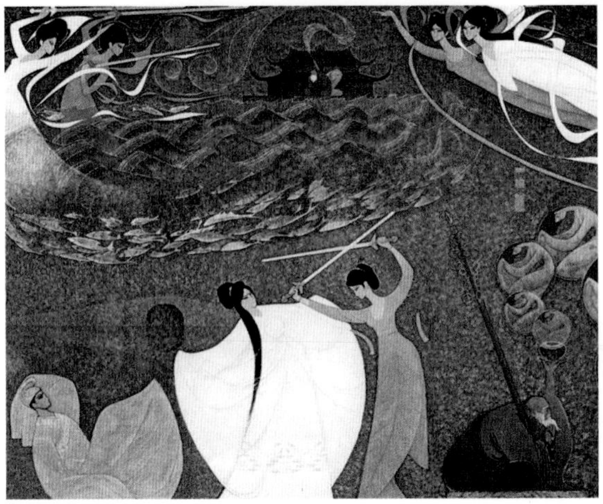

肖惠祥《科学之春》	张仲康《参天大树》
李化吉与权正环夫妇《白蛇传》	祝大年《森林之歌》

《白蛇传》，而另一位参加机场壁画创作的画家祝大年，曾和袁运甫先后是丁绍光求学时代的系主任，在画坛上早已是身手不凡的名宿。《森林之歌》由祝完成构思之后他和助手在三千片陶瓦上创作此画，然后去江西景德镇一座历史悠久的大瓷窑中烧制而成。

非他莫属——主帅张仃和诸位大将一致认定。丁绍光既是云南画家中的佼佼者，积累丰厚，十六七个春秋的边疆生活在青年艺术家中更是难寻第二人。新组合的创作班子中，多人都先后去过云南和敦煌。肖惠祥待在云南的一段时间，还参加过丁绍光家中的艺术长谈。学长袁运甫不仅自己与丁绍光早有交往，十多年前就把当时在中央美术学院学画的弟弟袁运生介绍给丁做好朋友，他欣赏丁绍光的才华不亚于对富有才华的兄弟的欣赏。他毫不掩饰心中的喜悦，认定丁绍光的到来必将为新生的中国壁画带来新的收获。祝大年也曾在云南和丁绍光共同度过一段时光，此次创作的《森林之歌》，其灵感就来自西双版纳的一条丛林小河。

“天时地利人和”，好作品成功出现的要素一应俱全，丁绍光被委以创作机场壁画云南少数民族题材部分的重任。张仃已不再是暗自心喜，而是喜形于色。丁绍光接下任务，扭头

1978年夏，张仃（左）在首都机场壁画《哪吒闹海》绘制现场

便下去生活。一贯强调山水游历和写生，毕其一生将中国传统山水画相对薄弱环节予以弥补的张仃，展望丁绍光三返西双版纳之行其新作必将成为来年共和国三十周岁华诞大庆之日首都窗口上的一个亮点，也必将是新时期壁画艺术一幅可圈可点的成功之作。老学生有足够理由使师长信任。

1979年3－4月，丁绍光埋头在流沙河畔，脱皮掉肉整整画了40天，可见他为这幅壁画准备素材付出的心血和才华。“一条线缚住西双版纳的美”，是他笔下功夫；“活出个精彩的人生”，是他锲而不舍的心之追求。近是为画准备素材，远是为如画人生的一次素材准备。成名成才之路，丁绍光走到入口处。

1979年北京机场新建候机楼在共和国三十周岁华诞的大庆之日，如期举行了隆重庆典。预留安置丁绍光巨制的墙面上，却是大型壁画《泼水节——生命的赞歌》，作者：袁运生。

此画占了餐厅的两面墙壁。描绘的是云南傣族民间喜庆新年的热闹场景，西双版纳开满鲜花的绿色丛林，开屏的孔雀，一百多个傣族男女，姿态各异，与鹤共舞，逐水欢歌……

——一幅绚丽多彩的民族风情画；

——一幅民风淳朴的傣家沐浴图。

2 不是临阵退却，而是“因故”返滇

此画一出，画前画后全有了故事。

一件美术作品，能引起神州大地、举国上下的共同关注，海内外舆论一片沸腾，对后人们说来是完全不可思议的事。不可再现的“轰动效应”毕竟因壁画《泼水节——生命的赞歌》的横空出世发生了。作者袁运生始料不及是“祸”“福”双降，“苦”“乐”兼收。“祸”是大祸临头，是好是坏？是鲜花是毒草？对袁运生的壁画两种意见尖锐对立，在爱情尚是中国文学作品的禁区、“床戏”和“吻戏”在中国银幕上还属黄色镜头的时期，“泼水节”竟然泼出了两个裸体沐浴的女子，“生命赞”竟然赞颂沐浴洗发的傣家少女胴体的美丽。12年之后，虽说壁画《泼水节——生命的赞歌》又若无其事地对外开放，在北京的窗口上以清姿亮色笑迎四海宾朋，但谁都知道，它出现不久即用大木板严严实实遮盖起来，为的是不让观众看到。因壁画遭批判，被冷冻起来，作者袁运生因祸得福，最初是被吓了一跳，

袁运生《泼水节——生命的赞歌》局部

尔后是柳暗花明，犹如打了一回免费广告，一时名扬各地。

大悲大喜没有对丁绍光造成直接冲击。在壁画开始制作的好几个月前他已回到昆明家中。壁画如期在北京问世，他为朋友的新生一连干了三杯，喜悦之情真如那时一首歌儿唱的“胜利的十月永难忘，杯中洒满幸福泪”。紧接着却从北京传来壁画闯下大祸的消息，丁绍光心中十分后悔，自责不该忽见久雨之后云缝里漏出的阳光，就以为是春天来了，脱了棉衣就往门外跑。殊不知3月还有桐花冻，倒春寒还会让你伤风感冒倒床好几天。为朋友的命运，丁绍光非常关心这场“倒春寒”究竟会酿出个什么结果来。如果真是一枚苦果，他已经做好了迎着滚滚寒流挺身而出的准备。当时中国的文艺界，“十年浩劫”之后虽然人人心有余悸，但普遍认为冰霜已开始解冻，春天已经不远。丁绍光也就在张仃面前接下了非他莫属的创作任务，并竭尽全力去完成使命。

袁运生的画不仅主题正确，且画得十分隽雅。在画的一角，要不是他犯险在沐浴的欢乐人群中，特别熨帖地勾勒出两个裸浴的少女，怎么能让这支生命的赞歌真实地唱出人们获得自由与新生的喜悦？袁运生更是清楚，他在《泼水节——生命的赞歌》中运用的题材和风格是受了在云南和丁绍光共同度过的那段时光的影响。丛林的原型是丁绍光西双版纳风景画中那茂密、细嫩的树叶……对傣族人民无拘无束的纯朴生活，他们畅谈过如何在艺术中运用一种无意识的手法加以描绘，他们共同回忆起墨西哥壁画家西格罗斯和里维拉描绘墨西哥农民日常生活的生动画卷，以及敦煌壁画和线条的运用。袁运生创作的庄重、变长的人物和丁绍光作品一样，融合了敦煌艺术二维平面的人物和马蒂斯及莫迪安尼创作的没

有景深的平面人物。他是借助这些风格手法，在壁画中再度创作出了丁绍光曾经介绍的热带美景。

袁运生成名作的遭遇，带给丁绍光的惊吓是深刻的。繁荣艺术创作需要的自由空间，“百花齐放，百家争鸣”的许诺毕竟有兑现的一天，突然又像梦一样缥缈、遥远……十年一梦，再过十年又一梦！一个艺术家有限的生命，经得起几个延长期，一次复一次的望眼欲穿？

幸好不是十年，也不是五年，中国人手中毕竟有了一把“实践是检验真理的唯一标准”的尺子，一场风雨不仅没有把《泼水节——生命的赞歌》从北京机场的墙壁上剥落下来。袁运生的作品正如当时出版的一本文学合集的名字，成了画坛上“重放的鲜花”。无独有偶，这也是一曲“归来的歌”。画的作者本人就是一个“归来者”，早在20世纪50年代后期求学中央美术学院时，他与中央工艺美术学院的丁绍光曾是亲密无间的朋友。戴上“右派”帽子之后，便被从北京流放到东北，他长期过着困苦的生活。

大壁画《泼水节——生命的赞歌》背后，丁绍光助友的故事是一个放进中外文朋诗友真诚交往的美谈中都毫不逊色的故事。

这故事令人想起一个多世纪以前、一直在文坛传为佳话的“普希金提携果戈理”的故事。当果戈理还是一个只能写一些小东西换取薄酬，以支付妹妹学费和支撑自己病体的文坛小卒时，早已大名鼎鼎的诗人普希金发现这个人“具有猜度一个人只用少许几笔就能勾画出他的整个形象，使他显得栩栩如生的才能”。并认为“这种人不去写大部头，简直是罪过”。于是，他将自己准备用来写一部史诗的题材给了果戈理。这就是《死魂灵》的题材。这是一部使世界从此知道文学巨匠果戈理的巨著，而果戈理另一部名扬天下的《钦差大臣》，其构思也是普希金在果戈理急需出名时慷慨奉献的。

丁绍光在北京机场即将开工的壁画前突然消失，是他玩了一个“把戏”。日后他对美国画廊也有类似的“因故”缺席——画展临到开幕了，主角丁绍光突然有个什么不得已的理由请求把他的作品换下来，然后就给你荐人荐画，让“替补队员”上场，朋友们的作品因此就有了一个被人认识的机会。事成之后，他会满脸都是喜悦地拍着你肩头说：“怎么样？向前跨一步，机会就来了！”当年，事实上并非老岳母病危在昆明，非要他回去当孝子，而是他非要好友袁运生，这个沉冤多年的袁运生，有这么一次应运而生的机会。而当时的丁绍光也是受压多年，苦盼出名多年，在机会到来的瞬间他却一拍屁股让出了那可以让自己光芒四射的席位，以换取受尽苦难的朋友回到艺术主流社会的机会。丁绍光朋友们画的背后，不止一个故事在诉说丁绍光为朋友们付出的情和爱！

丁绍光遁回昆明后不久，迎春的鞭炮声便把20世纪80年代送到了翠湖之滨。

有人说："我不多想了，回家让老婆把孩子生了。"有人说："将来有机会到故宫参观一下就行了。"

3 筹备昆明画展集体亮相

人往老年路上走，你会发现能够称得上朋友的会越来越少。

回过头来看年轻时候，你会发现朋友像城市里的街灯，走出几步就亮出一盏来。朋友与朋友像街灯与街灯相互照耀。它们都知道仅凭自己那只灯泡的亮度，不足以辉煌，如果互相拉扯起来形成一条灯链，就是不能不引人注目的风景线了。

一个人到老了的时候，往往就想能重新年轻一回有多好，你会发现许多话没有说出来，没有说够，或者没有条件说，或者别人不让你说。青年人谁不喜欢成群"浪打浪"？几个知心朋友聚在一起，梦都可以拿出来互相交流。

在20世纪70年代"文革"中的昆明"武斗"最厉害的时候，不管外面打得如何乌烟瘴气，丁绍光留守学校的唱片室，和姚钟华几个都很年轻的朋友一边听着贝多芬的交响乐唱片，一边畅谈理想。有人说："我不多想了，回家让老婆把孩子生了。"有人说："将来有机会到故宫参观一下就行了。"就像诗人郭小川笔下的老战士，在敌后的"青纱帐"里谈出个十分动人的理想："'革命'胜利后，狠狠心每天抽它三支香烟。"丁绍光突然道出心愿，"将来我要到美国去！"顿时吓了大家一跳，共同的反应是"你做梦！"这话是大白天说的，当然就是白日梦。

丁绍光在谈及1976年到1980年这段时期时曾说：就我们的思想而言，那段时期尤为重要。"四人帮"垮台后大家兴高采烈，中国重新有了希望。就在那时我们谈起成立一个艺术组织，但我想那时我们所追求的是政治力量，而不是艺术力量。

1979年春，当这个艺术组织初见眉目的时候，姚钟华瞅着丁绍光和朋友们又是起草宣言，又是准备昆明画展集体亮相，编印宣传小册子，忙得人仰马翻，累得欢天喜地，便说："想得起吗？你这梦做了多长时间啦？""16年！"丁绍光不假思索，张口就答了出来。16年前，即1964年，丁绍光从北京分配到昆明不久，他就向姚钟华透露了这门心思，受他的老师庞薰琹等年轻时候就曾结社啸聚一时的影响。但"文化大革命"使他们有梦难圆，圆梦的计划没有被揭发出来，冤狱丛生的中国少铸了一副镣铐，纯金一般的友谊经受住了烈火的考验。16年间，西南边疆"无心插柳柳成荫"结结实实聚集了一批美术界的新生力量。那时的青年一代，差不多都是用"理想主义""英雄主义"的乳汁喂养大的。一张女拖拉机手的宣传画，可以让一群又一群年轻女学生剪掉脑后黑油油的长辫子争相报名去了北大荒；诗人闻捷的一首《吐鲁番情歌》，让不知多少小伙子为了那"葡萄甜，泉水清，吐鲁番的姑娘美丽又多情"，把新疆填到志愿书上；一首《勘探队员之歌》，山谷的风不仅"吹动我们的红旗"，更吹开了青年一代理想的风帆。具有浪漫情怀，像丁绍光那样为"美丽丰富神奇"

丁绍光的回答更干脆："我做人要问心无愧！"当时压得他很厉害，直到压成个"现行反革命"。

志愿前来彩云之南的艺术同行自然不少。《山间铃响马帮来》《五朵金花》在电影院里一放，比现在职介所、人才招聘会的海报魅力不知大出多少倍。边地自古就是"充军"流放人的地方，换个说法叫"下放"：西南边陲这一角也就来了一批又一批因政治原因、家庭出身问题，需要在艰苦生活环境里继续改造的对象。这当中大有报国无门之士，更不乏才华横溢的青年艺术家。之所以朋友们后来目睹那部《野性非洲》电影纪录片里万里迁徙的牛羚阵，把"头羚"的形象扯到丁绍光身上，确实是因为他20世纪60年代初就先行一步来到昆明，自然而然扮演了"头儿"的角色。渊博的知识、艺术的热情、慷慨大度都使他"头儿"的魅力大增，从天性里分泌出来的诸如强健、刚烈、耿直、疾恶如仇一类的东西，相当自然同时又真诚地流露出富有正义感和责任心的艺术家特有的良知和骨气。这就是老友何能所说"大家被他性格所吸引"。只有亲身经历过中国那场史无前例政治运动的人，才知道何谓阴谋？何谓挑起群众斗群众？何谓大字报火烧百分之百？让丁绍光充分显示出人格魅力的是他在"文革"中没有写过一张揭发他人的大字报！云南艺术学院的同事中，有一个叫广文的为大字报的事专程找过丁绍光，问："我写你的大字报，你看过没有？"丁绍光回答干脆："没有！我真没看！"后来工宣队进校领导运动，对丁绍光说："你是个直性子、炮筒子，广文比你年纪大，他已经揭发你很多了，你应该写他！"丁绍光的回答更干脆："我做人要问心无愧！"当时压得他很厉害，直到压成个"现行反革命"。一个字不写，一篇不写，一个运动不写一张大字报，为问心无愧甘当"反革命"！尽管有个别的朋友，当"申社"的成员画家何德光发言冲口而出将丁称作画派的精神领袖时，旁人有过异议。但事实上，丁家长期成为朋友们的聚会地，内心早就承认了他的"头羚"地位。

"当时无法举办画展或召开会议，交流思想唯一的办法是悄悄相聚……丁绍光的斗室里只有一张充当画案的桌子，没有椅子。几乎是天天晚上，星期天、节假日，都没有轮空过。丁绍光真能讲！他总是高谈阔论，大家都爱坐着听他讲。"没有椅子，人往哪里坐？只能是地上。丁绍光发表热烈的演讲就站在家中的桌子上。这是"申社"成立前的一幅白描图。回忆者是画家何德光之妻骆文芝和画家何能之妻董景霞。她俩和张达喜一起轮流给大伙烧水倒茶，既是旁听者也是参与者，为的就是她们先生和朋友们多年前就有的那个在中国发起一场现代艺术运动的梦……

在"四人帮"倒台后，中国大陆结束了8亿人看8个样板戏的时代。新时期由云南美术家自发组织的民间社团组织"申社"，应该说是在丁绍光和朋友们多年艺术夜谈中完成了理论准备，也是在张达喜回忆中那"满地是（茶水）杯子，遍地是烟头儿，满屋是烟味"的斗室里完成了集团冲锋的准备。

丁绍光回忆“申社”：二十多位会员实际上是我们自己选择的。我们不希望人人加入。如果艺术家讲究的是功利，而不是献身艺术，那么我们就不吸收他。艺术家加入“申社”不一定要画现代艺术，画他喜欢的就行。因此“申社”的二十多位会员当然不是同承一脉的。大多数会员有自己的艺术观，我们的共同之处是渴望随心所欲地创作，自由参展，不去迎合潮流需要。我们每个人都追求个人艺术自由。我们不关心某人的政治背景，只关心个人的艺术长处。这也是何能先生所说的成立“申社”另外一个主要原因，是为了不让功利色彩影响我们的艺术。

除了大环境的改善，促进丁绍光再次萌动聚众呼啸的愿望，还有相继发生的两件事情对“申社”出世起了催生作用。

1975年，丁绍光、何能等参加云南省文化厅组织的一次观摩学习活动，到因创作泥塑《收租院》红极一时的重庆市美术界取经。在此之前，昆明的艺术家与国内其他艺术团体基本没有什么往来，信息十分闭塞。结果在切磋交流时，他们才发觉自己的艺术观点是反传统的。这些年来云南不显山、不露水，竟然蛰伏着一批让人望而生畏的离经叛道者。在公开见面的座谈会上，丁绍光和大家一起鬼扯什么与工农兵结合的经验；到了画家们的家中，酒杯一端，亮心亮肝，私下才说到艺术，讲了真话。对丁绍光相当前卫的艺术思想，反对的有、赞同的有，不仅接受而且佩服的更是大有人在。囿于学院派写实主义条条框框的同行们，称丁绍光从边疆吹来了一股清新的风。怎么把微风吹成大风，吹出一种新画风，吹得中国画坛风满楼，他再次想到了群团的力量，想起了滚雪球……

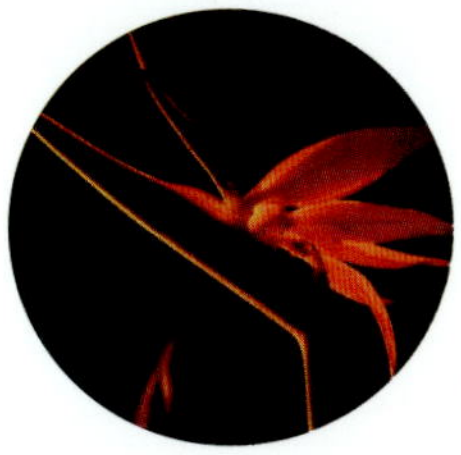

“我们是太脆弱了！”北京机场的壁画事件之后，丁绍光不禁喟然长叹：“简直是弱不经风！一支笔，人家想折就折；一张画，人家想盖就盖。我是十支笔、百支笔捆扎在一起，我是百幅画、千幅画铺天盖地地奔过来，成了潮，成了流，管你夔门险还是巫峡雄，一出西陵峡，众水尽朝东。”丁绍光在1979年从北京遁回云南以后，将极大的热情倾注在画会的成立上。

4　“申社”是新年钟声带来的礼物

产妇上产床，婴儿诞生在即，即将做父亲的人抱一本厚厚的《辞海》苦苦翻寻，想找一个名字安放在自己骨肉头上的事，不是什么新闻，而是乐意做这“两句三年得，一吟泪双流”的苦事。朋友们互相勉励，共同期待着中国艺术有个百花齐放的春天。乐观的丁绍光曾预言“10年之内就能举办不拘一格、个性鲜明的画展”。10年未能梦圆，15年总算圆了梦。

然而到了婴儿诞生在即，还没有一个报户口的社名。没有什么成文的规定，办份文艺报刊，云南办就叫云南文艺，四川办就叫四川文学，冠个地名在文学艺术上似乎有了统领一方的意思。丁绍光等23位男女自愿结社，既不敢叫云南，也不敢叫昆明，想在中国搞一点现代艺术，也是有这个心没这个胆，取名岂敢沾上中国。尽管官方解放思想，总算把你一个画家自发组建的艺术团体发红头文件批准了，这表明政策对艺术创作的管理有明显松动，准许有不同的艺术风格和手法，但丁绍光和他的朋友们是“一朝被蛇咬，十年怕井绳”，心有余悸。一贯敢作敢当的丁绍光也不能不审慎行事，性格豪爽不等于做事大而化之，谨慎细心才称得上胆识过人。正如何能说起他的老朋友日后在美国发展到家大业大的时候，细到家中每月付电话费、保险费的付款单都自己料理一样。取名的事，他当然要管。预防未来的风险，当初组建时有意不设会长、副会长之类的领导职位，充分反映出丁绍光的细心——多少可以叫深谋远虑。

“当时还有点危险性，所以我们感到不能把这组织的担子搁在一人的肩上，我们五位必须负责此组织。如果我们选出一位领导，那么出了问题他就成了替罪羊。我们五位必须共同分担责任。”丁绍光很清楚地记得当初的“建社思想”。在他公开印发的“简历”上也清晰可辨。“一九八二年任云南‘申社’画会名誉会长。”此时丁绍光在美国已近两年，“会长”头上加“名誉”也是追补的。画会管具体事务的叫“秘书”，由何能、王瑞章和贾国中担任。上面一层由丁绍光、姚钟华、刘绍荟、王晋元和蒋铁峰任常务委员。

“申社”是新年钟声带来的礼物。1980年是中国农历庚申年，按十二生肖排列也称为“猴年”。“猴年”诞生的绘画组织以金猴命名何尝不可？正如他们在首展序言中说：“金猴是追求真理、忠诚、智慧、勇气和活泼的化身，是人民理想的化身……在曲折艰苦的艺术道路上，只有拥有这种精神和性格的人才能担负起历史赋予我们这一代的责任。”丁绍光为代表的23个青年画家自诩为“金猴”，不算狂妄。他们不满足空想、空谈，正如在他们在首展序言中所阐明的认识：“艺术的基本特性是创造性。没有创造性，艺术将终止。画家本人的性格是画风的精髓之处，绘画的基本点就在于注入自己的精神。”他们不算狂妄，他们的宣言真够不上狂妄，尽管最后一段话对未来做出了承诺：“希望有一天我们能展出自己辛勤劳动的真正果实。然后我们把它献给人民、献给历史，他们是真理和艺术上无私与伟大的见证人。”但金猴们在这之前，却是实话道在字里行间：“是第一步的开始”，首展的大部分作品“只是会员的尝试性练习之作”。他们对“自由的尝试和勇敢的探索、实践”公开表现出强烈的渴望！

丁绍光最后为中国新时期首家民办绘画组织敲定的名字是“申社”。中国人一目了然，

丁绍光在云南和同事们讨论“申社”

这组织是农历庚申年的产物。外国人看不懂，经丁绍光一解释，这申字内涵丰富，不仅包含着金猴所象征的意义，更是颇为熨帖地反映出当时云南一群青年画家的处境和心态。他建议外国人把“申社”译为“阐明社”——当时他和朋友们迫切想“申明”许多夜谈时形成的艺术理论。“申”还有“申诉”之意。每个从那个年代走过来的中国人，都能从中品读出一个“申”字所包含的万千意绪。美国迈阿密大学亚洲艺术史教授安·威克斯女士也下功夫研究了丁绍光当时的处境和心态。丁绍光旅居美国之后供出“谜底”，对她讲出“申社”这一名称的象征意义。说英语的美国人，不得不佩服汉语的博大精深。在她出色的论文里第一个用英语明晰地阐述出诞生在复杂的汉语世界里的“申社”：“申”与时间也有关系，“申旦”意为“从晚到早”。“文革”期间只有夜晚才是艺术家们自由的时候，也只有在夜晚丁绍光挥毫作画，和朋友们探讨艺术，最后成立了“申社”——“夜之社”“申诉之社”“阐明社”“新年代之社”“猴年之社”。

“为了太阳，我们才来到这个世界。”哲人的话总是让人心动。

背靠老祖宗，面对新世界，黑眼睛、黄皮肤的丁绍光，一旦玩起象征艺术来注定是要让西方艺术世界瞠目结舌的！这一天，已经不太遥远。

5 再见了，北京

“自从知道了辗转传来的家父在台去世的消息，而母亲则在美国寻我，我决定离开中国与她团聚。”丁绍光对漂出国门的往事，曾经有过这样的回忆。

1979年3月至1980年5月，从前一年的春初忙到后一年的春末，这是丁绍光逼近不惑之年在中国大陆度过的最后岁月。从南到北，从北到南，从云南到北京，从北京到香港，他耕耘一方热土，他挥洒热汗播种青春。可是每到花要出墙展瓣放蕾时，眼看果实将唾手可得了，却又不见了丁绍光的身影。当你在云奔涛涌里重新看见他的时候，犹如眺见了远山。

有人说："远山是非常有诗意的一种存在，中国古典诗词里的一些名句，就是为远山而写的，朋友们一看见丁绍光的身影，同时也就听见了远山的呼唤。"

"申社"不鸣则已，一鸣惊人。"申社首展"由中国美术家协会云南分会举办，在云南省博物馆23位成员的120幅画作集体登场，规模空前，画艺超前。曾经担任中央美术学院院长的大画家吴作人——徐悲鸿的得意门生，深为昆明这些艺术家的作品所感动，他为"申社"撰写的题词印在首展精美的宣传册内封上。不仅参展作品与中国过去20年作品相比确实富有创新精神，而且那以猴的造型，以黑、橘红和金色印成封底，以橘红、黑色为底色，上印黑、金两色字体"申社首展"，既活泼又富装饰性的宣传册，就是今天拿在手里也能感触到丁绍光等当年的超前意识，收藏价值绝不低于盖满婴儿脚模手印的出生证。

然而，丁绍光送展的仅是一幅小型水墨画，是奉命为北京人民大会堂壁画所作的29幅小样之一。对朋友们的作品从不吝惜热情，同时让出足够的空间，丁绍光为人仗义。

"首展"虽在西南边陲举行，但首都和各地艺术界立刻有了反响。"水池中投下了一块石头，涟漪打破了平静的水面"，是"申社"成员忆及当年首展影响的谦虚用语。北京带有点权威性质的中央美术学院院刊《美术研究》发了专论《画笔下的哲学》（作者：周良沛），对首展大为褒奖，并同期一举推出了五位"申社"画家作品。上海颇具影响的《艺术世界》不仅发表"申社"成员的大块文章，一举推出首展作品竟达40幅。以欧洲现代巨匠为基础创作的画作终于为人首肯，这是何等难得的成果！他们被称作"思索的一代"，在当时相当于一顶桂冠。这样的作品发表，等于是把新人往领奖台上推。这时，丁绍光悄然走开了。

丁绍光在祖国土地上度过的最后一年，每一个季节都硕果累累，每一天都充满成名成家的机会。1980年春节刚过，中央交办的重要任务通过中国美术家协会便放在"申社"几位画家肩上。既然是挑重担，那当然有丁绍光一幅。另外两幅分别由蒋铁峰和姚钟华接手。他们三人要各自为人民大会堂云南厅创作一幅大壁画。各省区都派出了自己的代表画家，装饰各自省区在天安门一侧的会议大厅。新中国从来没有把艺术作品提升到如此一个史无前例的高度——壁画安置在各省区的厅堂里，是各省区分别把各自的形象展现在全国人民的面前；各省区的壁画连接在一起，是展示在世界人民面前的中国形象。

"申社"不鸣则已，一鸣惊人。"申社首展"由中国美术家协会云南分会举办，在云南省博物馆23位成员的120幅画作集体登场，规模空前，画艺超前。

蒋铁峰为云南厅创作的画——《石林》。

它拔地千尺的石壁流淌的不是泉水，而是音乐和诗歌——篝火堆前夜夜歌舞着"跳月"的"阿细"；

它亭亭玉立的峰峦生长的不是花草，而是神话和传说——那能让山林笑、玉鸟叫的阿诗玛姑娘，她是爱比海深、恨比天高的撒尼人集美丽与智慧于一身的心中偶像！

画出《石林》，画家之笔朝着纯抽象派艺术显然是奋力追进一程。

姚钟华为云南厅创作的画——《金沙江》。

奔腾咆哮的浊流夺路东进，遇上与之争雄的峡山，如龙吟、如虎跳……两岸山峰陡峭如削，竟把滔滔江流逼成一条细带，弯曲于深谷之中。有一曲牧歌从岸边的青草地上飘起来了，她是为金沙送行的，日出的前方一片辉煌。

《金沙江》

来路艰难，去路宽广，笔底的波澜，画家心中的歌唱。

丁绍光和朋友们接手为云南厅创作壁画之初，就暗下决心要覆盖所有的墙壁。主管领导打过作品不要搞得太大的招呼之后，他们"雄且杰"的意态略有收敛，等到北京安置壁画时才发现墙壁空间实际上绰绰有余。就这样一幅名为《版纳晨曦》的大壁画诞生了，长7.47米、宽2.45米，也够得上称为出自丁氏笔下的巨制。标题上有意省略了"丰富"二字，实际上是运用中国矿物颜料、粉墨、丙烯、沙和胶水以及德国墨勾勒的植物、人物墨线，画在黑线上的金色线条，整幅画竣工后呈现出的那种瑰丽色彩，正是热带植物王国要作者着意表现的"丰富"。1980年2月，丁绍光着手进行创作，历时4个月，借朋友家属单位的餐厅作画室，终于完成此画。整幅作品分为6个部分，装箱从昆明运至北京，安置在云南厅的东墙上。

华君武走来了。这位中国画坛杰出的漫画家，当时是中国美术家协会的主要领导人，整个人民大会堂壁画工程的策划者与组织者。华君武审看壁画来到云南厅东墙前，饮过再多的美酒，也不能拒绝这开坛佳酿扑鼻的浓香；再见多识广的旅行家，也不能不兴致勃勃走进眼前的热带美景。画笔为华君武导游，带领他走进蕉叶、棕榈的树荫，探头追寻手挎果篮、肩丁绍光的名字，这一回是真正要飞过高高的云岭了。

挑小桶、穿梭林中的傣女娇小的倩影。傣家围着凤尾竹的村寨，华君武去过了；泊过画家梦的竹楼，他也去过了。这时，夕阳熔金的水面上，鱼儿一样泛起一支支狭长的木舟，映着斜阳的鱼网散锦一般消失的地方，缅寺的塔影碰弯了初升的月牙……

华君武停止了画中游。他慢慢地退后几步，从另外一个距离面对《版纳晨曦》全景，他现在已经有把握地认定：作品所表现出来的美感超过了任何一幅北京机场壁画。他立刻布置，下一步准备在全国宣传……

丁绍光的名字，这一回是真正要飞过高高的云岭了。出头的日子，扬名的机会，却在丁绍光亲自动手安置好人民大会堂的壁画，跨出云南厅大门的瞬间，与他失之交臂了。

留恋的东西很多，有的留在北京，有的留在昆明，有的留在西双版纳……

带走的东西也不少：除了行李箱里60多幅西双版纳的白描，留在心上的东西是不做行李托运的。再精确的电子磅秤，也无法称出心头之物沉甸甸的重量。

丁绍光的名字，此时填写在北京—香港的飞机票上。机票的颜色是他喜爱的蓝色，梦幻般的蓝色。这件事几乎发生在丁绍光赴美签证到手的同一天。

6 出门靠朋友，赴美签证的由来

“丁俊生、丁俊生，我是你的儿子丁绍光，我现在是云南艺术学院美术系的教师，北京的母校和美丽的边疆已经把我培养成一名画家。我现在和你们没有见过面的儿媳、孙女、孙儿生活在无处不飞花的春城昆明。亲爱的爸爸、妈妈，你们好吗？弟弟妹妹们好吗？我们已经20多年没有见过面了，什么时候你们能返回大陆来看看呢？……我想念你呀，我好想念你们呀，我的爸爸、妈妈，我的弟弟妹妹们……”

丁绍光借“对台广播”，当时的“海峡之声”多次在夜深人静的时候，发出这痛彻肺腑的呼喊，他希望把海峡对岸喊答应，但一直没有回音。只有蓝蓝的海，梦幻一般地蓝着。

“申社”成立、“申社首展”的筹备工作与人民大会堂壁画创作相继展开，20世纪80年代第一个春天给丁绍光带来了太多的喜悦和机会。在这前后，他真不敢相信，从美国加州会有一封特快专递是奔他而来的。那信封上的英文字母拼读出妹妹呼喊哥哥的声音，信封开拆，随信纸蹦出来的是母亲深深的呼唤。

“绍光儿：我是你的妈妈李湘君。我们一家人已先后移居到美国洛杉矶。你们的父亲丁俊生去年在台北溘然去世。他回首平生，憾事只有一件，就是未能骨肉团圆。你们还记得小时见过的父亲吗？从不对孩子发火，也不和妻子红脸，多么和蔼可亲的人啊！妈妈年事日高，老病缠身之躯，现在和你妹妹晓云生活在一起，日夜祷告菩萨，祈求保佑，别无所求，只希望在有生之年能再见你一面，菩萨显灵，我家骨肉团圆……”

丁绍光母亲和妹妹是从美国洛杉矶寄出这封寻亲信的。从一家香港中文报纸刊载的云南青年画家近况中，她们终于捕捉到丁绍光的行踪。早在10年前从台湾大学毕业移居美国的丁晓云曾经多次受母亲嘱托，不断谋求和大陆亲人恢复联系。这离散的家庭在“文革”之前还通过香港的一位朋友保持着联系，丁绍光学生时代的学习、生活费用，一直靠着香港转寄的汇款维持。“文革”前夕，那位香港朋友去世，联系便告中止。北京原址早已人去楼空，妹妹多封来信均被盖上无人收领的印戳退回。李湘君在海外生下最后一个孩子后，难奈骨肉离散之苦，转向宗教寻求抚慰，早早皈依了佛门。

春风浩荡，国门开放。当丁绍光从俯身多日的人民大会堂壁画前站起来的时候，学校批准了他的出国探亲申请。丁绍光的名字首次出现在中华人民共和国公民因私出境的紫红皮护照上。当他风尘仆仆随分成六个部分装箱的《版纳晨曦》抵达北京，着手在人民大会堂云南厅安置这巨幅壁画前后，丁绍光赴美探母的事由和丁绍光40年生活的简历，首次被译成英文和他首次变成电码代号的姓名一起，顺畅地输入了美国驻华大使馆签证处的电脑。

丁绍光不懂英文、不会填表，围观壁画的人群中突然钻出个美院的教授，老朋友一挥而就；头一回出国探亲哪知道还要什么对方经济担保、银行证明文件，冷不防窜出个学生，和前来采访的《纽约时报》驻京记者先后接通了美国领事电话，一声“欢迎”让人心跳。当一切手续都顺理成章在极短的时间办妥之后，他想起这么一句话“机会只偏爱有准备的朋友”。同时，他想起了母亲，不禁感受到“宿命”的力量了，怎么解释过去发生在自己身上的一切、如今发生在眼前的一切？

在北京逗留期间，丁绍光并不一定要去过美国大使馆门前才知道20世纪80年代一浪高过一浪的“出国潮”是如何汹涌澎湃在美利坚窗口前的。那日夜排起的长蛇阵，让人感叹、让人悲哀、让人看不惯却又让人理解。这中国人生活中发生的一幕幕悲喜剧，丁绍光早已耳熟能详。有朋友就劝说过丁绍光，认为他那种性格首先就受不了步入领取签证行列时签证官先生、女士隔着玻璃投射到中国人身上的那种眼神。那眼神是热是冷？你根本就感觉不出温度，总之是一种门缝里看人的模样。你天大的理由、无比的急迫，他（她）似听非听，你丁绍光怎么会受得了这种冷漠表情？有人在递交材料的时候就同时递上国内银行的存折、房产证，一切可以说明身份、地位的证明，表示绝无移民倾向，只是去去就回，如此而已。你丁绍光能拿出什么有分量的东西给人看？当然，丁绍光幸免了过这一关，按他的性格，如果真要他出示什么，他能拿出来的只能是画，他的作品就是他的身份证。抱它

一大捆去，提它一箱子去。如果真要他在美国大使馆领证窗口前露脸，他只能如此，别无选择。他不是官员，官员可以运用手段或权力；也不是明星，男明星可以利用名声和关系，女明星还有脸蛋；平头老百姓也有奇招想方设法走捷径，铤而走险海外征婚，假材料造出一个个“留学”的假人。丁绍光与这些都沾不上边，有的只是对这个有准备的朋友——“机会”倍加偏爱。所以，当他听见一位年轻的朋友抱怨签证官简直把人当成草木对待时哈哈大笑起来，“我就是草，落地就要生根！”签证到手，他就这么想。在移居美国西海岸的洛杉矶之后，他一见倾心爱上了洛城随处可见的一种阔叶常绿兰科植物，这个移民国家称之为“天堂鸟”的“雀舌兰”。在他房前屋后栽，在他厅中案前放。不仅是那金黄色的花、常绿的阔叶让他想起西双版纳，更在于这“天堂鸟”并非是美洲土产，而是从亚洲移栽到美洲红土地上的生命。

并非所有的花草都能落地生根，经不起移栽的折腾，水土不服而枯萎而凋零的亦有之。在美国丁绍光曾经对落魄的朋友，甚至是连姓甚名谁都记不清楚的求助者，只要是同胞或者同行就伸手相帮。他花费过不少金钱、精力，如同对待植物移栽难免会出现那一种病态的过渡期，帮助他们坚持下来，闯出来日的新天地。而对移栽最终还是难以“转青”者，他也没少亲自驾车将友人送到机场入口处。他们归国之后，往往会将闯世界的照片拿给亲友们把玩一番，他们总会讲起丁绍光，讲起那从亚洲移栽去的“天堂鸟”。

1980年5月，载着丁绍光的中国民航客机降落在香港启德机场。

7 红杏出墙，香港闻香

1997年7月1日前，凡到香港的中国人，都认为是出国了。云南“申社”在海外的影响首先是香港。丁绍光赴美前在这个中转地整整逗留了两个月。为了“申社”的朋友们，他在这座极尽繁华的东方自由港，从春末一直忙碌到仲夏。孩提时代，谁都有过类似的经历，尽管母亲的声带呼儿唤女充了血，孩子总还赖在家门前迟迟不肯启步，贪恋着和伙伴们再玩上一阵子，不是忙着用积木搭建未完的房子，就是用河沙堆砌炮台、花坛什么的。丁绍光恋在家门前，还真有几分像那用积木和河沙营造理想的孩子。他停留在香港，为“申社”，为画家朋友们，童心十足地寻找一条通向海外的路，或者说中国画通向市场的路。如何吸引香港市场，广泛引起海外关注，他一踏进这座万

商云集的东方大都会，想法就成熟了，何不利用这片黄金口岸开一个画展？

丁绍光临时借住在一所名叫“第一艺术设计学院”的客房里。院长看过他带出来的大约60张白描，当即拍板开一个画展。消息灵通的香港媒体立刻围了上来，联系采访的电话不断打了进来。丁绍光对报界说，“不要介绍我，我已经出来了，以后有的是机会，我们那里有的是杰出画家。”于是，他执笔写了蒋铁峰的介绍文章，迫不及待推出当时“申社”成员中艺术上最看好的画家。丁绍光如此为家里的朋友着想，连蒋铁峰本人都始料不及，当封面上印着他照片，内文载着丁文的《中报》寄到云南时，蒋夫妇俩感动得抱头痛哭了一场。在场的何能也唏嘘了半天。画展也终于在香港揭幕，赤日炎炎似火烧，汗如泼雨雨如瓢。丁绍光出钱出力四五十天的大忙，不是他的个人画展，揭幕的是“中国现代重彩画展”。展出的不是他自己的作品，而是由他选择的国内重彩画家，包括云南“申社”以及几年前就调去北京和丈夫团聚的周菱等人的作品。画是他一件件、一箱箱从国内调运来香港的。重彩画技法在20世纪由黄永玉受云南美景、云南少数民族和敦煌壁画启迪后得到发展，经丁绍光和朋友们将西方现代画家毕加索、马蒂斯创作的那种平面变形人物嫁接于一体，浓抹在高丽纸上形成的一种独特的画法。作品在昆明“申社首展”登场亮相，全新的美学感觉此时通过丁绍光在画背后的操作，又一次的集团冲锋，把影响扩散到国门之外。于是，报刊上赫然出现了一个新名词“云南画派”。

丁绍光谦称自己一伙是“重彩团体”。

“一枝红杏出墙来”是自然现象；

“墙里开花墙外香”却是社会时尚风景。

“中国现代重彩画展”在香港闭幕那天，丁绍光换掉从国内穿来已经皱巴巴的西装，穿上了准备融入美国社会的休闲服。他再次走过朋友们的画前，在心里念着一个个朋友的名字，这是丁绍光在国门前和“申社”以及“云南画派”最后的拥抱。时间是1980年7月19日。

第八章

美国梦圆

线描彩绘故园情

1 逐梦飞向洛杉矶

凡访问过丁绍光的人，大概都有类似的遭遇。如果你问到当年他途经香港有什么感觉，他回答爽脆：“没啥感觉！”不难理解，决无故弄玄虚。繁华的中环，碧波荡漾的维多利亚港湾，不止一次经过，次次都是窗外一瞥。海洋公园、跑马场跟你一心要办的画展扯不上关系，画廊不能不去，因为你知道下一步面临的将是资本主义市场经济这个一无所知的新东西。没有什么深刻印象，那是因为你一门心思都放在为朋友们操办的画展上。跟你打过交道，谁都会说你是一个感觉十分锐敏的人。譬如你15年梦圆和朋友们一起建立起来的“申社”首展鼎盛之时，你就预感历史使命已经完成。次年10位云南画家进京上中国美术馆举办画展，大动作出大反响，果不出所料，有20位权威专家参加讨论会，一派人抨击“见着这样的画要做噩梦”，一派人则对“申社”画家兴致在于唯美主义大加赏识，回敬那些棍棒说：“每晚都做那样的‘噩梦’，那是求之不得的高兴事。”当国内的画友为这场辩论有的胀气，有的泄气时，远在洛杉矶的丁绍光感觉走得及时。不出所料，“申社”在云南成立两年，即在1982年并不需要太多的说明就被“劝其解散”了。

仅有一腔对艺术的挚爱和对美的追求，丁绍光感觉凭着自己和朋友们形成的合力，与那种老是要制约你笔墨走向的压力，无法抗衡。应该说丁绍光的感觉相当准确。对身后的故土，他有过梦想，梦想之所以难以成真，是因为生活无时无刻不在压迫着你，驱使你清醒地回到现实。除了从天而降的探亲机会之外，那梦想中的世界总是比现实世界更能提供自下而上的欲望，凭着感觉，丁绍光振翅一飞了！

如果问起丁绍光初到洛杉矶的感觉，“初到吗？”丁绍光弄明白界定，毫不犹豫地回答仍是那四个字：“没啥感觉。”

怎么可能呢？“波音”飞起来，太平洋在你脚下，云在你梦里飞翔。你在梦中，梦中的你和现实中的你一样，对即将出现的母亲总是想不清楚她是什么模样。8岁时的最后一见，记忆中会有多少可以拼接的残片？33年是多么漫长，多么遥远啊……

你终于从洛杉矶国际机场二号通道走出来了，“丁绍光”——一方小纸牌显目的方块汉字在英语世界呼唤你。妹妹到机场迎接你来了，母亲见到你第一眼的感觉是：重新年轻一回的丁俊生回来了。丁绍光和他爸爸是长得很像的。

毫无感觉？！对美国加利福尼亚州南部太平洋港口城市，西部工商业第一大城，仅次于纽约、芝加哥的洛杉矶，一个初到的人会毫无感觉？飞机降落了，你没感觉是从一片星空降落在一片星海？妹妹驾车载着“一家人”，

灯火辉煌的洛杉矶

一转弯上了高速，八车道的高速公路是一条宽阔的河，高速车流火爆如过江之鲫，车灯密集的程度只能用浓稠的鱼子酱来形容，你没感觉吗？坐在升起了电动窗门的卧车里，就像钻进了潜水艇似的，夜色似水。是的，这城市的很多东西，不是一眼就能看见的，它拥有见证两百年历史的博物馆、荟萃世界名画精品的美术博物馆、音乐文化中心，以及全美电影、电视工业中心“好莱坞”，让人蓦然回首，也只在灯火阑珊处……

当然，他也说过：“我永远无法完全表达我走下飞机、第一次踏上这片现代化大陆的土地时，我成为‘人’的自豪。”

丁绍光紧靠母亲，倚在汽车的后座上。从跨进车门起，他的一只手就被母亲牢牢地握着，有感觉的不是洛杉矶，而是妈妈的手，温暖的手。这时，儿子听见白发亲娘附在耳边，一字一顿地说：“绍光，不要走了，留在妈妈的身边……”

2 新感觉：这里没人认识我

丁绍光原以为倒时差，第一夜总要受些折腾，没想到竟能酣然入睡。醒来听见母亲已经在轻诵经文的声音。他起床后，穿过车房便直接走到了街沿上。汽车房的电动门是妹夫打开的，一早他便驾着昨晚接站那汽车走了。搞科技的妹夫在一家公司上班。丁绍光有了感觉：美国人生活紧张匆忙，人人都有生存压力，不能陪你浪费时间，美国人最不能忍受的也是浪费时间。

站在“家”门前，丁绍光回头看了一下妹妹一家前有草地后有花园的小“洋房”——移民美国十余年多半都会置下这么一份不动产。“寄人篱下”，昨夜这“篱”足比他昆明的斗室大过十数倍，有三千尺。面对着茫然未知的一天，他一早的收获是加州7月已经有些灼人的阳光，人可以把肺叶张开放心呼吸的洁爽空气，陌生而亲切的一块高天阔地。那亲切是从妹妹出现在丁绍光身后，她用同样的英语，代茫然不知所措的哥哥习惯性地做出回答。

初到美国的丁绍光

最初收获的两三个英文单词感觉到的。

“Hello！”（哈罗）这两个邻居家显然是亚裔的美国小学生，在背着书包路过时，用“你好”招呼巨人一般矗立在那里的中国人。

“Have a good day！”（祝今天好运！）这是从一位黑人姑娘厚厚的红唇蹦出来的，她一早就在街边的篮球架下练习投篮，像跳跃在阳光下的一粒黑珍珠。

妹妹出现在丁绍光身后，她用同样的英语，代茫然不知所措的哥哥习惯性地做出回答。

像把杰克·伦敦的小说读完头几页，“好莱坞”的西部片刚放映了一个片头。他把刚才的感觉告诉妹妹。我来到了一个移民国家，白、黑、黄、棕各种肤色都有的移民城市。妹妹说这两个英语单词只是美国人天天见面的习惯用语，习惯了就会自然挂在嘴上。同时，她也对丁绍光讲一位台湾朋友对这种习惯作过探讨，认为用语与外来移民有关。早年如此，当今又何尝不是如此？移民过来，面对陌生环境、艰辛生活，虽说路在脚下，前途对谁都是一个令人茫然的未知数。缺少帮手，需要鼓励，但每个人又都自顾不暇。因此除了勉力做到坚强独立之外，都尽量付出一份惠而不费的口头善意去鼓励或安慰别人。这就是你每一天都能收到的一声声“Have a good day”（祝今天好运）。

丁绍光在洛杉矶第一天收获的第三个英语单词是“sorry”（对不起）。这是妹妹对哥哥说的。妹妹哪有什么对不起万里寻亲而来的哥哥的？只不过电话上知道确切的日期、航班之后，她果真按哥哥的嘱托，拿起电话向洛城、向旧金山，不止一家、不止五家、不止十余家画廊作过询问，得到的结果几乎都是可以立刻让耳机的这一端结出冰霜来的、手心立刻感到深入皮肉的寒意。她现在对哥哥说对不起，是狡黠地掩盖了真相，而真正想说的是何必这样急得要命地去找画廊，哥哥，你到美国才第一天！

“我急得要命！”丁绍光回忆初到美国也总是这么说。他急得要命去找画廊，是想让人

知道一个中国画家究竟为美国、为西方世界带来了什么，他急于要在艺术上赶快启动。

妹妹把华文报纸收来一摞，还有厚厚一本洛城出版的《华人工商》放在哥哥面前。她辞工在家帮一到美国就成了“聋子”——听不懂英语，成了“睁眼瞎”——看不懂英文，出门缺了腿——自己不会开车的哥哥，负责联系外面的世界。

早年，丁绍光首次翻开西方野兽派、达达派、印象派画册，大叫一声：噢，画还可以这样画？如今眼前不是画册，是一卷“八阵图”。

刚过40岁的丁绍光，首次翻开足有半尺厚的《华人工商》。这是美国加州地区一年汇集一厚本的广告大全，是一本无所不包、无奇不有的包括升学、就业、购物、旅游、餐饮娱乐、签证办理、移民申请、买车修车、消费等在内的百科全书。在购物的超市、加油站门前随便放着，免费供人取走。不仅绍光妹妹的车上放着这么一本，几乎加州地区旅美华人的车上、家中都有这本生活服务指南。初到美国的华人，几乎都在上面找寻活路。“人还有这么多活法？！”这是当天丁绍光开卷后的一声感叹。

“快餐急聘炒锅”“男友征女友”“女友征男友”“高价雇请家庭工”“衣厂聘车工”“电脑招技师”“赌场招考发牌手”“夜总会招顾客”“按摩房招小姐”“二手车找买主”“租房寻住客”……翻过林林总总的分类广告，也没有找着中国来的画家该怎样活。

画廊的广告栏总算找到，不是洛杉矶画廊的全部，但也有几十家，地址、电话、电传都有。老板不是先生就是女士，反正用的都是英文名字，以前你称人家是“老外”，现在是人家称你“老外”了。老外丁绍光就让妹妹拨电话，对着一家家画廊“哈罗”起来。开初，他还兴致勃勃让妹妹汉译英，将“重彩”“云南”一个个专用名词仔细翻译给另一端的接话人听。后来当对方问你究竟准备拿什么样的画给他看时，丁绍光干脆说：“什么画？中国人能画毕加索那样的画，能画马蒂斯那样的画，但中国人画的统统叫中国画！”于是对方很快说“sorry”。丁绍光也就一次次听见了他学会的第三个英语单词。当然，几十个电话打出去，也还有几个盘问得细致一些的，不过一听是中国画就立刻打了问号。当得知丁绍光是从中国大陆来的，“欢迎来人洽谈”这一行常用商业用语也在最后被取消了。搪塞给他的往往是丁绍光学会的第二个英文句子“Have a good day”，让人听了不是滋味的“祝今天好运”。

和母亲、妹妹一家人坐在一起吃晚饭的时候，丁绍光把一声“嗨”加了长音，从气闷的胸中吐了出来，这是他今天学的又一个英文单词。他把一整天忙碌的结果告诉母亲：

这里没有人认识我！

3 在美国画廊屡吃闭门羹之后

20世纪下半叶，到过美国，甚至最后终老在这块新大陆上的中国文化人、中国文化界的名流，为数不算太少。在20世纪80年代的出国潮中赴美留学、寻求发展的中国“百花”“金鸡”影后陈冲、张瑜，在国内远比当时的丁绍光星光灿烂，初到美国也一切从零开始。远在此二三十年前，从香港、从台湾迁居来的一批文化人中，胡适、张大千和张爱玲三位文化名人就落脚在洛杉矶。而张爱玲这位在20世纪40年代上海一夜成名的才情女子，是当时文坛上最为夺目的明星，且又是清王朝搞“洋务运动”的重臣李鸿章的重外孙女。至今她的小说、散文在中国及海外都还拥有大量青年读者。晚年的她独居美国洛杉矶闭门谢客、深锁玉宫，身穿纸衣服（因为害怕空气过敏），如同一个生活在真空中的外星来客。在新大陆移民中流传的仅是一段她晚年与一位美国老人传奇似的秘密婚恋。张爱玲初到美国的“不为人知”正如丁绍光初到美国的“不为人识”。张爱玲感到一阵悲风吹凉心头，是从国外人对那一场在中国堪比“欧洲文艺复兴”的“五四”文学革命竟一无所知开始的。她曾经很认真地向美国朋友们提及，知不知道一个著名人物叫胡适的。他也来了美国，中国现代文学的发端起自他的白话诗《尝试集》。美国朋友皆摇头耸肩，连连说着：“No! No!”

吹过中国文学家的风，如今吹到中国画家丁绍光身上。不过，他不像张爱玲那般害怕空气过敏，身穿纸衣服成天躲在屋里。自从向画廊打出几十个电话得到一连串拒人千里之外的回音之后，他便率性走到洛杉矶的阳光下，自然是妹妹开车陪着这个“急得要命”的哥哥，一家家画廊找上门去。这期间，除了第一天学会的几个英语单词之外，他还学会了一个“耐心地等”。这不是用语，而是生活习惯的一次小小革命。时间是金钱，你美国人不是最不能忍受浪费时间吗？唯独对于排队，在餐厅吃饭排队，去银行取款排队，上公共汽车排队，上洗手间排队，你找到自己办事所需要的窗口、入口，人与人之间保持一定距离的排队行列，自动往排尾一站，就开始耐心地等。当你需要办理转变身份，申请移民那一天，走到移民局门前已经是经历了旷日持久的耐心等候之后……

丁绍光在画廊面前耐心地排队等候接谈，已经有许多次了。当然，距他那破纪录的一百多次“闭门羹”最终成绩，现在还有一段距离。已经是8月了，盛夏的洛杉矶海滨，人气突然兴旺起来。他今天要去闯的画廊在海滨的富人区。现在他走上了游客如织的著名“木板路”（事实上是铺柏油的），洛城人就在这滨海步道的两侧尽情展示他们户外休闲的节目：有人在路边摊位看相算命，有健美的轮滑女郎迎面而来，有青春朝气的自行车手擦肩而过。丁绍光看见与中国有关的节目了，那是一个

丁绍光在画廊面前耐心地排队等候接谈，已经有许多次了。当然，距他那破纪录的一百多次“闭门羹”最终成绩，现在还有一段距离。

1985年，丁绍光在美国

不知从何方流浪来的“艺人”，正在表演让美国人看得一愣一愣的“中国功夫”。与音乐、绘画有些关系的，丁绍光情不自禁地多看了两眼：一个鼻梁上架着茶色太阳镜的黑人歌手，正用手掌敲打着夹在膝间的乐鼓，未成曲调先有情，悲欢离合从鼓面上升腾起来了；一个棕色头发的洋妞，把她的竖琴和音箱连接好以后，把一盒名片放在脚边，她便一脸恬静地拨动了琴弦。丁绍光走出了老远，还一直听见这海边传来的琴声，至于日后丁绍光进入画廊办个展的时候，总要雇请竖琴师到场，在音乐中让人感受他画里的宁静，很难说清是不是从这里获得的灵感。在眼前这一幅浪漫、鲜活的户外众生相大观中，他看到与美术有关的两处：美术在这里都是十分实用的，画笔立刻和金钱、饭碗联系起来。一个接一个的金发碧眼姑娘、胸背肌肉毕现的小伙子，耐心排队等候让画笔当场亮彩，有的要自己美化了的头像，有的则让人把图案画在肚脐周围或者像文身似的描在肩上、背上……他们是画家吗？走在身旁的妹妹没有正面回答，她只说美国的街头画家在纽约中央公园一带有很大的市场，她在洛城另一片隐匿在太平洋海岸公路边的狭长海滩，也见过类似的画人活动。再往前走，他们看见沙滩上有一些裸露上身的健美先生在练哑铃、击沙袋，展现阳刚美。妹妹就告诉他，若干年前洛城还有一处裸风盛行的海滩呢！如今“天体主义”的亚当和夏娃已转移到圣迭戈的黑海滩去了。“要是现在这裸风还在，我去画它！”说是这么说，可是日后丁绍光有了车马、信用卡，也没去距这里并不太远的黑海滩。一日之内有六万名“天体人”扯下最后那片叶子，成为伊甸园主人的盛况，也只是听来的美国人生活中的小故事。现在，他穿过这片一向以夜生活闻名的滨海城镇，再没兴致去理睬那些来自欧洲的女性观光客，脱掉上身泳装，伸开双臂去拥抱碧海青天的浪漫风情，他急着要找的是那一家有名的画廊，据说它对各国的油画都有兴趣。他不仅为自己，国内的朋友也期待获得国外油画市场的最新信息。

现在，他在画廊经纪人办公室门外，熟练地找到了排队行列，往队尾一站，开始了耐心丁绍光立刻在一张纸片上，画出瓶是瓶、桶是桶，盘是盘、碗是碗，纠正了越南小姐的用“量”含混不清。

的等。其实排在前面的人不多，一米之外是一个老外，再一米之外又一个老外。不过，这一回排队的感觉不像是公共汽车站，车来了，你依次上车，是坐是站总会有你的位子。丁绍光突然想起医院的候诊室，那里面的人就像是大夫，听诊器在你胸前一阵移动，心脏是好的还是坏的，可由不得你说了。办公室的门终于打开了，被客客气气送出门的竟是一个中国人，三十多岁，却留着连鬓的大胡子，长长的头发大概由于刚才激动过而显得有些零乱。出门时他用手去理一下飘拂在眼前的头发，一不小心手中的箱子在脚边散开了。丁绍光立刻反应过来，他遇上大陆来的同行了。他下意识地蹲下去，立刻动手帮同行收拾散落在地上的油画，像急于掩盖什么不可外扬的家丑似的。幸好地面十分干净，扑面倒地的画布竟也没有沾上尘屑一类的东西。国产绘画材料的优劣他是太清楚不过，油画最后上的光油，永远干不了似的，整个画布变得黏糊糊的。遇上天热就更加不干，然后就自动往下坠。国内油画家有几人敢用进口颜料作画？那是奢望呀，一人一月的工资能买上一小瓶就算不错了。当年在云南的丁绍光等穷画家揩公家的油（说是偷太难为情）——将学校的绘画颜料暗中送给北京的大画家作礼品，一直传为师生情的美谈，实际是中国穷画家一段辛酸史。国外优质的绘画材料，早就是丁绍光渴求的。此时，摊开在画廊面前的残局，让到了美国还自认为绘画资历不浅的丁绍光触目惊心，像遭了雷击似的，差一点就站不起来。转念一想：你霸道，你搞种族歧视；你有钱，有钱就可以对艺术颐指气使？就可以制定游戏规则？你会转背，我会转身。走出一家画廊，丁绍光也会咕噜一句江湖话“此处不留爷，自有留爷处”。一觉醒来，又去翻报刊、寻广告，地图上查明地址，接着又走向一家一家新画廊。最初他急得要命是让人家看看“我给你们带来了什么”。走过几十家画廊之后，他急得要命的内容有了变化：“你不是不看我的画吗？那我看你的画，你摆出来的画不就是要人看的吗？看一家，我弄明白一点，看十家八家，我明白一片。”蓝眼睛、绿眼睛、灰眼睛，从你们有色眼睛投射出来的冷光里，不就那么一句不用翻译就能让人懂的英语吗？“艺术是西方的，西方是我们的，你能玩得会吗？西方艺术现在究竟在玩什么，你们明白吗？”

丁绍光倒是躬身站起来了，开拆在地上的油画使之站起来就困难了。地上的情景是可怕的。那位从发型、胡须到身上着装都紧追现代，身上还刻意洒了点香水的“同行”在匆匆收拾地上的“残局”，或者准确一点说是收拾败局之后，都不好意思承认作品是自己亲生的，而说是国内朋友托人带来投石问路。他说：“国内带来的油画，我都不敢开拆，拆一件出一回洋相。这一回出的不是洋相是土相，当着洋人面一拆下来就是分崩离析，一块颜色跟着一块颜色弱不禁风地自动往下脱落。”丁绍光用内行的眼光一看，他当然明白那悻悻而去的年轻“同行”所说的原因不无正确的一面。油画脱落与画的底料关系极大，国外油画早已淘汰的那种无胶的粉底，我们还一个劲儿在用，人未作古，画先作古，海外的人怎敢买你的油画？海外画廊怎敢接手卖你国内人的油画？目送那位年轻人出门走远了，丁绍光才突然想起今天是干啥来的。不过，他已经不愿再向前跨出一步了。回家路上，他老是想着刚才见识的那场“败局”：油画的作者还是有不俗的艺术造诣的，不论从用色、从构图、从立意的表达都有明显的追求，可以归类在“思索的一代”群体中。国内艺术家眼中新奇、现代的东西，在西方人眼中虽悦目但已经不惊奇。当中国艺术家在极其艰难的条件下着手钻研20世纪初欧洲革命艺术家的作品时，美国艺术家早已跳过立体派转向研究纯抽象艺术，然后又回过来。什么时候回的头？现在又在玩什么？我们国内艺术家走向世界，谁知道第一步是出左脚好还是右脚好？

汽车加完油之后，兄妹二人走进加油站旁的“熊猫中餐馆”。一个人的肤色、发色都有办法改变，最难改变的恐怕就是从小揣在怀里的那个中国胃了。除了满足洛杉矶数十万华人精神、物质两方面原因都有的需求，“宫保鸡丁”“鱼香肉丝”乃至川味的“麻婆豆腐”和“汉堡包”“通心粉”“法国大菜”“日本寿司”及本土的“烤牛排”“奶油沙拉”……一起占据了美国人的餐盘。华人在美国是少数，但中国菜在美国的食林里却是独领风骚上百年。丁绍光兄妹刚刚坐下，一个领班模样的亚裔小姐便恭立在面前，问过晚上好，便问需要来点什么，紧接着双手呈上英汉对照的菜单。丁绍光原以为是他乡遇“老广”，小姐开口说话才知道她非中国人而是越南人。语言是“混血”的，中文夹英文，特别是用中文的数量词，让人听了要喷饭，一瓶酒说成一桶酒，一只鸡说成一张鸡。画家真有办法，图画是不需要翻译的世界语。丁绍光立刻在一张纸片上，画出瓶是瓶、桶是桶，盘是盘、碗是碗，纠正了越南小姐的用“量”含混不清。看见菜单上也印着熊猫图案，丁绍光信口对妹妹说“我家里也有一只”。没想到越南小姐听懂了，在一旁连声说“中国人了不起，家里也有大熊猫”，让人啼笑皆非。“混血的语言不影响生意”，“混血”的中菜反倒使餐馆火爆，还没到上客的高峰期，已经座无虚席，陆续后到的美国人又开始了自觉地门前排队，耐心地等候。

丁绍光经妹妹特别提示，尽管囊中羞涩，仅有出国时带来的20美元，他还是按老美的惯例，将3美元小费放在了餐桌上。印象深刻的是妹妹有意无意讲过她初到美国时的一件小事。美国朋友家一个正在上大一的男孩，有一次让阿姨带去餐馆吃饭，阿姨付账出门后，他却扭头跑回去，是什么忘了？什么东西也没忘，只是忘了付小费。这孩子不声不响把自己口袋里的“钢板”放在桌上，像个大人似的又重新走了出来。阿姨大窘。事后才闹明白，美国

学生在节假日也有主动去餐馆“送外卖”“打钟点工”参与社会实践的。这男孩有过“送外卖”的亲身经历，他坦率承认瞧不起的人当中就有不给“送外卖”人小费的。他认为给一个钢板也是对人劳动的一份尊重。

丁绍光从“过来人”那里不断学习这个社会、了解生存环境，不惜钱包现底，勉力也要同意这一份对人的尊重。回到车上，他才说对这餐中国菜肴不敢恭维，尤其是那盘四川名菜“麻婆豆腐”与在成都领教过的麻、辣、烫相比，他真不敢相信这甜甜酸酸、也算蛮好吃的豆腐出自正宗的川菜特级厨师之手。在美国呆久了，丁绍光自然也就知道从中国赴美的特一级、特二级、特三级厨师乃至国内烹饪大赛夺牌领奖的大师，初入美国餐馆昂头进、低头出，不被老板炒鱿鱼、不被顾客退菜的几乎没有。最后站住脚，进而能打出一片天下者，靠的不是传统、不是正宗，而是在洋人口里是中国菜，在国人口里已经有了洋味，满世界都能接受的，在中西合璧契合点上做出的美食，但骨子里还是中国的。但要走到这一步，有多难？

让顾客点着你大师傅的名字要菜，在日后……

被老板“炒鱿鱼”的你，也会把老板炒了“鱿鱼”，也会有那么一天。

不过，此时此刻——

初到洛杉矶的丁绍光，面临咄咄逼人的生存危机，揣着一本时间有限的探亲护照，“一文不名，两手空空”。当他走出“熊猫中餐馆”时，不禁在夜风中打了一个寒噤，他停了下来……

此时此刻，丁绍光难道不像一个在中国国内领了证书、在美国餐馆门前等候“考工”的特级厨师吗？

4 西方艺术现在玩什么

从20世纪60年代开始，到70年代形成一股风，台湾艺术家跑在大陆同行的前头，满世界寻找新生活，风一样刮到西欧，刮到美国……作品亦是商品，卖画早已成为他们生活中的一个部分。台湾画廊本身就和欧美一样发达，出大师、出巨匠是另外一回事，成功的运作让他们当中有影响的几位，在丁绍光等大陆画家之前已有了自己的市场。读书求学时代的丁绍光善于从老师的脚印上发现自己前进的道路，计划经济条件下培育出来的大陆画家，充当先行的丁绍光当然重视从同胞同行脚印上发现通向美国市场的渠道——艺术博览会。这种商品经济成熟的运作方式，在当时欧美、日本等少数发达国家几个世界著名大城市，已经十分盛

盛开的“天堂鸟”

行。比如美国，东边的纽约、芝加哥，南面的迈阿密，西海岸的洛杉矶很有代表性，一年两会，都是在最好的季节——4月和10月举行。那时的洛城“天堂鸟”遍地开着金黄色的花，真像是绿树丛中飞起来的一只只金翅鸟。发广告、发邀请，全世界的画廊谁肯放弃这一个交流、交易的最好时机？美国的画廊来几十家，欧洲的画廊来几十家，亚洲的画廊来几十家，顷刻间把全世界的画展集中到一地，就不用你天天都跑了嘛。每个人租个摊位，把自己的重要作品、代表作挂出来，印刷品、宣传品摆出来，买卖双方见面就开始谈生意。虽说这种艺博会的头两天都是内部展览，不对外开放，画商与画商做交易，后两天却是买主、收藏家、欣赏者川流不息。欧洲画廊有欧洲的观众，欧洲人往往喜欢灰调子、色彩单纯的东西；美国画廊有自己的市场定位，往往用色彩强烈的画挑逗美国人喜欢强烈色彩的嗜好。找到适合自己的了，就坐下来与你谈，谈成功了，双方就签约，或者买断，或者订购。丁绍光，当然不只一个丁绍光，后来陆续进入美国绘画市场的“云南画派”，如何能先生等画家的“现代重彩”，也曾有过在画展上和丁绍光一样签名把手都签酸了的时候，有过被美国小姑娘把脸吻红的时候，有过像“明星”一样被人簇拥着拍照留念的时候，有过被从男宾的礼服、女宾的晚装上散发出来的香水味熏得飘飘然的时候。在这个群体中，享受“红点”喜悦的第一人还是丁绍光。不过，那已是在几多寒暑几度春秋、几多风雨几多愁之后了。现在在艺博会租个摊位大概要四五千美元，丁绍光初到美国几年，那时租个摊位要便宜得多，两三千美元。你就算掏得出来这笔钱，舍得孤注一掷搏一回，那艺博会的门槛前还守着个严格把关的艺术委员会。至少有10个以上的主审委员——世界各地请来的专家、艺术家、艺术评论家，他们认可方可进去。可他们投票除了自己的眼光，还要你把简历、代表作寄进去，那上面还要你在他们这个世界，销售过你作品画廊的业绩证明。丁绍光那时的业绩是一个接一个的“零”。进去看看总是可以的吧？欢迎！丁绍光哪肯放过摆在“家”门口的机会，洛杉矶春秋两季的艺博会去；有条件了，纽约的去，芝加哥、迈阿密的也去；今年去，明年去，以后几乎年年去；不只一人去，“云南画派”的朋友们来了就一起去。如果说美国东西南北中那一个个规模宏大、藏品丰富、设施和管理都堪称一流的大博物馆、大美术馆，给丁绍光提供了一所永远不毕业的学校，如世界著名的“纽约大都会博物馆”，洛杉矶的“盖蒂博物馆”“亨廷顿图书馆”等等。而那层次不尽相同的艺术博览会，则给有心要进入美国画廊的中国大陆画家补上过一堂一堂的商业运作启蒙课和世界画坛最新信息巡回讲座。喜欢大海的丁绍光知道放低身子是海的姿态，那是为了吸纳百川。他来美国绝不会去上什么大学，但他必须在某些领域重新开始和拼命补课，他必须下到海里去。丁绍光无法有那些公派的观摩团、访问交流的画家和官员的潇洒。他们带出国的画往往只派为友好关系“勾兑”的用场，是想卖都卖

不出去的“非卖品”。有几个高鼻子来看画展，赶快用相机拍下来，回国之后配在出访文章旁边，也就算完成中国画走向世界的一桩差事。占了这种少之又少公费出国名额的，鱼目混珠，多之又多还有非去不可理由、非他莫属的人物，干吗要对你西方画廊在玩什么感兴趣？赌城拉斯维加斯的脱衣舞不是很好看的西洋镜吗？《花花公子》《阁楼》一类的成人杂志，随手捞两本回到五星级大酒店一饱眼福，回国不是又多了一份“批判资本主义腐朽艺术”的谈资吗？

丁绍光赴美持的是因私护照，掏私人的腰包，了私人的欲望，跑画廊、艺博会急于要弄清楚、学明白——西方艺术世界现在在玩什么。谁赋予他这样的使命？中国画。他自信，不会太久他一定要让人看到什么是现代的东方艺术。

目前中国大陆画家还不太清楚、还在困惑的一些问题，丁绍光在20世纪80年代初的美国就算是先知先觉一步了。在美国被认为层次很高的现代艺术，丁绍光这一回不再是毫无感觉了。他在芝加哥艺博会上终于一睹后现代主义、超级现实主义、表现主义的艺术杰作。那次万里迢迢横穿美国大陆，他和同行还有侄子丁虹等画家（丁虹学美术出身，现在“好莱坞”电影圈）一到芝加哥艺博会门前，入眼就是座巨大“雕塑”，一个日本现代雕塑家呕心沥血之作——两千多个废汽车轮胎堆起来就是一座雕塑！这究竟是要为他出资的汽车公司说话呢，还是艺术家要表达无数怪圈组成世界的别样情怀？你不懂，也不敢问，那就走你的路吧！展厅极其空旷，出租的摊位个个财大气粗。其中一个摊位放着一件雕塑作品——两个钢瓶，一大一小站在正方形的墩上。丁虹开玩笑，一屁股坐到较矮的钢瓶上。守在一旁的女工作人员瞌睡立刻惊醒，“不准动！这是艺术品！”丁虹赶快站开。要不是她突然跳起，展厅里仅有的几个观众还差一点把她的睡姿梦态也当作作品欣赏了。多年后，丁绍光也记得一个英国画家的展品：他把粉红色的卫生纸，拉开几百卷把展览会绕了几周。这也是作品——超级现实主义的作品！据说一个超级影星已经一掷千金将它买了下来。还有一堵墙，什么都没有的一堵墙，右下角贴一标签，这也是美术作品！这叫做什么有什么，想什么是什么，你不看也不想，你就不知什么叫作墙，也就不知道什么叫无绘画的绘画。还有一架钢琴，琴盖打开一个小时，然后关上，也是作品，这叫无音乐的音乐。应了中国民间一句老话：“不看不知道，看了吓一跳。”这艺博会据说还是高层次的，一般作品还很难上。难上，咱们就不往这儿上。不是他们还有更高层次的吗？外面的世界真精彩，这个世纪这个世界，一切艺术“乱象”都诞生了，什么都有了，什么都走到极端了。无音乐的音乐，无绘画的绘画，视觉、听觉都还得不到满足，走出户外，走出展厅，出现了大地艺术、环境艺术——跟环境结他不能不说他有生以来看到的最大美术馆——洛杉矶的盖蒂美术馆。

合起来的艺术还不满足，更走到极端——观念艺术：画家想到什么是什么，画家认为什么就是什么！结果是什么都没有了。所以，这一段时间，留在云南的朋友们收到丁绍光“海外飞鸿”，不是说他何时吃了第一只“肯德基”，何地见识了“麦当劳”；也不曾诉说车行在西部莽原只见车流不见人影的高速公路上，才真正听出了美国乡村音乐的味道。他不能不说他有生以来看到的最大美术馆——洛杉矶的盖蒂美术馆。他急于要与朋友、亲人分享的，不仅是登临美术馆坐落的悬崖绝顶，俯览浩浩荡荡的太平洋，此处的一草一木散发着异香，一处转角一座雕像，触目皆是艺术。丁绍光急于要诉说的，是全球公认的富豪盖蒂先生拥有的金钱和才思，以及他让2000年前维苏威火山爆发时赤焰、熔岩淹没的庞培古城重现于豪门巨宅，让后人看到意大利文艺复兴时代以至19世纪名家雕塑、绘画作品及文物成为珍宝馆藏。在盖蒂，丁绍光首次看见梵高传世的六幅“自画像”之一，类似的一幅在20世纪之末拍卖出去世画家作品最高价——7000万美元。丁绍光当然也会在信中描绘首次看见心仪已久大师们的真迹，从中看见当时艺术风格的时尚与转变，及宫廷艺术流散入民间后，犹自发出的璀璨光芒。当年在云南“聚众呼啸”、夜夜大山侃不息的情景已难再现，诉诸笔墨说盖蒂，他仍和当年一样乐于把新的发现与朋友们分享。该美术博物馆成为全球资金最充裕的收藏与研究机构，是创办人盖蒂从他32亿美元遗产中拨22亿美元用于文化建设的。丁绍光发现这崇尚金钱的新大陆，同时也是崇尚文化的国度。盖蒂先生拥有的金钱使他身前荣耀，而在迭变的时空冲击下，永为后人缅怀的、尚能名垂丹青的，却是文化的财富。当然，他留在云南的朋友们也第一次听到了他要留在美国，把过去缺了的“课”继续补下去。那时寄回云南的，几乎是每周一信，对急于出来的朋友，他的态度变得慎重起来。对当时的“出国潮”有一个颇新鲜的比喻：“一个大家族，如果子女们没出息，一定会都守在家里，为一点遗产打得头破血流，你死我活；相反，子女如果有出息，一定会走出家门，开创自己的事业。中华民族就是一个大家庭，20世纪80年代千千万万中国青年敢到海外去闯天下，或许竟是下一世纪中国兴盛的先兆。”对此表示赞同，所以丁绍光致友信中不乏鼓动大家都争取机会出门来看看，光是关着门在屋里做梦是不行的。外来移民别想照自己的美国梦去找好日子过，这一点，丁绍光在一次次看过提倡所谓现代艺术的层次不低、名声颇亮的国际大画展、大市场之后，已经深有感触。你想走进去，就是要照他们的想法去生活，你的作品就可以换到黄油、换到面包。否则……这个否则之后的话，丁绍光嘴里从来不说，信里也不写。西方历来以英诗、法画、意大利的雕塑傲世，美国艺术没有什么拳头产品，似乎也是它年轻历史中的一段。曾几何时，它崛起成为代表西方文化的一个中心国家了，不要说只有中国人会修墙、筑长城，画

克里姆特《母与子》

克里姆特《吻》

廊门前一叠连声的“No”就因为你是一个中国大陆来的画家。老美把鼻子翘到天上，不是他们玩习惯了的“现代艺术”，而是他们宁肯把眼角的余光投射到“跳蚤市场”上去看摆在地摊上的“扎染”“布老虎”“三寸金莲”，也不曾在你急于出手的“中国画”上表现出丝毫的“相见恨晚”。

“从1980年到1985年，在美国，他流连于各大博物馆之间，观察和研究世界现代艺术潮流，并进行自己的创作。”张道一在其名著《道一论艺》中曾经注意到丁绍光初到美国留下的这一行拾贝于艺海的脚印。和毕加索有着同等地位的奥地利著名象征主义画家克里姆特（1862—1918），作品最大的特色是唯美主义和象征主义精神相结合，人物造型基本写实，多从文学、圣经中取材，表达深刻寓意。另外，克里姆特画中主角大部分是女人这一特色，冷艳、华丽的绘画风格，都对这一时期的丁绍光有着极大的影响。被看作奥地利艺术发展史上一个重要派别“分离派”领军人物的艺术家，丁绍光对他的认知从现在起已不再只是艺术史家所说的，克里姆特和“分离派”的贡献，绝不仅仅在于他们开创了新的领域、运用了新的手法、营造了新的艺术形式并使用了新的材料，也不仅仅在于他们把绘画、雕塑、建筑融为一体的构思和创作；他们之所以产生巨大的影响，之所以在现代的西方世界很多人家的卧室、客厅乃至卫生间，在家具上 、织物上、化妆品……随时随地都能看到复制的克里姆特艺术品，广受爱戴绝不仅仅因其技艺的精湛。他们在艺术发展史上的巨大意义是克里姆特和“分离派”适应时代和社会的需求，勇敢地从僵化的传统中走出了一条新路。这对于丁绍光的绘画成功地走向世界是具有启示意义的。“一到美国就看见了他的画。”对那幅名画《吻》，笔者在听丁绍光述说当年的第一感觉时，一直感到他眼睛在闪闪发光。他说：“这幅克里姆特的代表作有着强烈的装饰风格，除了脸部、手部和一些花纹外，金色调几乎笼罩了全画。尤其是主体，男女的长袍好像一幅镶嵌画，又像一幅工艺性极强的图案画，这种‘镶嵌风格’不仅在油画中绝无仅有，即使在工艺美术中也独树一帜。克里姆特在创作时充分发挥了写实造型和装饰风格的作用，使具象和抽象这两种表现方法结合得合情合理，天衣无缝。”丁绍光从不掩饰他曾经为此十分着迷。

白描《西双版纳》局部

5 两张白描换来一只“大鸟”

有了多次碰壁的经验之后，丁绍光进攻画廊的策略有了变化。丁绍光一进画廊门厅就先发制人，“不要问我从哪里来，我先问你经理先生见过中国画吗？你说见过，是哪朝哪代的？是近代的还是当代的？”终于有一家画廊老板坦诚相告，他们最搞不懂的就是中国画，古代的有假，近代的有假，当代的也有假，有名人的真画就会有仿名人的假画上市。真假难辨的石涛，真假难辨的徐悲鸿，真假难辨的张大千，都曾让画廊老板们心惊肉跳。当然，这位自称东方艺术品收藏家的画廊只对过去的事实说话，他没有预料到十多年后美国绘画市场上还追风出过仿冒“云南画派”的画，仿冒丁绍光名画的画。张大千因入不敷出撤回台湾之前，好些年一直住在洛城环筚庵。中国画，没有因为张大千就浩浩荡荡走进了美国市场，走向世界。

丁绍光终于明白，美国画廊的傲慢与偏见，多少与前人留下的印象有关。误解有之，夸大有之，买中国画的人不多，假画充斥市场并非空穴来风。

20世纪80年代初，丁绍光到美国不久，纽约著名的苏富比公司就遇上一件怪事。它一举拍卖中国近代名画家作品一百零一件，造起一定声势，可望获得不错的效益。其中有《观音大士像》一幅，下有“张爱之印”“大千”两印，右方居中有“寄奉君璧道兄永充供奉”的

丁绍光的白描

“蜀都大千”题款。这幅长约1.2米、宽约0.5米的《观音大士像》，工笔、设色颇为精致。出让这幅“大千精品”的德国人，是位有名气的中国艺术品收藏家，据他提供的资料说：此画于1967年在上海购得。苏富比公司以行家的眼光给了一个不低的保底拍价11000美元，可望拍出30000~50000美元。然而此《观音大士像》确系假张大千之画。因苏富比公司爱它过甚，拟用它印作拍卖会广告，将彩图传到台北黄君手中，才将事情捅破，根本就没有张大千赠送《观音大士像》这回事。此画画得极好，若不是碰巧找着了虚设的受画人，大概没有人能够认定是一张假画。画商的损失可以想见，其恼怒的余波几乎波及了整个美国画廊。尔后，丁绍光也从他们脸上读出了“苦大仇深”。

那位自称东方艺术品收藏家的画廊老板，是一位法国人，他当然知道中国画在美国市场上的种种故事。他不错的眼力虽然未能预见几年后、十几年后，丁绍光作品的大幅度增值，但他同意看看这个中国人带来的白描。画廊的人一看就说：“喔，你是从巴黎来的？”丁说不是，画廊老板说：“那你一定在巴黎留过学。”丁也说没有。中画、西画都在创造色、线、形交错的世界，哪里又仅止你一家在运用准确有力的线条，以达到生动传神的目的呢？在日后丁绍光自成一格吸收西洋画法的工笔重彩，那些线、那些色是既透着中国技法的轻灵，也含着西洋技法的凝重！丁绍光在美国最早多以白描示人，除了仅带了60余

丁绍光的白描

幅白描出国的原因外，他对自己的“白描”，尤其是以西双版纳风光风情为题材的白描，无论在何时何地，信心从未动摇过。在“文革”那些不堪回首的漫漫长夜中，他暗中再度把西方一些重量级大师作品中的线，在练习中用单一手法来表现。表达一个中国人的哲学、美学，将画家自我的感觉、感情和线相结合，这是他去麦积山石窟，并在石窟面壁数日解决的一个很重要的问题。出国前在流沙河畔跋涉40天获白描29幅，在国内能出版画集并编入大学生美术教材，其品位若原装窖酒香可透瓶而出，如乳牛产子的头道奶浓稠无比。“当初我到美国，我想他们在线条上没法和我比！”这是丁绍光的原话。所谓的想不是空想，在国内学画习画的二三十年间，在你所说的“总是保护我的老头子们”输送给你的养料——西方绘画资料上，你已比较过；赴美之后在画廊，在博物馆你又反复校正自己的感觉，你终于确定自己的优势。你认为在中国只有特殊性格的人才能经受住社会潮流的裹挟而不自失。出国后历经碰撞，你很快就会发现自己是进到人家三年五年你能站住脚跟，八年十年你能有所发展，老美嘴里不说，心里也承认你是生活的强者。

的领地来抢饭碗了，没有特技，没有己之所长，凭什么让人家给你优惠，让你生存下去？况且，护住自己的地盘不仅是人的天性，连猫狗都有与身同在的领地意识。在当时美国画廊没有普遍认识、“没有太多注意”时，有一家法国人开的画廊把眼光停留在丁绍光的白描上，正如丁绍光所说，“我在美国发展取得成就这很重要！差不多20年，直到最近，我的白描在美国抢得很厉害，一张白描出来很快就被抢了。应该说西方人对东方文化的认识和东方人对西方文化的认识，是需要一个过程的。”而东方呢？直到最近，也就是丁绍光赴美差不多20年了，“现在中国美术界对我的画还是有争议的。关于人物的变形，有些人认为是装饰，有些人认为是搞现代。而搞现代特别强烈的，认为我太实；太写实的认为我不写实，总归有争议。”丁先生是在功成名就后说这番话的，和当年一样自信心十足地认为“整个中国美术界对我的白描没有争议，包括最保守、最现代的，对我所画的线条没有争议”。上下两段话本来是一气呵成，对专程来洛城的访问学者带几分谦虚地说。由此可见，丁先生近20年还没完全美国化。美国人在面对别人的赞扬和夸奖的时候，是绝不以“不好”来回答来表示谦虚。丁绍光和所有初到的中国人几乎都犯过同样“美丽的错误”，比如在画展上，“老美”当面夸你的画好，那是真心认为你的画好，你回敬一句中国式的客套话“呵，不好，不好！”老美就会莫明其妙，甚至误解你为什么要把自己都认为不好的东西拿来卖给他。曾给丁绍光担任过翻译的几位美国女大学生都曾经临场纠错，急中生智替画家向顾主答声谢谢，无须谦虚地悉数收下对方的赞扬。

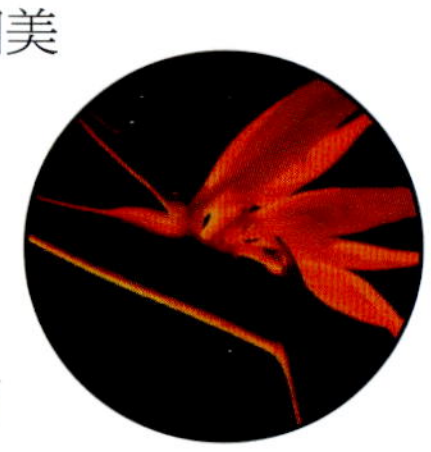

丁绍光在美国出手的第一张画确实是一张白描，他那带到美国来的全部财产的六十分之一，售出价是400美元。买主都是妹妹托朋友找来的，而不是那家法国人开的画廊代理。紧接着又有几个400美元的进项，果然鼓舞得丁绍光立刻长出了翅膀——他用不足卖掉两张白描的收入——700美元买下一辆二手车。他决心自己开着车去那已经闪露了希望之光的画廊，如此“包装”一下算是初学了一点商业运作的手段吧！

丁绍光一张寄回国内送亲友的五寸彩照，至今还能在何能先生家藏的相册中见到：那是当年丁绍光用两张白描换来一只“大鸟”出门前的合影——不是身靠在车头，也不是倚在车尾，丁先生舒开双臂，魁伟的身躯高出车门一头，仰在“大鸟”身上。如果要给照片取个标题，只能是“画，让我长出了翅膀”。

从严格的意义上讲，丁绍光的第一只“美式大鸟”比起当时风驰电掣在洛城高速公路前后左右车道上的“林肯”“别克”“庞帝亚克”“劳斯莱斯”“福特雅士”和那取名“水星”的小跑车，简直像一只丑老鸭。不过，力量还行。在美国出门有台车，等于脚上穿双鞋，“脚下无鞋一身穷”是中国人的说法，在美国穿鞋是为了走路，日行八百里是为了生存需要。车主此时的心情值得描绘一下：开自己的车，走自己的路，携自己的画去闯世界。尽管距画廊约谈的时间下一个礼拜五还有一段距离，但想着就要被异国人赏识的中国白描，丁绍光眼前的天空都是一片蔚蓝色——梦一样的蔚蓝色。

6 “我的画不想放在这儿”

来到新大陆的中国画家，哪里是你的“面包房”？人人面临生存的困境和窘境，一不小心就掉入“陷阱”，丁绍光也毫无例外。

20世纪80年代起，背着画箱、携着画卷来到美国的中国画家，每天人数起码呈三位数在递增。

他们一个个从美国东部的纽约、芝加哥机场走出来……他们一个个从美国西部的洛杉矶、西雅图机场走出来……

他们从各自不同的通道走出之后，便匆匆消失在红尘滚滚中，但不必担心，从此便再也见不到他们的踪影。不久后，又重新背起画箱、裹起画卷步入出境通道，回去的是少数、极少数。电脑里储存的档案，显示出逗留在不归路上的中国画家是多数、大多数。不是老美有意在这一点上显示好客的泱泱大国风度，也不是它极其严密甚至可以说繁琐的法律哪条哪款出了漏洞，更不是它的游戏规则故意留出空间给黄皮肤、黑眼睛的中国人。这块肥美的土地容留不归者的态度，似乎应该这样解释：那是出自老美的自信。它自信生存环境对谁都是严酷的，包括它们自己也是优胜劣汰。而外来的移民，人人面对生存的挑战，只有过之而无不及。美国是天堂？美国是地狱？它不在乎你怎么说，结论让你自己去做。你敢来，并不说明你有谋生的本领。只有梦是不行的，你得干起来，比美国人辛苦三倍五倍、八倍十倍地干起来，让人看看你究竟有多大的本事。三年五年你能站住脚跟，八年十年你能有所发展，老美嘴里不说，心里也承认你是生活的强者。

“股市有风险，入市要谨慎。”美国的股票交易所门前从来没有这样的忠告，美国的海关前也同样如此。

你既然通关过来了，就是想在人生的赌场上投上几注碰碰运气，这也无妨——它明知你手中的小锯子锯不倒参天黄金树。

内华达州沙漠上那驰名全球的拉斯维加斯正是这样，所有的赌场唯一不置放的是时钟，没有白天，没有黑夜，就让你“大珠小珠落玉盘”，一个劲儿往里面下注。明知输多赢少，但谁肯在下注之前就承认自己就是那个输家，而不是那个抱着满皮箱美元，让加长礼车送回家的赢家呢？直到那“吃角子的老虎机”确信再没有必要对坐在跟前的你动弹一下眼皮的时候，你大概也该耷拉着眼皮回家了。一梦醒来走出赌场，你愿意改了拉斯维加斯的英语发音，故意用汉语谐音把它读作“拉输了回家去”或者是“拉输也回不去”。那是你的自由，悉听尊便。

从某种意义上讲，拉斯维加斯就是美国社会生活的一座微缩景观！

认输的，回了家；想赢的，又入场。

留在美国的中国画家，保守一点的数字是以千计。这个以个体面貌出现的群体，在他们各自匆匆安顿好自己的随身行李之后，他们几乎和丁绍光初到美国一样“急得要命”。生存危机立刻出现在面前，人人都想尽快找到自己的“面包房”。

丁绍光最早看见自己的同类是在“Mall”里包罗万象的购物中心，这也是其中一“象”。和母亲及妹妹家人逛“Mall”时，他很快就注意到这里有画店、画摊，玻璃窗前有两位面对着画架、正在替人打工画像的中国画家。“生意好不好？”一位青年有点不好意思地点点头。东北口音，暴露无遗：不到三十岁，毕业于东北师范大学美术系，两年前来到美国，三个月前一个偶然的机会，被人雇到购物中心画摊上打工来了。现在已经学会溜着轮滑出工收工。他答话时也不停画笔，十分熟练地往一张女人脸上涂颜料。顺手用笔指了指画箱边上的一双旱冰鞋及头盔，这是美国青少年喜欢的运动器材和玩具，为节省交通费，也为节约出时间来画像挣钱，对能从“街头画家”走到这一步，他多少有些喜出望外了。起码在“Mall”里比在街头少受海风吹、烈日烤，雨雪风霜之苦。中国的美术学院一般都为学生奠定了相当扎实的写实基本功，比美国艺术院校同专业学生有明显优势。所以，他们一旦走上街头，在“同类动物”鼻子下抢人饭碗——一张画板、一张小凳子、几支画笔、几张纸，15美元，一刻钟描个“像”，简直是轻而易举。只要像游人了，人家就笑逐颜开，请你签个名就好了。从理论上讲，一般是只要耕耘就有收获，在美国混个“温饱型”的日子过。只要你没有梦，得过且过也能过。街头作画不只收入不错，而且赚的都是现金——免税。“辛苦画了一天，最快乐幸福的那一刹，就是回家洗个热水澡之后，坐在地毯上从臭袜子里掏出一张张发臭的纸钞的那一刻。”“别看那钱是臭的，寄回家去却是香的。”这也是有过街头体验的画家，在忆起那段有说不出的辛酸、也有无穷乐趣的日子时说过的话。有些画家把街头画像当作一种过渡，像打游击般画一阵子赚一笔钱就跑回去念书或专心搞创作；有些艺术院校的学生更是一边在街头画像一边在课堂里研修——画家与画匠两者兼备。前面提到那位踩着轮滑天天去画“Mall”的东北籍的年轻人，几年后有人发现他又进了一步——接订单在家

大都会博物馆

纽约时代广场

里画，订单最多的是彩色人像画，每幅定价80美元。工作时间：早上七点到晚上九点。周末有时休息，又重新踩上轮滑，不过这一回不是画而是逛“Mall”。画纸、颜料、水果、面包之类暂时还背在背上滑回去。过不了多久，就该有自己的“大鸟”来驮回家了。这人总体说来还算年轻，涉世不深，在国内又没赶上躺在画院、协会之类“国家发饭票，自己画钞票”安乐椅上的好日子。操名气，论段位，要混得弄出几张不黑不红的书画托人送给附庸风雅的老板把玩，或者当朝几品补壁，就有“红包”的收获、“仕途”的开通，哪里是一朝一夕功夫？哪里比得上从踩轮滑到坐小车、从街头到家里接订单的进步快？一月少说几千美元的纯收入，就是抛妻离子也愿这样过下去。这是一类留美的职业画家。

画到最后把街头画像干脆变成一种专业，这是旅美中国画家中最多的一种。当时坐在东北口音年轻画家身旁的上海人、年近半百的中年画家，不久后也从条件不错的购物中心撤退出来，重新回到街头。在国内当过美术系主任、教授，也算有些知名度的画家，写实风格的作品获奖、参展的荣誉证书，若有心展开在墙上，那得准备半间房子。他不愿搭腔，一直埋头搞他接的“活儿”，那是他正视现实，把过去已经置于脑后。他言语不多，并非他不善言辞。跟客人开开玩笑，讨价还价比起只会“守株待兔”的街头同行，他早已显示过优势。至于和自己的同胞或者美国本土各种不同肤色的族裔，在街头替人画像排排坐，他是在纽约、在芝加哥、在亚特兰大就好歹算过了心理调节这一关。艺术搞了半辈子，实在拉不下脸来见人就说钱，画不到几天就坚持不下去的情况也出现过，毕竟在国内还风光过一时嘛！遇上街头画家，连自己也不敢相信“斯文人”也能变得如狼似虎。美国呀美国，它动物园里的野生动物都不是放在笼子里喂养的，它怕你因吃现成饭，丧失野性最后丧失自己觅食的本领。画家上了街头个个练就一套觅食的不凡身手——见了钱就抓，见了警察就跑。在美国街头摆摊的画家和我们国内无证占道、乱设摊点一样，合情并不合法。在游人如织的洛城海滨，丁绍光就亲眼目睹过中国画家“跑警报”的情景：一声“警察来了！”就像放倒消息树、鬼子进村的情景再现，有的把画具扔进垃圾桶——“坚壁清野”；有的拎了吃饭的家伙拔腿便跑，几个“客户”也跟着画家一起“胜利大逃亡”；有的还拎着未着色的“半成品”，气喘吁吁一段路之后，两个人又坐下来画，直到完成为止，这叫打一枪换一个地方。

丁绍光在美国西部最大的城市，美国人希望将它建设成世界新兴艺术之都的洛杉矶，寻求自下而上位置的艰难时段，也曾十分关注东部的纽约。一般人是无法和性情中人相比的。虽说眼下艺术管不了他的温饱，如果没有艺术恐怕丁绍光在肚子塞饱了的时候也是饥饿的。他曾经想到纽约去寻求发展。位于纽约曼哈顿中央公园和第五大道之间的“大都会博物馆”和法国巴黎卢浮宫一样闻名于世，堪称世界上最大的博物馆，它明亮、豪华、宽敞的大厅，他的名言是“我现在卖一朵玫瑰花，将来我要在全美国卖玫瑰花”。

几乎成了人类所有文明史的画廊和展台，不能不引起丁绍光难耐的饥渴。从美国出版的中文报刊上，从亲友们的见闻中，他很快知道，如今纽约街头的中国画家取得垄断地位已是不争的事实。纽约大都会博物馆附近的中央公园时代广场，早晨和晚上都成了中国画家聚餐的食堂。每天天黑之前，在中央公园门口及刚入门处的小动物公园附近，在载着游客来去的马车和扑扑飞过的鸽群间，睁眼一看就是一大片中国画家不在少数的“街头画家的联合国”，真还称得上是秩序井然。中央公园设摊画像的执照可以逐月申请，地上用漆写了号码，各自对号入座，水平不一样，摆在摊位前的“道具”大同小异：画纸、厚纸框、几幅精心绘制的人物素描图样本，一张供顾主安坐、可折叠的沙滩椅……不懂ABC，生意也可照样开张，画到天黑之后便陆续向时代广场转移，这一带是找钱的金三角，不核发执照，警察赶得很凶。虽然各种肤色的街头画家联合起来搞过几次示威，要求市府核发执照，但仍被当作是街头无照小贩看待，让许多画家无可奈何。丁绍光曾经做过一连串的纽约梦，就是读了华文报纸有关中国画家寻食纽约街头的几篇报道后，在大脑皮层引起的反应——晚上九点钟，买了“便当”（快餐盒饭）的中国画家集中到时代广场附近一个有屏障的空地上用餐，大家围成半圆形坐着，吃喝完毕，聊天休息，然后又打起精神往大街上走去。深夜的百老汇大道上，霓虹泼彩香风袭人，游客川流不息，噩梦的前半段还多少有点愉快，大概是丁绍光梦中参与了咀嚼那从四十二街上海人开的中餐馆“忆龙楼”买来的“便当”和免费招待的酸辣汤；而梦的后半截真的酸辣起来——“要不要画一张？”有行人路过画摊前，便立刻有画家打开手中的样本上前招呼。一见对方被他惟妙惟肖的画工吸引，那样本便立即被熟练地甚至可以说是被身手敏捷地转过来，背后写着定价……

丁绍光在梦断纽约街头之后，屡遭碰壁，在对画廊完全丧失兴趣的一段时间里，他也没有想到在洛杉矶街头加入画像行列。他已经具有美国人择业观点的妹妹，并不认为每天驮着画具走上街头是丢人现眼的事。美国的道路是通天的，但通天的路是靠人自己一步步走出来的。她既知道人们常说一个穷作家一夜醒来发现自己已成为名利双收百万富翁的故事，也亲口向哥哥转述过美国“十佳花园”巨子从香港出来发家的传闻。这个亿万富豪是靠一枝枝地卖玫瑰花起家的。他的名言是“我现在卖一朵玫瑰花，将来我要在全美国卖玫瑰花”。他现在已不只是卖玫瑰花了，生意大好。最大的快餐业巨子，是靠着骑单车一家家送外卖而走上发财致富路的。成功人共同的特点是有很强的好胜心、进取心，极端的自信心。她更知道洛杉矶那一个个闻名全美，甚至全球闻名的电力大王、铁路大王、报业大王，并不是继承丰厚的遗产而成就了“王业”。即使是出身豪门，大多数也是很年轻的时候就自立门户，从零开始发展自己的事业，以证明自己的能力。所以，他们在选择事业接班人的时候，沿用的往

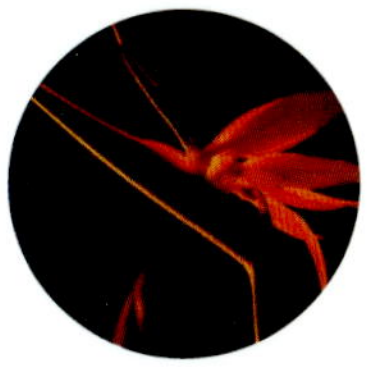

往是祖辈曾经运用于他们身上的法则，对继承人能力的选择远远大过对血缘的选择。这就是人们常说的美国是一个能力社会，有最大的能力往往就会有最大的机会。妹妹是相信哥哥有能力的，尽管她本人是搞科学的，对艺术隔行如隔山。她帮助绍光推销白描，她看得出买主不完全是买人情。她本人也深感哥哥的西双版纳画得很美，看一眼就是一番美的享受。她深信哥哥在国内练的不是“空手道”，但她多少有些不明白，丁绍光就是在“山穷水尽疑无路”的时候，也不肯驮上画具、拎一只小板凳跻身街头画家行列，一屁股坐进以像不像取悦于人的“柳暗花明又一村”——位于洛城卫星城长堤市郊的拉古拉海滩，丁绍光是经妹妹提议并由妹妹驱车陪同前往的。这处历史性的观光胜地，也是洛杉矶人水上活动的天堂，夏天旅游旺季每天有近10万穿着“节约”、吃喝玩乐潇洒的洛城居民来到这里。

拉古拉海滩

海边的风景极优美，终年都有水鸟围着密西西比河式的游轮在蓝湛湛的港湾里飞翔。每年12月到来年3月之间，人们还可以出海观鲸——看庞大的加州灰鲸季节迁徙。旅游地、富人居住区自然会配备最新潮的购物中心。商店走的是高级路线，商品艺术化追的是目前最流行的趋势。卖的虽是卡片、书籍、纪念品，一家家Museum却建造得高雅无比。这样的地方是不会缺少画廊的，美国中产阶级买画的风气很盛，很多人家里都挂画，花个几百元、几千元买幅原作，旅游完了带回去也是一种纪念。这里的画廊一般生意不错，高级的画廊里曾有过美国当代画帝“帝康宁”的优秀作品陈列，卖价当然是十分惊人。贫富悬殊也同样是拉古拉海滩的一种风景，正如在尼亚加拉大瀑布等著名景区，你可以看见不少来自中国的街头画家一样，“拉古拉”同样是无以计数的街头画家云集的码头。他们洒下无数汗水、泪水，吞下一肚子苦水的同时，一年斩获几万美元，几年、十几年后在美国买车、买房的也不是个别人的“业绩”。

丁绍光在拉古拉海滩看见了在画摊前矮凳上久坐，因久坐腿脚也就麻木了的同胞和同行。

20世纪80年代初，丁绍光先生（左一）在美国洛杉矶美术馆，与中国云南画家友人：何能（右一）与叶公贤（右二）

丁绍光和他们交谈，再也没有听见当初赴美发展是什么样一种心愿，剩下的只是一种麻木。

7 “街头画家”云集的风景线

多年后，丁绍光回忆起在拉古拉海滩，对当时为什么“即使四处碰壁碰得这么惨”，他没有在纽约中央公园、时代广场，旧金山渔人码头，洛杉矶街头画摊前的木凳上一屁股坐下来；或者“识时务为俊杰”，因地制宜选在拉古拉海滩，在已经有一些外来画家摆地摊卖自己绘画作品的“市场”，添上一个初来乍到的新面孔。走在身旁的妹妹，也曾用不肯定的语调，附在哥哥耳边说过这样的话——肯定是说过的：

“哥，我们似乎可以在这里摆一些画来卖……”

丁绍光在那些卖画的地摊边上看了一圈，觉得实在没有顺眼的东西，就坚决地说：“不，我的画不想放在这儿。”

丁绍光回忆拉古拉海滩之行，有两种版本。一种版本是，“那时我很狂！”坚决拒绝妹妹似乎有过的摆地摊卖画提议的一闪念，他曾说过这么一句话：“他们做我的学生还是够的。”

另一种版本是，“那时的我之所以这么说，倒不是因为狂，我只是还有一点自信。在那段时间里，也有一些美国学校要给我奖学金，让我去上学，但是我放弃了。我想我在中国大学里已经是教了二十多年书的人了，跑到美国来反而要当学生，我不愿意。”拉古拉海滩可以作证，拍打在礁石上的雪浪是为闯海人开放的花朵。“我不想到这里来浪费艺术感情，如果只是为了活，我宁肯去洗盘子！”丁绍光弃“滩”而去，决心另选“登陆点”。

云南画派的重要画家何能教授，是较丁绍光晚六七年才在美国登陆的。换一个说法是丁绍光先抢了滩头，云南画派一个个涉水登陆，然后向前纵深发展。丁绍光最初的经历，尤其是途经的坎坷，后来人常常引以为戒。何能和丁绍光是少数避开了在美国街头卖画的中国大陆画家中的两位。何能忆起这段经历，他说：“谁到美国，最先面临的都是生存危机。人在生存危机面前，最易患的眼疾是短视，而短视让人选择急功近利的航道。”

何能在说自己，何尝又不是在说他的朋友丁绍光？

丁绍光登陆美国100天，他站在洛杉矶拉古拉海滩，对未知的一天他不再茫然，而是坚定地说：“我在艺术上要赶快启动！”

美国画廊的习惯是礼拜五开画展，连续三天——星期五下午五点钟开酒会，星期六、星期日连续展览，艺术家都到场与买主见面，签名、合影、喝香槟……丁绍光履约而来，“大鸟”保证了他的准时到达。当驱车经过洛杉矶闻名全球的“黄金道”“富人区”时，他不禁想起不久前妹妹驾车为兄找画廊，面迎车窗外鳞次栉比的幢幢豪宅，娓娓道来的一个典型的美国人一夜致富的故事：比佛利山在一百年前曾是一大片廉价的豆田，居民不过“一打”，且以墨西哥人为主。道旁绿地上仅存一座输油管剖面状的雕塑，所记载的是当年比佛利开矿找油人破碎的梦。三个合伙人仅以67万美元就买下了这无油可采的比佛利山，遂将它开发成住宅区，摇身一变，百倍千倍的增值，成为举世闻名最气派的销金窟。丁绍光履约前往画廊，是图吉利有意通过这条“黄金道”的。

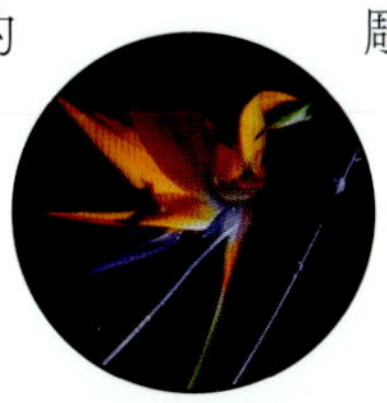

结果是乘兴而来，败兴而归——法国人开的画廊突然宣布倒闭，这是一个黑色的星期五呀！

8 沿101高速公路千里一驰

丁绍光初到美国，很快就感受到前所未有的自由。没有人来叫你去参加政治学习，没有人来动员你去参加政治运动，没有人来给你设定思想和艺术规范，然后要你画成点什么东西去为某个主题服务。当然，也没有人来买你的画，也就是说没有人来给你发工资了。

自由的画家，像太空人，整个身子都悬浮起来了，走路轻飘飘的，落不到实处……

“我能做点什么呢？”丁绍光问自己。

好，给妹妹家分分忧，每天接送一下上学的孩子吧！反正暂时不跑画廊了，跑也是白跑。好歹也能开车上高速公路了。说起开车上高速，算是丁绍光在洛杉矶创下的一个奇迹。云南一帮画友陆续来到美国之后，令他们惊讶之极的是丁绍光的学车纪录——六小时就上了车流滚滚的高速公路，何能称之为“望尘莫及”。表面上看是何能胆子小，老丁胆子大，实质上是性格差距。他说：“我考了驾照，月月照章交保险费，好长时间只敢在社区里开车转悠，最后几乎快无路可走，生存逼得你非得开拓新的领域不可：你得出远门去推销自己呀；你得上画廊去看别人的画、送自己的画呀；你得利用一个画展结束后三几天的空隙，租上一台车赶快去采风，去了解风俗民情，准备迎接下一次挑战呀！”美国这个社会就是你不能停步，每一步都要逼着你往前，停步就被淘汰，你必须往前走，没有退路可言。人被逼上了高速，上了两次高速路开车，也就把胆儿吓破了。如今在高速公路上风驰电掣起来，回头看来路，还是佩服老丁那一个胆儿，吓破一回，你勇敢一回；再吓破一回，你再加倍勇敢。在一

个个困难面前壮起胆，一次次勇敢地开足马力冲上高速路，这就是丁绍光的性格！”

说起破胆，丁绍光的说法略有不同。他说：“人的胆量有时是让困难憋破的，有时也是让自己憋自己才憋出了勇气去战胜困难的。”

“我还能做点什么呢？”主动穿起从未穿过的“围腰”帮助母亲下厨吧，这样的家政也学着干了起来。学的目的当然不是准备留在妹妹家或外出找一份家政工作，据说在老美或中国台湾移民家里做计时工，每小时也能挣几个美元。他还很快就揽下了替妹妹上“超市”购物的差事。老美的购物中心一般建在空旷处，必备巨大的停车场，包罗万象的“方城”之内，从衣食住行到吃喝玩乐，琳琅满目、五彩缤纷的商品如山似海扑面而来，让人立刻感到美国生活是彩色照片，而过去的生活则是黑白照片。你置身商品的包围不能不感到来自生活的挤压和挑逗，不能不感到生活在“第一世界”的女人们太费钱，而想在这个世界生活的大男人太需要去挣钱。你一学就会的是在自动售报箱前用几个角币买一厚叠报纸，不要钱也能领到另几种报纸，然后回家找信息。无师自通的是新移民普遍具备的一种目光，轻而易举就找到购物中心每天推出的“特价”食品，那些用于促销的肉类奶类、蔬菜水果，打折后便宜得像全世界都在免费供应美国人的维生素和蛋白质似的。丁绍光，你一个大男人，到美国是为接受别人的救济而来？年事渐高的母亲一定要留你在身边，难道仅仅是为了弥补童年时代的营养不良？在物质极大丰富的Mall里，很容易就闹明白了人们常说的一句俏皮话：“在美国没有什么事情比长成一个胖子更容易。”丁绍光由此想到这个社会极丰富的自由也是有前提的，自由也不是免费的午餐。

也有人说过：“在美国，最能让人体验自由的或许就是自己开车在高速公路上长途旅行。”

妹妹确实是为哥哥做过极好的东道主，包括提供美国人乐此不疲享受的“自由”。

兄妹同行，开车上了101号高速公路。

一边是山——圣塔路西亚山脉；

一边是海——水天一色的太平洋。

山海擦窗而过，都是让人心旷神怡的风景，把头探出车顶上的“天窗”，山风、海风拂动的都是自由的空气。一仰首，“赫氏古堡”闯入眼帘，富可敌国的报业巨子当年建造在临海小山上的豪宅，是非要你仰视才可得一见的金钱造像。洛杉矶到旧金山的高速公路编号虽说和丁绍光已跑过的画廊数目同为“101”，但并不煞风景，千里一驰，确实让一个东方来客体验到了从未有过的自由。一会儿，手握方向盘，放眼远眺旅游胜地的乡村牧场；一会儿，从驾驶座上换到一旁，眯起眼听汽车音箱里放送出的音乐——一路上听着纯朴而略带忧伤的

1981年，丁绍光先生（中）初到美国，与美国画家交流并举办联合画展

乡村音乐或节奏强烈的摇滚乐，自由就像能让人生出翅膀飞起来一样……

这是美国人普通的生活，也是美国洛杉矶人普遍的生活。在你自由选择的时间里，清早起来，带上衣物、食品和必不可少的信用卡和地图，一踩油门就可上路了。可以开车去看雪山、逛沙漠，也可以像此刻的丁绍光一家取道海岸线，一路风光看到旧金山。

自由，什么地方都可以去，什么季节都可以去，盛夏可以看碧荷，清秋可以赏凉风，半截火车厢长的"房车"载着一个个幸福的家庭。据说这"房车"的发明人，最早的俄勒冈州的小牧童，常睡在一个有盖的小货车厢里过夜，大学毕业后他写了一本书，根据亲身体验介绍如何建造一个"流动宿营地"。著作成功出版之后，他便创建了"房车"公司，这是1936年的新鲜事。从此有钱的美国人两步并成一步走，圆了又有房子又有车的梦。一辆一辆的房车陆续开过……

坐在并非房车里的丁绍光，果真入梦了。他梦见了房，他在不久前背着母亲和妹妹一家，悄悄在洛杉矶华人聚居区"中国城"看过一所与人合租的房，这是可以用出售400美元一张白描承担月租的房。而不是十多年后他扶着母亲举家迁入的豪宅。

丁绍光在车上做的不是荣华富贵梦。十多年后成为洛杉矶"比佛利山庄"的主人，成为奥林匹克大道自由出入的首位中国大陆移民的丁绍光，当年车上做过的梦，是中国城里那块与人合租的栖身地。梦里最为色彩缤纷的部分，则是一幅一幅越画越美的重彩画。

车停，梦断。车加油、人加餐，还是妹妹在付钱……

这时，丁绍光终于启齿了，他告诉妹妹他要从家里搬出去住。

"背水一战"，妹妹说她知道这个中国古代故事，那是过江之后就烧了战船……

9 "中国城"开笔，故园梦寻

只身迁进洛杉矶华人最大聚居区"中国城"，签证上规定的在美国滞留时间尚未进入读秒阶段，丁绍光自己动手把简易的画案和床沿对接到一块儿，在狭窄的出租屋里他准备启动作画了。这是1980年冬天。

骤然"拜拜"了一段又"聋"又"瞎"的日子，置身在吃中国饭、说中国话的人群中，占主流的粤语在国内如听外语，在此地就如闻乡音。前后左右都是黄皮肤、黑头发的中国人，东西南北都是中国馆。什么北方饺子馆、广东粤菜馆，什么川菜馆、潮州海鲜鱼翅馆，三步五步一家，十米二十米又一片，进去之后要啥有啥。回锅肉、肉炒芥蓝、冬菇豆腐，春卷、豆包、烧饼、油条，比想象的还丰富。丁绍光住进"中国城"，大有宾至如归的感他平静地耕种《田园风光》，不画绿颜色，而画蓝颜色。

觉，一时还没找着米线、饵丝、臭豆腐，要不，这“唐人街”的味道就不是像广州，而是像昆明了。某些不太讲卫生的习惯也让人带到北美的“中国城”，“一清洁，就不像唐人街”的老话看来并非是讹传。丁绍光英语不好，学得也并不快，一百多天让ABCD累得有些发僵的舌头，骤然间又灵动自如起来，接电话连一句“哈罗”都用不着，解决衣食住行若不是一张张美钞照旧发挥无可替代的作用，恍然间也会生出一种“家园”的感觉。满意这块小小的天地，在华人圈子里来来往往，渐渐滋生出不必再费劲打入美国社会的念头，这里又何尝不是另一块在矮木凳上久坐、让人腿脚麻木、从此不思站起的“街头”或者“海滩”。不管怎么说，急于要在艺术上赶快启动的丁绍光，需要的就是这种“家园感”。静悄悄的深夜和黎明，他又能重新听见雾落在芭蕉叶上、凤尾竹上那比微风吹洒细雨还轻的声音了。他那一根根精致的线，是从大青树生长在半空中的气根上延伸出来的，是从细雨似的月光里流淌出来的。他小心翼翼地将数十种、上百种热带丛林植物，用婉转千折的彩线缚在西双版纳的河畔、寨边。而那一棵棵硕大无比、举世仅存的油棕树，被他轻脚轻手安放在画纸上，像是在家园里安放一对对价值连城的古陶瓶。《田园风光》开笔了，画家走出历史的阴影，《田园风光》掀开了旅美的丁绍光故园寻梦的序篇。

《田园风光》只能是丁绍光的西双版纳风光。《田园风光》丁绍光注定是要用色彩来表现的。他不反对黑白，但他从来就认为黑白世界在艺术表现上只是半个世界，世界本身是色彩的世界，特别是当今世界，色彩是越来越强烈，中国画家不研究色彩、不运用色彩是没道理的。他首先启动的是对西双版纳的印象。印象来自西双版纳密林、田园雾雨晴岚色彩的冷暖变化。他从色彩中得到的完全是一种个人感受。艺术家的感受是非常个人化的，诗人对孔雀之乡的感受，可能是它每一毫升的空气里会有77种虫声、770种花香；画家的感受，有可能就是它一毫升空气里的7700种绿叶上的光和影。而丁绍光的感受是一个蓝调子。此时的丁绍光重新提起画笔的时候，已经完全不再有“在调色板上对颜色选择被认为取决于阶级立场”的余悸。他平静地耕种《田园风光》，不画绿颜色，而画蓝颜色。他画一片树林，整个很密的树林，整个色块的绿都变成了蓝；他画翕张自如的阔叶，在蓝调子中给人的感觉却不是蓝，是绿。绿色的最深层就是蓝色。蓝色作为一种加强色，大面积濡染在画面上，无疑对渲染人的感情起到加强作用。欢乐时，蓝色使你更加欢乐；忧伤时，蓝色使你更加忧伤；沉郁时，蓝色使你更加沉郁。于是，读画人在看似单调的蓝色里，意醉神迷地进入了包含着十分丰富感情层次的《田园风光》。丁绍光在使用颜料时，第一次让颜料有了使命感。蓝色的使命让《田园风光》成为丁绍光描绘他西双版纳之梦的一幅杰作。

丁绍光曾说：“我在美国的前六年虽然不如后来那么成功，但是这六

1981年
《田园风光》

年实在是我的一个经验积累的过程，那时候美国画廊对中国画家一概拒绝的风气让我很生气……”生气的结果，注定了他在美国的第一幅画、第一批画乃至一个时期的画，必定是一个彩色的世界。他就是要让美国人明白“我从东方到底带来了什么”。中国画绘画语言单调，色彩单调的中国画不仅在绘画市场上不占什么份额，在艺术博物馆的藏品中中国现代绘画作品也几乎是令人难堪的空白。诸多的原因中也有一个对现代中国画色彩单调的成见。

这一时期，何能先生等当时还留在云南的画家，虽说听不见丁绍光画笔响动的声音，但从一封封“海外飞鸿”抖落出来的却是足以使读信人心跳乱了节拍的足音。非常完好地保存在这个非常有钱有势国家的著名大学、博物馆的中国古画——中国画在鼎盛时期的原作——工笔重彩的长卷、绢本设色的立轴，让他震动，让他感动，让他恨不能把画友们一个个赶快拽出来，就像此时在美国他迫不及待地要人家去重新认识中国画一样。

身在东方的时候，丁绍光把他的视线投射在西方艺术上；

身在西方的时候，丁绍光把他的视线投射到东方艺术上。

波士顿美术馆珍藏的《捣练图》，让他认识了唐朝的绘画大师张萱；同被该馆珍藏的《历代帝王图》，作品描绘自西汉昭帝刘弗陵至隋炀帝杨广等十三位帝王像。此卷经清王朝末代皇帝盗出故宫，后辗转卖到日本人手中，“二战”后被美国人购得。这幅中国古代人物画的极品，在波士顿美术馆曾令丁绍光瞠目。作者的名字如雷贯耳：唐朝人阎立本。

极难见到的精工山水人物画，于谨细中具浑厚之气的工笔重彩《临戴进谢安东山图》，丁绍光在美国也见到了。描绘东晋名相谢安退隐东山的故事，明朝大画家沈周的笔墨令人叹为观止。东晋顾恺之是中国历史上第一个对后代影响巨大的画家，他金碧辉煌的《女史箴图》，丁绍光在国内只见过大约公元7世纪摹本的印刷品。此图在1860年英法联军攻陷北京，洗劫圆明园后，便被一个叫约翰的大尉售给了大英博物馆。丁绍光没有想到在美国的华盛顿利尔美术馆，竟有顾氏的原作《洛神赋图》。丁绍光早年在敦煌就听过世纪之初清朝那位王道士，600两银子就将“藏经洞”几乎所有经书、绢画、织绣等大量文物卖给“外国探险家”的故事。也知道一个叫华尔纳的美国人，他1923年到敦煌，声称对白俄军人的破坏极为愤慨，发誓“解救人类文化遗产”，他用美国的最新科学技术，用布和特殊的化学溶液粘走了12幅8世纪的壁画，并“解救”走了一尊极为优美的唐代彩色塑像。丁绍光没有想到竟能在哈佛大学福格博物馆看见它们的劫后余生。

流失在海外数以万计的中国名画，丁绍光在美国几个地方看见的虽说只是凤毛麟角，但他不仅仅看到了花和果，看到了叶，还看见了根。

“中国的文化遗产足可以站立在世界艺术的最高点！”

创作《田园风光》，他是站在巨人的肩头上开笔的！

20世纪80年代末，丁绍光先生（前排左）在香港与张仃老师会面（前排中）

20世纪80年代末，丁绍光先生（左）在美国洛杉矶美术馆与吴作人老师（右）合影

10　“斗室”引得美国教授破口大骂

丁绍光迅速和洛杉矶华人打成一片。

搬进“中国城”不久，他在加州大学洛杉矶分校有了一份在晚间教授中国画的工作。

20年前，在云南艺术学院现场应试，即席挥毫，仿黄胄先生的笔墨，领得教师证。

20年后，在加州大学洛杉矶分校找“饭碗”，登上讲台试讲，就让老美刮目相看。当然，这不是指英语。丁绍光的“英格里西”程度，比国内英语会话速成班“精神可嘉，发音可怕”的学生好不到哪里去，怎么对老美讲课？怎么对中国画不是满脑子偏见就是一无所知的美国学生教授中国画？不能不承认丁绍光有“神助”，丁绍光是个“天才”，他借助身体动作——以一种动人的、逾越语言障碍的特殊方式表达自己的艺术思想，与学生交流思想，竟然能在“背水一战”中取得成功。

丁绍光在国内还是一名青年教师时，他就热情地向学生讲授自己的艺术思想。其时，由于各种不同时期的政治环境，他难以教授自己的理论，他只能和艺术的朋辈们在夜晚进行私下的艺术讨论。移居美国后，他依然热衷于热烈的艺术讨论，除了加州大学的学生，还有不少新结识的拉丁美洲和黑人画家，他们其中一些人是20世纪80年代初洛杉矶“邦克山庄艺术联合会”的成员。在丁绍光还没有驾照的时候，往往就由他们驾车载着用形体语言夹杂着英语单词与之交流的“密斯特丁”，去参加他们在大学画廊以及银行之类的商业区举办的画展。后来迈阿密大学亚洲艺术史教授安·巴罗特·威克斯也参加进来，并记录下一些他们闪烁着智慧火花的艺术谈话，见诸报端的时候题目叫《丁绍光艺术理论谈话录》。其中有两点特别值得注意，一是回答“你认为你对现代艺术的贡献是什么”的提问。丁绍光作答：“我想我给美国带来了一种新的美学观点，融合了东西方艺术。在过去，中国艺术家给美国带来了悠久的传统文化，而我是以一种新的观

点带来了东方文化。”再则是某些标榜前卫、自封新潮的艺术家认为，只有当他们的艺术无法为大众所理解、接触时，他们的艺术愈有价值。丁绍光对此不敢苟同，他推崇的艺术宗旨是“雅俗共赏”。两大艺术目标成为他的追求：“第一是使中国画赋有新的生命，使之现代化；第二是创作出一种众人都能欣赏的艺术。”他要圆梦在美国。

理论，岂能让人望梅止渴?

其时，加州大学的学生、新结识的拉丁美洲和黑人画家朋友、洛杉矶的华人和亲人，都在翘首等待他的《田园风光》了。

北京人民大会堂云南厅东墙上的大壁画《版纳晨曦》是丁绍光的告别之作。

《田园风光》来自丁绍光的精神家园，是忆旧之作，亦是与美国洛杉矶的见面之作。

《版纳晨曦》是蓝本。

世界上没有一个画家画完全相同的两幅画。正如梵高有六幅自画像传世，它记录的是画家对自己的六次咏叹。

《田园风光》截取了蓝本的八分之一画面，但不是对美的复制。仔细的研究，细微的增删，更大面积的蓝色注入，那是画家更加接近内心真实感受的再次努力，是对西双版纳的再次咏叹。

可遇不可求的机遇——洛杉矶恰好从1981年开始定下5月的第一个礼拜举行“美国文化交流周”。而对于一个由许多种族移民结合而成的社会，美国政府已经开始担心一些金发碧眼者以为只有他们才是美国人，所以启动了提倡多种文化教育及人权、就业平等计划。在多项计划中的一项是把多种文化教育渗入学校教材中，目的在于使学生们认识美国是怎样的国度。这文化交流周的第一天为黑人节日，第二天为欧洲节日，第三天为美洲节日，第四天为西班牙裔节日，第五天是亚洲节日，即我们国内出现的译文“亚洲艺术节”。任何画展都不拒绝的丁绍光，当然也不会拒绝这样的露头机会。参加过的所谓“亚洲艺术节”，事实上不过是一项老美的校园活动。

丁绍光举着《田园风光》的大画框步入“亚洲艺术展”。

没人派车来接你，也没人来帮你抬画。幸好丁绍光长得身强体壮，有足够的力气举杠铃似的在洛杉矶街头演出一场“个人奋斗”。满街的人都在看，像看一座移动的广告牌。不久，丁绍光听见身后有了脚步声，再往后，丁绍光感觉身旁有人边走边看，“广告”产生了作用。一路上，《田园风光》大有唐诗“踏花归来马蹄香”的意境。“踏花归来马蹄香”，不就是一群群蜜蜂穷追不舍曾经在花丛中飞驰而过的马蹄吗?

参加过洛城几次小规模画展活动后，有些独具慧眼的人已经看出丁绍光画中不寻常的光芒。

1979年春西双版纳行，绘制《美丽神奇的西双版纳》

《田园风光》在亚洲艺术展上的“相当突出”，引起了美国艺术界一小部分人的注意，在绘画界的非专业区取得一些名声，美国的一些大学也开始注意到他。有一个小故事可以说明当时的反响。

画展临近闭馆，流连在《田园风光》前迟迟不肯把目光收回来的观众中有一位美国大学教授，他异常激动，与众不同——与要求画家签名留念蜂拥在身边的美国小姑娘不同，与预约时间请求采访的新闻记者不同，“教授一进展厅之后直奔我的画，然后就对主办人讲‘这个人的画怎能摆在这里呢？’”在想方设法找到丁绍光后，教授提出的要求令画家大吃一惊。总之，是执意要到丁绍光的画室参观不可。他推诿说路太远。教授说，“再远能远过你们唐僧西天取经吗？请上我的车吧，我的车是有资格在好莱坞大道地砖上签名并刻下脚印的朋友乘坐过的。”丁绍光当然明白洛杉矶中国剧院门前有一道全世界游客必看的风景线，美国当代最著名的歌王、舞后、影帝，最有票房也最有声望的电影艺术家才能申请在这里占有一脚之地。他不知道这教授的车上是坐过邓肯、“猫王”、梦露中的哪几位，反正不会是中国香港明星成龙，亚洲唯一的入选者也是稍后几年在美国才有如此殊荣的。丁绍光上了教授的车，驶向中国城。路上他都还在惴惴地说，“我那房叫‘斗室’，不叫画室。我用一块大木板作画……”他不好意思说睡觉时还得猫着身钻过去才行，床头床脚堆满了参观各地博物馆、美术馆带回的资料，和从图书馆一借一大筐的图书，好几次睡觉时闹过“山崩”和“大滑坡”。教授坚持说，“他了解中国人谦虚，他相信《田园风光》一定是诞生在一个很美丽的地方。”

所以，当那位美国教授如愿以偿地跨进丁绍光“画室”的时候，只能有这样的结果：他忍不住大骂起来，骂谁？他大骂美国，竟让一个出类拔萃的艺术家在这样条件下生活和创作，而他创作出来的却又是那样夺人心魄、不可思议的美！

语言不通、口袋空空的日子逐渐有所改观，在小范围内的名气使他的少量作品也有了一些销路。1980年至1986年，丁绍光称之为“我在美国的六年准备期”。他停止了在画廊的跑动——一百多次在画廊碰壁的教训使他变得更为谨慎，不再急于打开市场，但他不肯放松，始终不肯放松的是把过去的一些想法一笔不漏地经由自己的作品创造理想的色彩世界。他不是把画室从中国的云南迁到美国的洛杉矶，然后就耗费毕生精力去搬运古人遗作或单纯模仿自然，这是前人走过的路——老路。他立足美国，眼窥世界画坛，在每家各树一帜的“乱世”，以创新突破找出自己的风格——走出活路。

并不理想的生活环境，没有让艺术家怨天尤人；没有政治干扰的自由艺术空间，让丁绍光乐而忘忧。

显而易见的大仙人掌，显而易见的大壁画，显而易见的贫富悬殊才是两国之间的边界。繁华到此，被搓成片片沙漠。

11 滞留墨西哥边境与飞来的“绿卡”

洛杉矶的“天堂鸟”花已经是第四度展瓣怒放……

1983年的丁绍光已经在画展上多次崭露头角，他的作品可以对美国观众发出这样的声音了：“我的主人带到这片土地上来的是青春和智慧！”

自由和金钱在这块土地上历来是挂钩的。金钱呢？少量的卖画，为丁绍光带来了“涓涓细流”——形成“瀑布”以前，小的素描一张可以卖到400美元。现在大的“重彩”一幅可以一倍、两倍的价格起价。到1996年丝网画发行之前，原作已可卖到8000美元一幅画。就是丁绍光所说的“我在美国生活，经济方面一直没有出现过很严重的问题”。他带来的60余幅白描被全部卖光，买家基本上以华人为主。白描长卷《田园风光》分割成两次卖出，一半被美国私人收藏家购去，另一半则卖到了日本。少量的“自由”可以让他到画料专卖店去挑选国内画家视为奢侈品的“日本绿”——绿过让人心醉的春色、“德国黑”——黑到毫不反光的静夜深潭、“英国红”——红过太阳红过血……再往后就可以购置喷枪在特制的日本宣纸上双面涂绘，一心追求的只是完美的艺术效果。最早用700美元买来代步的“大鸟”老态龙钟，一上高速驾车人浑身冒汗，它满身漏油，是该换“鞋”的时候了。丁绍光在口袋里仅有4000美元的时候，如朋友所说“老丁极有胆量，竟敢用3800美元买了他的第二台二手车”。不仅同样在美国卖画为生的朋友们不敢这样购置生产工具，“先生产后生活”在国内叫艰苦奋斗，在国外叫什么呢？“超人”！胆量超人，才华超人，吃苦耐劳也得超人。在一个商品经济十分发达的资本主义社会里，你不能“超人”就没有参加竞争的资本。丁绍光把老美用在高尔夫球场上的时间泡到图书馆书籍的瀚海里淘金去了；把老美喝咖啡的时间，挤到画材商店如饥似渴寻求新的绘画材料去了；把白天和夜晚倒转过来，一片片地开发他的西双版纳，种他的感情庄稼去了……

你有权势、“利剑”在握之时拥到你身边，把腰弯得像只虾似的，一旦自称“主帅”让人仰起头来看他脸色的人，多属狐朋狗友。

你有金钱，那舌头能锯断金条的人，也会赶来和你称朋道友，能交这样的朋友吗？

一无所有，被性格魅力所吸引、意气相投而来、以画会友的丁绍光，在美国不再孤独，和当年在云南昆明一样有了朋友。在男友、女友中也有了良友、诤友……

1980年，丁绍光的赴美探亲签证出乎意料到手，靠的是欣赏他画的美国朋友。

加州大学洛杉矶分校这所1919年就建校的西部著名学府，如果是早上几周将它夜校聘请丁绍光先生做“重彩”教授的文件颁发下来，或许丁先生1983年的墨西哥之行就不再是一章

墨西哥沿途风景

墨西哥蒂娃娜小镇

“历险记”了。

洛杉矶的美国居民到毗邻的墨西哥边境小镇蒂娃娜去玩玩，真算不得什么隆重的出国之游，倒更像是当今在大都市泡腻了的中国人，过节度假休闲去郊外玩一天“农家乐”。从云南出来的丁绍光当然也知道西双版纳的大象一不小心鼻子就伸到了泰国，丽江两岸的边民走亲戚、赶街，一只竹筏就把中缅两国的边关捅得一年四季合不拢嘴。在丁绍光和几个朋友相约成行之前，他心里也“咯噔”了一下——他在美合法居留的身份过期了，自己觉得过墨西哥边界有点困难。不过同去的美国朋友们似乎个个都经验老到，说只要持有加州驾驶执照就有恃无恐，那位性格比模样还漂亮的英文《洛杉矶周报》女记者，更是满不在乎地说：“没有什么了不起的！”

听从他们的说法，丁绍光和朋友们一起开车上路了。很快就汇入了朝发洛杉矶的车流，从蒙特利公园市、圣盖博、罗兰岗前往加州最美丽的海港圣迭戈的观光客兴致勃勃地要去参观世界最大的水族馆——海洋世界，观赏企鹅、海狮、海豚等海生动物呈现的不可思议的精彩表演，难得一见的节目是重逾两吨的“杀人鲸”像老顽童似的和驯鲸女郎、骑鲸勇士一起演出“水上迪斯科”。下午的余兴是前往墨西哥边境小镇——蒂娃娜参观和购物。

经过美国海关的时候，几乎又是毫无感觉——一不小心就出了国，没有任何麻烦便进入了墨西哥蒂娃娜地界。显而易见的大仙人掌，显而易见的大壁画，显而易见的贫富悬殊才是两国之间的边界。繁华到此，被搓成片片沙漠。

12 墨西哥小镇蒂娃娜海关

重返美国海关要入境的时候，情况完全不一样了——好像你是从地狱哪一个出口爬出来似的，你要投胎到天堂，“Sorry”（对不起），亮出你的签证来！

麻烦大了，真的！

“绿卡”还没拿到手，在美国合法居留身份早已过期的丁绍光，眼看只有望“关”兴叹了。他同行的美国朋友呢？那刚才在蒂娃娜小镇上，一个劲疯买价钱便宜得难以置信的地毯、挂毯、木雕、皮货，还教会丁绍光拿过计算器，墨西哥商人要价按一个数字你还价按一个数字讨价还价的朋友们，你们到哪里去了？可不能见死不救呵！急中不一定生智，忙中难免不出错，同去的美国朋友信口向边界上的人撒了一个谎，说丁绍光是美国公民，以为这样就可以不需要看绿卡或者身份证件。但是“美国公民”的英语一问就露馅了，丁绍光立即就被卡在了蒂娃娜——墨西哥边境小镇。

丁绍光赶快给他在二百多公里外的洛杉矶移民律师打电话。

律师一听情况就说："那你完了！"

从很多前例来看，这时的丁绍光绝对是"完"了。因为首先是在美国非法居留，在这期间离开美国又没有签证，电话线另一端的移民律师并非是冷冰冰的，而是心急火燎地提供一个办法："回中国去重新办签证！"他根据美国移民法规慎重建议。

当朋友们的身影消失在美国那一边的入境通道时，无雪的墨西哥像骤然间下雪了一样——丁绍光孤独的身影拖曳着一片月光洒在仙人掌之国的沙丘上。

丁绍光在蒂娃娜整整滞留了21天。500多个小时，分分秒秒都是煎熬。

在小镇高处，路边咖啡座的晴雨伞下，他挑了一个视线开阔的"守望席"——远远眺见美国海关大楼上空星条旗飘动。现在真可以这么说了，冷咖啡、热咖啡、苦咖啡，这个啜饮咖啡的人，品的都是心事。

他知不知道？在他瞩望的远方，他回到洛杉矶的美国朋友，早已争分夺秒地展开了救援行动。会水不会水的都"扑通扑通"往水里跳，像海滩上的救生员急着要把误入深海的溺水者救上岸来——丁绍光画作的留底照片，立刻被《洛杉矶周报》的女记者放大了十多张，然后她拿着这些作品，和朋友们兵分几路为画家回美国的事情开始奔走了。这个世界能不能同样执行"作品是作家、艺术家真正的身份证"的标准呢？为丁绍光奔走中的美国朋友一直信心十足，她（他）们太爱丁绍光的画了！

守望在"关"前的丁绍光，每天看见从边境通道鱼贯而来、熙攘而去的人流，红发的、金发的、褐发的、黑发的……就像五颜六色的火柴头从火柴盒似的通道里，一根根地跳了出来，来的时候都一样，谁先谁后都是被擦亮，返回通道的时候又都熄灭了——蒂娃娜又是一个人去楼空的静夜。

不久，丁绍光就恍然大悟了：人出去了就别想再进来。几乎所有来自美国方向的人包括"返乡"的墨西哥人，一不小心走出了美国边关，边检人员背着手走过你身旁，也懒得垂顾一下，但要从另一端进入美国，那就是另外一回事了。大批的墨西哥人终年川流不息前往美国"打工"，只有少数持有合法手续被开关笑纳，而大批大批的都是花一笔钱让"人蛇"偷运过边界的。他们在洛杉矶城是较华人和黑人还多的"少数民族"，几乎包揽了最苦、最累、最脏的杂役。移民局不时押解几个出境，白天送回墨西哥，晚上他又潜过边境当了"回头客"。

老丁不是"老墨"，人家过境是回家，你过来掉在"墨"里是越走越黑。

老丁就此回国，重新申请签证？后果不仅不堪设想，而是根本不敢想还会有朝一在美国，丁绍光先生接受美国多地授予的城市金钥匙、荣誉市长、荣誉市民，及举办丁绍光日活动，以表彰丁绍光先生在美国的艺术成就

21世纪初，丁绍光先生（左二）在美国纽约，与联合国秘书长安南夫妇（右二、右一）和联合国世界联盟副秘书长安娜贝尔·威娜（左一）

日……

心不死。他想起他的作品，他的《田园风光》和西双版纳、流沙河畔的白描，以及三年前留在北京人民大会堂墙上、赴美时只随身带走照片的巨画《版纳晨曦》……

可以称作知心朋友的女记者，从洛杉矶每天都把奔走的情况编织成“慰问电”。丁绍光自己也深感惊讶，眼睛一旦看不见希望的影子，听力会立刻加倍地敏锐捕捉来自希望的声音。他听得最真切的是朋友们一词一顿地用英语对他喊着：你要相信美国人的天平如果没有掉上灰尘的话，就能公平地称出艺术的分量。他们能看清你究竟从东方给美国人带来了什么？会看清楚的，他们！

谁是他们呢？这里的他们是指加州一些大学的校长。先是一位两位，后是七位八位，最后送到美国移民局，在要求准许丁绍光返回美国的联名信上一共签下姓名的大学校长是15位。为他们夜校学生聘请中国重彩画客座教授，著名的加州大学洛杉矶分校也不误时机地出面了。

1980-1986年，“30次个展活动主要在各大学及博物馆举办”，载入丁绍光简历的数字有疏漏。这一次实际意义的“个展”，是作者尚在蒂娃娜度日如年时由女记者和美国朋友们自作主张举行的，丁绍光作品的十几张放大照片，像一条彩色的溪流潺潺流过15位大学校长面前……

一生中，这样方式的流动巡回展仅此一次。特殊的观众——颇有品位的大学校长们、加州州长及州长身边的相关人士、沙加缅度博物馆馆长、众议院议员等美国上流社会，和几年之后、十几年之后美国中产阶级争相出席、竞价收购那位比佛利山庄的国际级画家的“现代重彩画”，目光流露出来的内容竟然惊人的一致，同有无可名状的欢喜。洛杉矶的朋友们动员了很大一批力量，纷纷写信到白宫要求官方出面“开门纳贤”。美国国徽图案的含义是什么？不是公民入籍试题里就包含着解释国徽的语言答案：合众为一，几乎容纳了全世界各民族的人，北美这块新大陆才有了民族熔炉的美誉。况且还有什么比画、比特殊风格的作品是对作者本人更为直观更为逼真的说明呢？以一个中国人的眼光和感觉，附之西方人熟悉的技法和审美习惯来表现美好的境界，不仅丁绍光本人自信一定会成功，而一个个为他奔走不息、呼吁请兑现特殊人才政策的美国朋友，何尝不是坚信人类毕竟是有审美共性的！最早开发北美新大陆的英国移民，既然把母语带到这块土地上，他们岂能不带来英语世界的一句名言：“宁可失掉一个印度，也不失掉一个莎士比亚。”

英文《洛杉矶周报》女记者的希望没有落空，她动员起来的一批很有话语权的朋友最后把信送到了白宫幕僚长手上，并由他出面打电话给华盛顿的移民总局。这一批行动起来的

力量，当然也要去找他们投票选出的或者期待着被他们再次选出连任的议员先生，说出希望丁绍光返回美国的愿望。美国新公民入籍试卷上有一道题目：什么是美国公民被赋予的最重要权利？不了解美国国情的人是很难理解它两个字的答案：投票。选民既然说了话，议员先生就得有反响。所以，接到这些信函和电话之后，有一个名叫约翰路斯明的众议员便带着他的助理康尼明斯基专程去了墨西哥边境小镇，一方面为丁绍光“压惊”——告诉美国方面的进展情况，同时出于安全方面的考虑，他把丁绍光安排在蒂娃娜附近一个别墅暂住“静候佳音”。约翰路斯明回去后不久，白宫方面签发了一个特别文件：准许丁绍光这个特殊人才进入美国。白宫和移民局还同时提出一个条件：此事不要登报。

白宫的特别文件，只发给过两种人：一种是边界上的严重病人，因为来不及办理美国的签证，就让病人先进入美国国境进行抢救；另外一种是发给政变国家的国家领袖。

关于丁绍光的特别文件批准之后被寄到了美国的边境城市圣迭戈。眼看21天的墨西哥历险就要画上句号。节外生枝，当地移民局局长偏偏外出度假，边关一时无人敢做主。真的是特事特办，在朋友们的安排下来了个青云直上——直接上飞机飞到美国改由洛杉矶移民官员接待并办理入境手续。

一不是在境外的重病患者，二不是收留落难的政客；既不是人道主义的临终关怀，也不是出于政治原因的特殊安排，丁绍光返回美国之后的合法居留身份问题——“绿卡”也就水到渠成解决了。所以，当丁绍光神采奕奕再次走出洛杉矶国际机场入境通道时，朋友们一拥而上，一一和丁绍光拥抱。机场标语牌上的客套话——“美国欢迎您”终于变得真实可信了。遵守誓言，英文《洛杉矶周报》的女记者也没有为此发布新闻，但她十分兴奋地告诉重现眼前的这个“特殊人才”，说她心中早已有了类似童话的标题“美能征服人心，艺术超越国界”。由此美国边关改写了只特批两种人入境的前例，将一种特别的关爱给予了“人才”——美的创造者。

幸运之星并不止一次在丁绍光身上制造“现实中的童话”。正如他自己所说：

“后来我考公民的时候也还曾有一些麻烦，因为我拿不出任何有关的私人移民文件。当然这样一来虽然开始在做手续的时候有些不方便，但是后来在宣誓加入美国籍的时候，我竟然被选成一个移民典型。1991年，我的入籍宣誓是在台上单独进行的，是在几千人的注视下由大法官单独主持的。”

这又是一个特例，对待特殊人才的特殊配方。

“我其实一直不愿意加入美国籍，因为我想保持一个中国画家的身份，但是后来我在全世界各地总是有画展，我意识到如果有一个美国

“我其实一直不愿意加入美国籍，因为我想保持一个中国画家的身份，但是……”

护照会非常方便来往，这是我入籍美国的唯一原因。”待丁绍光递上美国移民入籍申请一年之后，他按通知去了洛杉矶城中心的移民局大楼进行面试，对美国宪法、历史及政府结构的一般性常识他已成竹在胸。在通过证明能以英语读和写简单的词句并用英文签写姓名的试卷上，丁绍光像画画一样大笔一挥，写下“我爱加利福尼亚！”——一行流行的英文。

又一份特殊的答卷——特殊人才的档案。

冷遇、礼遇，都是丁绍光在美国经历过的遭遇。他始终清醒地意识到自己首先是一个中国人，加入美国国籍后所做的一切，亦是实现以自己的“中国魂”去拥抱世界的梦想。

13 惊呆了闻讯而来的“海鸥”

“云南画派”一词最早出现在1980年的香港报纸上。那多人参与的画展，匆匆地开张，匆匆地落幕，实际上也未能达到声名远播、经久不衰的效果。

“云南画派”实际上是让美国画商在1986年以后在绘画市场上叫出声响来的。

此时，有人就着手临摹丁绍光的画了——一些八辈子和云南沾不上边的人，为了生存迎合市场需要，让自己扮演了“李鬼”。几千里外的英伦三岛上，某次伦敦拍卖会还出现过不止一张冒名制假之作。

“云南画派”虽不算是美国画商人人想吃的“唐僧肉”，一个时期也算是市场热销的“香饽饽”。过去看都不愿意看一眼大陆中国画的，眼看与从自己门前走过的“财神”失之交臂，有的叹气、有的懊悔，也有“亡羊补牢”的立即行动起来——到云南“挖角”的美国画廊代理人，便寻山觅水把越野车长驱直入开到了昆明。

以美国画廊代理自称的人，住在昆明“国际旅行社”。

一进门，准备好的合同就摆在了云南画家们面前，人家很懂做买卖这一套。英文的合同，你看不懂，来人说不要紧，中文副本早已伺候在那里。手写的中文合同乱糟糟的，简直是天书，你只能认为他的中文程度不高，难道还能怀疑到花花绿绿的肠子上去吗？合同在画家们眼里不就一张纸吗！指东、指西让你签字，不就像在单位的工资单上签名领款一样简单吗？“签了字，你就是丁绍光第二、丁绍光第三……”那时的丁绍光确实已经是云南画友们羡慕的对象。所谓画廊代理人，在云南画家面前哪能不打“老丁推荐”这张牌呢？但老丁捎来的信，他们说在路上丢失了。等人到了美国，和老丁在洛杉矶一见面，他们才知道老丁在信中明示诸友要慎重签约、当心陷阱。

从“陷阱”里打出的电话，攥着丁绍光东奔西跑……

1997年，丁绍光先生（右）与美国代理画商，海鸥画廊总裁西格尔	20世纪90年代初，丁绍光先生在个人大型艺术纪念展上，与日本代理画廊副总裁高良千贺子、美国代理画商海鸥画廊总裁西格尔

有一回见面地点是在洛杉矶郊外某公园的山坡上。山坡上有一间建筑队曾经栖身的废工棚，一床沙发床垫、一堆冷罐头，画廊代理人已经让云南新来的画友按合同办事，签约画家像一只关在窝里的“鸡”下了一个多月的“蛋”，这是画廊代理人安排的签约画家画室。过些日子，代理人捡“蛋”来了，来时的机票几千，生活费几千，房租、水电又几百，签约画家被宣布债务缠身，再下去将永世不得翻身。这时他们才恍然大悟，找上门的机会不是天上掉馅饼，“合同”也和小时候在连环图上看见过的“卖身契”一样皆是一纸之约。

又有熟悉的声音从电话上传来，这一回是从“律师楼”打来的。丁绍光一听对方那颤抖的“乡音”，就连声喊赶快撤退。掉进画商合同的陷阱，丁绍光在这方面经验不多，因为他一签就签了个“好约”。上“律师楼”雇律师打“官司”他有过经验，那是掉进“无底洞”。新来的云南画家上了“律师楼”不少人为解脱那签错了、签坏了的“约”打官司，就遇上了这样的场面：律师楼接下案子就开始付钱，过一段时间材料做好了，账单子一大堆也到了面前，头一回付款是脸色发白，这一回付钱让人脸色发青；上一回掉进“陷阱”是搞不懂经济合同，这一回掉进“律师楼”的无底洞就是搞不懂美国法律了。条条款款收费有据可依：某天上午10时和某某关系人打电话，11时约某某证人谈话，下午1时律师飞赴华盛顿查艺术合同法典，为案子后来又做了什么？一天下来十几个小时，一小时250美元，外加飞来飞去的费用……不服“宰”的他开口声辩：“没谁请你去查什么法典，费用这么高。”律师说，“对不起，我有权决定。”谈话又要再加几百块钟点费。

丁绍光赶到“律师楼”大声嚷嚷：“丢了几张、几十张画算什么？伙计，赶快撤！”

不懂经济的人搞经济，经济处处是荆棘；

搞艺术的人搞经济，经济常常让艺术失魂落魄。

最终有“庭外和解”“割肉了账”的结果就算不错了。能挣扎一番及时跳出一个个“陷阱”的画家有之，之后不是“后怕”而是“前怕”，再见“合同”由于心存余悸不敢再“签”，因此也丢失了许多尽快取得发展的机会。10年、20年，甚至无休无止套牢在一纸“卖身契”者也有之。当初才华过人、发展前途可观的一位画家，“约”上吃亏到现在，艺术上受制约，经济收入上和同在美国一地的丁绍光相比较，10年下来已经是几何级数的差距。作品被画廊按“约”一张张拿走，眼睁睁看着利润源源不断流入美国老板口袋中，只能“望洋兴叹”——“当初来美国都担心画能不能出手呀，既然有画廊伸手，都求之不得，就像一个掉进水里的人似的。给点小恩小惠，哎哟，一张画就卖几百美元，我在中国大陆一文不值，就没想到将来的利润是几倍、几十倍……”

急功近利签下的“约”，纸上记载的只能是画家当初的短视。

“只要你到了美国，就能做丁绍光第二、丁绍光第三……”这是画商的引诱，他们把丁绍光的成功只认为是商业上的成功。多年以来，画家到美国何止一二三四五六七……再没有出现丁绍光第二、第三的人，不是美国这块土地不再发生奇迹，而是来者有谁具备了丁绍光能超越别人的那一种视野呢？他这种视野的过人之处，不仅仅表现在艺术上，画树、画人、画天、画地的外表还想表达自己的情感，能发现别人不能觉察的无限细微的东西，并能深刻描绘出来。这种视野让他能够看清楚一个个“陷阱”——美国六年不签一张急功近利的“约”，是因为他的视野里始终有一个远大的目标，他常常在心里提醒自己的一句话是：“丁绍光，你为什么要到美国来？”

现在，他在寻找一个人！

这个将在他视野里出现的人身上所具备的优点，正是他丁绍光和中国大陆画家先天不足的缺项。而这个人却既要明白丁绍光乐意“向国外学习国人欠缺的东西——商业运作”，又要明白，他绝不会为商业出卖艺术！

这个人，终于出现在洛杉矶，出现在丁绍光的视野里。

“我知道有一些画家拿画给画廊看，形形色色都有，画廊不知道哪一张是你画的，这是没有常识的人做的。”丁绍光这话是1994年在美国加州旧金山湾区发表演讲所说，是经验之谈。说的是别人，何尝又不是说的自己。1986年以前，他去一百多家画廊的上门推销，经过6年的反思，他才恍然大悟做的是一件“没有常识的人”做的事。在那次演讲中，他举出两个例子说明在艺术探索上重复的重要性。一例举到“我们现在看到的古希腊艺术品，是一个完整的美感，就是它有着一种统一的美感要求，头和身体的比例都遵循一种统一的标准，这就是重复。这种重复加强你的印象，你看了一件记不住，又看到一件大同小异、有变化又有重复。好，这就是‘希腊’。你看到第三件、第四件，你看多了，就在脑海中形成了一种强有力的希腊美学的风格”。再一例，他举大学时代在苏联电影《第四十一》中看到的艺术大师的高明——塑造白俄军官的手法就是不断重复他那双海一样蓝的眼睛，给人几十年不忘的深刻印象。第一次你看到这双眼睛没有反应，第二次看到你有了感应，第三次看到你有了感觉，第四次看到你被它感动，第五次看到你就会明白所有的事情为什么会发生。丁绍光说这就是他从蓝眼睛深刻印象悟出的“艺术上重复产生的力量”。

丁绍光没有举出第三例，这第三例就是“觉得自己比较成熟了”的画家本人。经过长达6年的准备，1986年2月他在洛杉矶决意走进画廊重开谈判。他笔力集中在西双版纳一系列追梦的题材上，他自信这时的作品已充分具有“艺术上重复产生的力量”，该出手时就出手，已是一举推开画廊紧闭大门的时候了。

《和谐》

这一回，他不是上门推销，而是让你寻香上门。美国朋友沙墨律师，他很乐意让自己人来人往的事务所成为丁绍光重现江湖、展示力量的窗口。几幅“现代重彩”在墙头挂好之后，沙墨拿起电话一声“哈罗”，一股东风便唤来一只“海鸥”——“海鸥画廊”的老板西格尔。他同意“上门看货”，但他放下电话前补充了一句：“我很忙，5月的纽约有一个艺博会。我只能路过时顺便进来看看，最多只停留20分钟！”

于是，丁绍光便第一次见着了这个比他个子矮一头的犹太裔美国画商，这个后来以有点子、有手段、精力过人出名的行销高手。

颇有几分傲气的西格尔面对人高马大的中国人，第一次采取了仰视的姿态，不仅因为丁绍光天生就高过他一头，而且他投向画幅的第一眼就明显感触到“他的艺术向我们所有的偏见提出挑战”。

西格尔在欧美绘画市场已经闯荡过不短的时间，说不上有什么骄人的业绩，但因见多而识广，他在心中大致把世界上的画家划分为四类，第一类“作品在生前可能不被人理解，死后才显示出其价值的艺术突变时代的‘先锋画家’”，他等不及画家死后才带来效益；第二类因为政治因素符合某种需要而走红一时、昙花一现的“应景画家”；第

《晨光中的阿诗玛》

三类生前死后都不会引起人们注意的平庸之辈，他鼻子“哼哼”不屑光顾；第四类他现在要寻找的画家，是画家本人长期的作品就能显露画家生前死后都能受到欢迎的兆头，是那种雅俗共赏、新姿亮色、历久不衰的作品。在过去的艺术作品所表现的崇高和悲剧主题，大多让位给优美和喜剧的20世纪后半叶，他突然发现兀立在眼前的这个“东方人的作品”从主题到审美风格均属优美的范畴——这不正是他“踏破铁鞋无觅处，得来全不费功夫”的合作伙伴吗?

丁绍光曾经零零星星拿作品给画廊看；

也曾拿形形色色的作品给“顾主”看；

成熟起来的丁绍光拿给“海鸥”看的是一种完整的风格——并在一个时期将继续坚持、完善的风格。

西格尔过去也可能见过丁的作品，零星地见过它和别人的画摆在一起，就像在生活里的人群中看见有胖子、瘦子、方脸、圆脸，看了以后都全忘了谁胖谁瘦，谁圆谁方。

一种美感、一种形象的重复是一种加强符号，形成一种面貌的丁作，现在集中对西格尔展示出他来美国后的画风、创作主题突出变化之处——从原先的风景人物转向世界不同文化、不同时期提炼出来的理想人物，不仅仅是“云南画派”的一幅幅“现代重彩画”。画中的女主人

“海鸥画廊”决心斥资出版发行丁绍光的第一张“丝网印画”。

丁绍光先生（右）与美国海鸥画廊总裁西格尔

公个个恬静、端庄、典雅，眉宇间似蹙非蹙地罩着一种淡淡的忧郁，微微下俯的体态、勾着的脖颈、自然摊开的双臂，举手投足之间有一种节度、矜持和夸张的装饰性，艺术理论把这种画风称作“秀美的”“秀婉的”“古雅的”。画作更多地拥有柔美、清虚、婉约、飘逸的成分，从而呈现一种丰富的魅力，唤起人们普遍的爱怜和惋惜之情。丁画对色彩的选择恰好吻合这个时代的人们对色彩的选择——倾向于安抚身心、回归大自然的蓝绿色。大画面沉浸在绿荫婆娑之中，在人体的肌肤上大胆地使用蓝色毫光与吉祥鸟共舞，这对素有挂画雅好的西方上流社会、中产阶级家室，无疑具有挡不住的诱惑……丁绍光记得拿给西格尔看的画作中有《和谐》《落日中的阿诗玛》及《母亲和孩子》……

西格尔是商人，但他今天在丁绍光的新作前似乎改换了角色的身份，俨然是一个鉴赏家、一个逛画廊的买主。最后，他没有谈市场说生产，而是由衷地说：“我的家里是乐意接待丁先生的东方美人与鹤共舞的！正如我们西方人接受东方的文学艺术，习惯泰戈尔笔下的‘飞鸟’和‘新月’。”

只有20分钟的“大忙人”西格尔，和初次见面的丁绍光共对《和谐》《落日中的阿诗玛》及《母亲和孩子》，一直呆到天黑才离去。

14 三人行，进入“一帆风顺”新里程

与“海鸥”画前长晤的两个礼拜之后，准备签约的信息反馈回来，丁绍光便决定接受西格尔的邀请，带画一起去参加1986年5月在纽约召开的艺术博览会。

西格尔确实是个有点子、有手段的行销高手，在他把一签字就即刻生效的合同放到丁绍光案头前时，他一班人马已经眼观六路、耳听八方做过了市场调查，埋头制定出一套高明的行销战略——西方人的钱袋随经济的发展鼓胀起来之后，对艺术品的收藏兴趣与日俱增，购画装饰巨宅香巢的时尚方兴未艾，“丝网印画”在20世纪80年代的西方市场有了重新抬头

20世纪90年代，丁绍光先生（中）在美国，与海鸥画廊总裁西格尔（右二）、负责丁绍光先生丝网版画的艺术家盖利（右一）及艺术家们

的可能。

“海鸥画廊”决心斥资出版发行丁绍光的第一张“丝网印画”。

何谓“丝网印画”？

丁绍光“比佛利山庄”的客厅壁炉上方，直到现在还鲜艳夺目、无可取代的两幅挂画是毕加索的大作，但不是原作，而是买来的丝网印刷版画。

二三十年前只有少数如毕加索这样名满全球、富甲天下的大画家才具有发行“丝网印画”的条件。毕加索是当今世界为数不多能在市场运作中取得巨大成功，并能在生前控制市场的大画家。

这样的数据，只能是跑遍半个世界绘画市场的西格尔告诉丁绍光，“世界性的艺术品中有百分之五十是美国人买的，欧洲占百分之二十七，亚洲人只占百分之几，这里包括日本，中国台湾和香港。”他同时告诉丁绍光，“动不动划一张10万美元、20万美元、30万美元支票买名家原作的永远是少数人！”

丁绍光立刻明白，一般四五千美元，价格高的一万美元上下的“丝网印画”，它能进入“寻常百姓家”的奥秘就在于此。这种“看上去一点也不像印刷品”，既可以让人平价地欣赏到作品本来面目，而且限量发行又有效地保护了收藏者对藏品增值的自信。画商别出心裁的点子，让发行的每一张“丝网印画”都有一张证书，画上和证书必有作者亲笔的签名和编号，让人乐意购买。丁绍光发行他的丝网印画和“首日封”为读者签名留念过度劳累不只是手酸，有一次在日本以致右手完全不能动弹、让医生为他打完封闭针才又神采奕奕赶回读者面前的。当然，这是后话。

西格尔是真心把丁绍光视作“东方的毕加索”了！这个酷爱打高尔夫球的犹太人，在他决心击出这至关重要一杆的时候，他押在这杆上的是房子、汽车和现金两万美元——只够付一张“丝网印画”一半的印制费——他的全部家当。就在他催促丁绍光在“约”上签字的时候，也就是急于把球杆奋力一挥的时候，他预言：“明天，满世界都会在卖你丁先生的画了！”每幅500张限量的丝网印画一经问世，当然不会只在一个美国发行商手里。他们曾一起创造出20世纪90年代全世界1500家画廊同时出售丁绍光“丝网印画”的奇迹。但这时的丁绍光却对西格尔说：“我也有可能一下子就臭名远扬了。西格尔先生，艺术质量你能有什么保证？”

“我有一个朋友已经在恭候你的到来，他将保证你神笔下的东方美人栩栩如生、光彩夺目、色彩纷呈……”

胸有成竹的西格尔这时彬彬有礼地拉开了他的车门。车，还是那台两周前只准备在门前刹一脚就走的车，一溜烟就上了高速公路……

21世纪初，丁绍光先生（右）在法国巴黎摩偌版画工作室

迎候丁绍光到来的是盖利·列奇坦斯坦——美国艺术家、丝网版画印刷专家。

西格尔把丁绍光引进旧金山的苏玛美术印刷公司。丁绍光给盖利带来了第一幅准备印制“丝网版画”的作品。目光锐利、对画和人都十分挑剔的盖利也算是一个艺术奇才。他对丁绍光的“处女印”一见钟情是从作品的名字开始的——《和谐》，这太具有象征意义了。日后盖利在一篇《丁绍光丝网版画》的专文中如此写道：“从我们合作开始起，该画就预示着我们之间的关系融洽无比，而且会日臻完满。当时就可以明显地看出，丁绍光独特的风格和热情奔放的色彩运用是一种完美的结合。若以绢丝网版作媒介，那就更是锦上添花了。”

丁绍光很快觉察与盖利的关系是艺术家与艺术家的合作关系，眼前这个美国印刷专家具有独特的艺术洞察力。每当他看到艺术家作品的复制品，就能马上讲出印刷商和画家的关系如何如何，这一点让丁绍光很惊讶。这惊讶远远胜过作者在一旁亲眼看着自己将十数种混合在一支画笔上、一描过后的颜色。能将其细致入微地逐一分开是盖利的电脑“分色”，而能通过站在一旁作者的眼神领会意图，听取你对不同单色的见解，然后果断地综合到复杂的印刷结构中去，则是盖利聪慧的头脑。单单一个“东方美人”的肤色，常常要施用10－15种色彩，甚至多达三四十次手工调色，一层层覆盖，直到最后整个画面显出绚丽的透明色彩。

人与人之间的相互欣赏是成为朋友的基础，也就是那种诗化的说法“以心去发现心”“以火去点燃火”。盖利投入极大热情，他把丁先生的原作当作研究的对象，作为印刷的开端。丁绍光以极大的热情回报——始终在一起探讨各种有关问题，一张印画“锦上添花”的全过程，丁绍光和盖利及其苏玛美术印刷公司的技术人员，往往是长达两三个小时“鞍前马后”的忙碌。他们能跨越最初语言不通的障碍，因为他们都是艺术家，能凭借“色彩、光线、形式和纹理”牵线搭桥，在一次次无声的对话中完成交流。

“在每块网块的颜色及构图都得到查验后才开始印刷，并仔细观察如何能完满地将颜色附在底色上。”他俩与画面对面，实际也是两个人眼对眼、心对心查验，观察从不同色彩、不同形状、不同明暗度的映象中，是否真实地再现了创作者意图。

“正式的印刷纸是印100%的优等级及手工制作的宣纸，每一张纸从开始到最后都需经过至少35种不同颜色的处理，移动过程中需要格外小心。每过一道颜色就要逐一检查，在确信着色均匀后，将纸放到一边晾干，开始准备另一种颜色的着色工作。在这样连续不断的印刷过程中，色彩不断变化，结构及图形都得仔细斟酌。”和谁斟酌？盖利像翻译家用自己的译文对照原文斟酌，他从不把自己印刷的丁绍光画作称作是复制品，而是说成他在解释或翻译丁绍光的佳作。盖利并不苛求深思熟虑的色彩是否完美和谐，他注意的是每张印刷品给人的感觉是否和原作一致。得到丁绍光及时的首肯，不断让他确信自己和画家有着同样的艺术洞察力，通过丁绍光的眼神他收获了尊重。

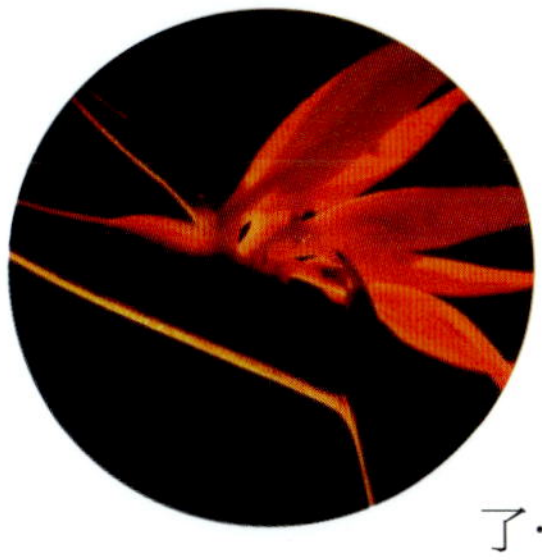

尊重他人劳动成果的人，可以让自己享受被人尊重的同样喜悦。

两个人，来自相隔万里的不同国土，却获得了一种共同的心灵语言，它将双方的专长结合在一起，融为一体。外加一个西格尔，就更是锦上添花了……中国的古语，涉及三人的很多。“三人为众”“三人行必有我师”“一堵篱笆三个桩，一个好汉三个帮”，他们三人走到一起，共同创造出精彩人生的一个个奇迹!

《和谐》令丁绍光至今难忘，他的原话是这样说的：“我记得很清楚。《和谐》是我第一张出版发行的‘丝网印画’——我在美国的发展开始进入‘一帆风顺’的新里程。”

1986年5月的纽约艺术博览会上，丁绍光一炮走红。带去的《和谐》与《落日中的阿诗玛》《母亲和孩子》，原画当场高价售出，三张丝网印画也被全部订光。

1986－1994年的八年间，西格尔成为丁绍光作品的美国发行代理商。

朋友们钦羡丁绍光“走运”——一动笔就签下一张好“约”。丁绍光摇摇头说：“别相信！那是谣传！”不只是美国人的习惯，丁绍光在任何时候都特别注意保护自信，他认为自己是经过深思熟虑才签下这张“厉害的约”的。

即使是当时走红的美国画家也难以做到的，与画商的分成比例——去掉成本，利润对半分成；为作品做宣传——四家报刊以上刊登广告等，都像他画上的“铁线”一丝不差，不是“黄金分割”，而是分割黄金。

与丁绍光签约八年，西格尔的“海鸥”发展成为美国最大的发行商之一，甚至是世界三大发行商之一。仅三四万幅丝网印一项就为这位精于识货、善于理财的犹太人带来了巨额的财富。之后，丁绍光作品的发行方式有了重大改变，画家有了经销自己作品的公司“丁绍光艺术中心”。对于这个“中心”，画家无须自己去经营，他只参加一些重大决策，对作品的销售基本已是轻车熟路了。几年间，丁绍光的个人作品展累计已达五百余次，丝网印发行突破5万幅大关，对他绘画作品的收藏已普及50个国家和地区。最贵的时候，原作价格一般保持在8万美元起价，最高可以达到50万美元左右。丝网印作

丁绍光的父母

丁婷崇拜的是爸爸，喜爱的是妈妈……

品每幅可从起价1800美元卖到18000美元，在日本的还远不止如此。

15 母亲、儿女、孩子他妈

择了良辰，进入美景。1990年，丁绍光举家迁入比佛利山庄的豪宅。当初建造这所别墅所用的材料是全美最好的，一些石料特地从南美运来，经历百年依然完好如初。现在经过新主人按照自己的美学爱好——这3000平方米宅子色泽黯淡、墙面斑驳的旧貌，经白色涂料粉饰换了新颜：整座白色楼宇在绿树、鲜花的簇拥中显得格外典雅。画家本人出现在公众面前也常常是身着一身白色的西装。

从门口入内的花园径道，更换为古色古香的石径。丁绍光举家迁入新居的那一天，不论是遵循中国人尊老的古规，还是西洋的“女士优先”，红光满面的丁老太太是扶杖踏上石径的头一人。多年以来一直由妹妹一家照顾的老母亲，也就顺理成章改由事业大获成功的儿子来侍奉了。因老人腿脚不便，她的寝室和专用佛堂也就安排在楼下。不远处的大客厅一旁便是足有五六十平方米的画室，选择在底层固然是因为巨幅作品便于搬运。这布局是不是复制了丁绍光笔下数不胜数《母子图》中“心对心”的构图？笔者让丁先生领着参观豪宅时骤然间有此“一闪念”，未经当面验证。

“我爸是一个大孝子！”说这话的是丁婷，老太太的孙女，年轻张达喜亭亭玉立的现代版，气质上更接近她的父亲丁绍光。

1996年，丁绍光先生在美国家中与母亲

婷婷的小弟呢？笔者在洛城逗留期间未曾见着丁立，新近投身“丁绍光艺术中心”工作的他成了个大忙人。有一个小故事说到这个小伙子。有一次一家人在一起喝茶时说到有人来联系筹拍丁绍光电视剧的事，小伙子半开玩笑地说：“我去演！”丁绍光不假思索：“你？不行！没那气质！”由此可见丁先生一双儿女，从双亲身上各取了一份遗传。

2010年，丁绍光先生（中）在上海文化广场《生命之源》彩色玻璃壁画前与女儿丁婷（右一）、儿子丁立（左一）合影

“你最崇拜谁？”曾有人向婷婷提问。她很爽脆地回答：“从个人的角度来说，我最崇拜父亲！”婷婷不会从艺术角度上去谈她对父亲的崇拜，从不！她认为评论艺术是艺术评论家的事，而自己则是轮不上插嘴的晚辈。之前崇拜只是天生的爱。逐步走向成年，大学毕业后开始帮助父亲料理一些事情，丁婷有了更多时间和机会了解父亲待人处事接物，才油然而生对父亲的敬佩之情。

小时候，“有没有父亲都没有什么感觉”。女儿对父亲的感觉曾经是多么的不妙。名家伟人在经过“传记”一番之后，往往成为一种假人。名家一手挠着臭脚丫子一手写着香艳的文章，得了什么香词艳句就把臭手放在鼻尖下使劲地嗅着，这算不上什么好习惯吧，但成了名家这种习惯也成了“名典”。成天在公众面前挺着个如坛的啤酒肚，因为是伟人就被视为形象丰满，和他的什么伟绩挂起钩来，就成了大肚能容万物的精神象征，被描绘得遮天蔽日。名人、伟人在儿女心目中首先是一个真实的人。丁婷崇拜的是爸爸，喜爱的是妈妈（妈妈当然指的是不时出入比佛利山庄，几年前就已不再是丁绍光家庭成员，而是朋友、一双儿女生母的张达喜）。儿女心目中的“爸爸传”“妈妈传”是血肉亲历的原生态。做丁绍光的儿女较别人家的孩子，最缺少的享受是能骑上爸爸肩头或手握在爸爸手心，走向郊野，走向影剧院，走向动物园或者儿童游乐场。丁家的孩子总让妈妈领着出门去，就是1984年初到美国那阵子也跟在昆明时一样，两间房和一间房时的待遇也一样——同样是把门一关：婷婷你带弟弟玩去，不要打扰我画画。“爸爸从来没有看过我和弟弟的学习成绩单。”丁婷这话出口之后，很快补充出谅解，“后来我懂得了，他从妈妈那里了解我们的学习情况，他从不直接插手要子女怎样去念书、做作业，他觉得逼着去念书，得100分又怎么样？现炒现卖，考试一完，全还了老师，他当老师的时候见得多了。”丁婷最懊恼的一件事发生在她大学毕业之时。美国学校的毕业典礼可是隆重的大事啊，入境签证再难拿，只要留学美国的孩子哪天要登台领取毕业证书了，中国天远地远的地方都有眉开眼笑的家长飞来出席庆典。守在眼皮下的爸爸却没有出席。够得上用“亲密”这个词的，丁婷的记忆中有八九岁时的一幕：在昆明，婷婷跟小朋友一起外出玩得很晚，却对母亲撒谎说去了阿姨家，被母亲发现后，丁婷受了好一顿皮肉之苦。出面来护婷婷，做父亲的倒不是为女儿护短，只不过是听见婷婷哭叫得太厉害，结果父女俩一齐被轰出门去……婷婷随母亲被接到美国时已是十四五岁的大姑娘。逐渐懂事之后，看见爸爸在事业上越来越大的成就和早生的白发一起到来，才越来越明白：这个经常把家置于脑后的一家之长，为他的绘画能在世界上站住脚，付出了超乎寻常人的代价，承受了寻常人难以忍受的痛苦。为那一幅幅温情感染的大画面，他牺牲了人生中最渴望享受的亲情。她最终懂得了父亲并不比别人多多少才华，多的是坚毅，多的是献身——在那源源不断奉献给人们美丽诗篇的背后，迭出不穷的是他付出的心血和牺牲。

宗教与和平

1989年，丁绍光先生在日本创作作品《祝福》

丁绍光举家迁入比佛利山庄，不是马卸鞍、车进站。昨天是怎么忙，今天还是怎么忙，甚至今天比昨天更忙，更没完没了的绘画、卖画——一个艺术生产者废寝忘食的春种秋收。但每天早起之后，他是一定要到母亲房里去请安的。无论时间如何紧，一定要坐在老人那里喝杯茶，陪老人聊聊天，然后才走进他的画室或者驾着他的车外出办事。这时的婷婷听见丁绍光声音传达的父令已不再是“婷婷，你出去”而是“婷婷，你要早些回来，陪奶奶吃晚饭”。他本人晚回来了，也会先给老太太挂个电话，回家后就去看望。有时还坐在老人家房里，认真地听母亲讲佛经里的故事。丁婷看在眼里，看老爸突然像个听话的小孩，当然只能像，而不是真的返老还童了。母亲也不能像图画里的少妇姿态优雅地俯身摇篮边，“哦喂，我的宝贝，睡吧，睡吧……”一声声哼唱心曲。丁婷不止一次听奶奶说，“你爹爱做好事爱帮助人，他做好事，我心里就很安定，那感觉不是能用金钱来衡量的，这就是人在天堂的感觉。”信佛的老太太现在信的是因果报应，做够坏事的人她认为是要下地狱的。母亲对儿子的影响是深远的，丁绍光作品中那层出不穷的“画中的女性身着绚丽的蓝色衣衫托出背影强烈的红色，她的手臂伸向天空，柔美、丰润的双手放出一只白鸽，飞向希望。这象征着世界妇女努力追求的目标，也正是第四次世界妇女大会‘平等、发展、和平’的宗旨在艺术上的完美体现”，成为继《人权之光》和《母性》之后，他连续三次为联合国世界联盟的艺术和集邮事业做出自己的贡献，正如联合国文件中所说，“因为他在现实中对女性的尊重和他的作品中以女性为主题的特色，从而使他成为最理想的人选。”需要记住的是，这一曲曲伟大女性颂歌的诞生地在比佛利山庄，此时丁绍光的母亲也不再是一个遥远的梦影，而是时刻陪伴于身旁的实体。饱经苦难的人们，往往转向宗教寻求解脱，丁绍光的母亲一直认为菩萨的保佑应该多多给予回报。儿子在跻身名人世界之后，不断将自己的精神财富和物质财富奉献给公益事业的举动，老人家在安度晚年的晨钟暮鼓声中更是念不完的“阿弥陀佛”。

还有一个女人，把她全身心的热情转向了宗教，这便是张达喜。有谁说过这样的话“今生的祈祷是为了来生不再祈祷”。求神拜佛的张达喜，甚是虔诚。一双儿女无论是身心健康，还是事业发展上都越来越好，她认为与祈祷有关。就是已经成为“过去式”的先生，她认为丁绍光如日中天的艺术事业，也与她的祈愿有关。“我妈妈来美国以后，就虔诚拜佛，她一点也不比我爸爸闲，有时甚至比爸爸还忙，全世界到处飞，到处去跟人家传教，去帮助人。当然她没有工作，她的生活开支一直由我爸爸支持，她在佛堂里做善事。”丁婷不止一次地对人讲过她母亲的近况。张达喜还曾传教到了比佛利，动员过去的先生也去信教。丁绍光半开玩笑地说，“你捐善款，哪回不是我出钱，究竟是你信教还是我信教？”笔者出现在比佛利山庄前不久，印尼的排华势力重新抬头，奸淫烧杀一时闹得挺凶，华人损失很

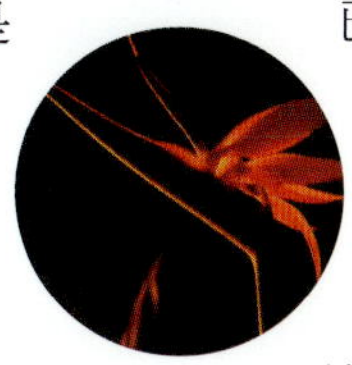

《祝愿》

大，张达喜带着她的教友赶去帮助印尼华人。丁婷也随妈妈去了，这也是在丁绍光的支持下成行的。所以也才有了女儿对外人转述她妈妈的一段话，“我妈妈说，我爸爸这一辈子做了很多善事，所以她也希望多做些善事为我们一家积福积德。”笔者在洛杉矶对张达喜的采访长达十多个小时，分两次才得以完成，是因为这过程中她一直忙于处理房产——丁绍光前些年为她耗资30多万美元购置在洛杉矶的一所大屋，她急匆匆就以20万美元转让给了他人，然后带着这笔她认为不该由自己享受的巨款，在我们谈话结束的当天便迁居到凤凰城传道布教去了。18年，一夕谈，有泪有笑有凄情，有佛在心，自省多于哀怨，往事已如尘烟。作为女儿的丁婷，直言不讳“父母的离婚，对我们是很大的感情打击”。对崇拜的父亲，喜爱的母亲，女儿有一贯的立场，那就是“父母之间的恩怨，不应由我们儿辈去评说。做儿女的只有苦心相劝父母言归于好。但父母决心走离婚这条路，我们就无法去责怪是谁之过”。久而久之，她却发现了自己的父母有别于他人的父母，此山庄的家庭有别于彼山庄的家庭。“既像个小家庭，又像个大家庭”，确是婷婷最初发现她家庭的特殊之处，“平时，奶奶、爸爸、我、弟弟……待到过年过节，我们家就热闹了，不是那个伯伯、叔叔来，就是那个姑姑、阿姨来。五叔、小叔过去跟着爷爷、奶奶在中国台湾生活，虽然离开的年数多，但现在还是常

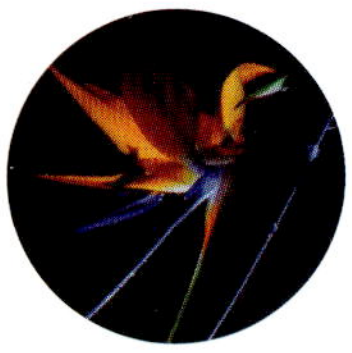

《祝福》

常在一起。最多的时候，我家有二十多人，奶奶看着她的儿孙辈，常常笑得很开心，许多人一起过年吃团圆饭，奶奶最高兴。”引文中删节号的位置应是张达喜，是婷婷所说的“有时会来看望我们的妈妈”。“他们的感情依旧很好，像朋友一样，很是客气。一看见就互相问好。”所以让女儿感觉这家庭的“特别”和“有时候人真怪”。“生活在一起吵架闹矛盾，分开了反而好了。”婷婷在对外人叙述心中感觉的时候，往往会笑着解释：不是说离婚好，绝没这个意思。“如果两个人真的合不来，分开了反而像朋友。”那是因为“两人之间没那么多要求，人没有要求的时候，什么都好说”。对眼前这两个人“一个是有画就够了的男人”，“一个是有爱就够了的女人”。

和声构成交响，斑斓组合繁华，女儿心悦诚服了。丁绍光和张达喜携起手来所做的，更多是为减弱母亲和儿女因他俩的失败婚姻曾经带给家庭的不和谐音。至于各人分领痛苦的多大份额，那便是他俩自己的事了。在这一点上，他俩都堪称称职，所以在《第一财经日报》上，我们还能读到女儿丁婷发表的一篇题为《丁绍光和他的爱人》的动情回忆。女儿不仅见证过“爸爸、妈妈在云南昆明时生活得非常幸福，常常手挽着手去散步，去公园晒太阳，去翠湖喂红嘴鸥。即使爸爸到美国之后，仍然非常惦记妈妈和我们。因为妈妈的皮肤很敏感，

《乐园之花》

不能洗衣服，所以他宁可自己吃方便面，也要省下钱来给家里买洗衣机……”对“妈妈到美国一年半之后，他们就分手了”的这一段鲜为人知的家事，她也算是放胆进行了一番“解秘”。她说：“爸爸和妈妈的离婚，原因只有他们两人最清楚。夫妻之间要分开，肯定谁都有对的地方，谁也都有错的地方。同样，妈妈也从不说爸爸的不好。妈妈信佛，离婚后还常常为爸爸和我们祈祷，希望爸爸能健康、快乐。爸爸对妈妈一直是非常有责任心的，妈妈在世时所有的开销仍由爸爸支付。”

笔者尽管是应美国国际美术家协会专函邀请来洛城专访丁先生，行前并未准备在画家私生活领域挖出点什么谈资。就这样在知道有一个早已见诸文字的张达喜之外，还在一本《遭遇美国》的书里读到作者陈燕妮女士的“访谈录”。这本书系由中国社会出版社正式出版，并非小报上的花边新闻，作者声称“思绪里，所有叙述嗟叹，均是由衷”。在“丁绍光的录音”之后，附有“陈燕妮思绪”。笔者遭遇了另一位出没在丁绍光身旁的年轻女性，便是在这“思绪”里。

“他年轻的爱人是一个英文极佳的北京女孩。”这里的他指的是丁绍光先生，而“爱人”一词是否等同国人对妻子的爱称，我准备赴美之后当面请教先生。于是信手摘录了一些有关报道在我的笔记本上，“……该女孩不做作，对丁绍光崇拜有加。去年（1995年）国内曾有摄制组来美拍丁绍光，作为解说词撰稿的我（陈燕妮）和她一起同往机场迎接来人。在做夫妻、心相印、携手行！画家如画人生中，如今等待的就是这么一位画中人。

机场入口外才稍做停车，就有警察黑头黑脸地上来斥责停的不是地方，并要我们出示驾驶执照，该小爱人当时正规地从怀里抽出‘丁绍光艺术中心’的名片，一递出去，说是‘我们和他是一起的，他是很有名的一个艺术家’，那警察大抵被她淡定的表情所惊讶，竟微笑着给我们放行。”跳过几行，我还摘录了陈文的下一段：“我前往采访的时候（根据书末落稿年月日，采访是在1995－1996年进行的）两人刚刚有一个女儿，雪白的通体（书中的原文如此，可能是胴体的笔误或排校出错）。这小丫头满月的时候我曾应邀到丁家庆祝。再后来，小丫头周岁的时候，我又被邀参加预订在外的酒席。席上感人的高潮，是做母亲的一下子当着众多的注视哭了出来。那一刻四下寂静，自然每个人都深知，那个众人明了的位置是一个舞台。”

在《丁绍光和他的爱人》一文中，丁婷还客观真实地说到作为丁绍光爱人的另外两个女性。她说：

“对待桑青的态度，爸爸也是如此。桑青是个北京女孩。到了美国后，她考进洛杉矶学院攻读社会学，后来认识了爸爸，他们俩共同生活了很长时间，还生了两个女儿。这两个小妹妹都很可爱，奶奶也非常喜欢她们。爸爸和桑青快乐地生活了好几年，最后两个人决定分手，我相信在他们相处的过程中彼此都是幸福的。爸爸一直在努力地维系这段感情，直到最后不得不以离开而告终。

“还有一位伊朗女孩和爸爸也共同生活过三年。这位来自伊朗的豪门千金，非常喜欢画画，于是拜爸爸为师。后来他们彼此相爱，共同生活了三年。分手后，爸爸仍然对她很照顾，常有往来，他们之间仍然像朋友一样相处和谐。

“爸爸到底有几个女朋友？我想，这些对于爸爸来说都是很重要的，他从来不会否认对别人的爱，无论对谁他一直爱得光明磊落；最重要的是，他对待每一段感情的态度都很负责。这一点也一直影响着我。”

丁宅的舞台上，当然不会永远留白留空，后来人也一定是会有的。女人与艺术、艺术家的故事一直会被继续下去——再现一个《乐园》中的女主人公也是有可能的！或许，当丁先生预言“老了”会把这“舞台”上发生的一个个新故事讲给人听的时候，你会发现既不是张达喜式的故事，也不是“波斯女郎”式的故事，或者“北京女孩”故事的翻版。爱人的含义竟然是那么平白如话，那么一目了然，既不是远观的风景，也不是摆出给人观看的花瓶。做夫妻、心相印、携手行！画家如画人生中，如今等待的就是这么一位画中人。

第九章

世纪盘点

精彩人生新里程

《鱼座》

《后羿射日》

《女猎手》

1 出来一张好画，印出一批丝网，拓开一片市场

“这以后我在美国的发展开始一帆风顺。”1986年和1987年作品产量最多，丁绍光创作进入第一个高产期。才华横溢，成果辉煌，丁绍光谓之“想法多，出东西也快”的年头，门前屋后的“天堂鸟”似乎也长年花开不断，每天都为这通宵达旦伏案挥毫的画家衔来一束束金色的霞光报晓窗前。每年70张优质的“现代重彩”创下历史的新高。

表现安静环境中的少女在尽情享受大自然的恩惠，被人誉为能“读出一个女儿的全部绝望与希望，读出一个画家的全部激情与诗情”的《乐园》，目睹过作者1986年的飞扬神采。

愿战争永远成为历史，让孩子在母亲怀中静静安睡的《母性》，这幅被联合国世界联合会选为1994年国际家庭年纪念邮票首日封的佳作生产期在七年前。1987年的作者在多年动荡不安之后，心中已经倍感生活的亲切和温馨，母亲美好的形象岂能不来自一个美好的心境？

船家少女《遥远的梦》是千缝百衲的船帆拼接成的。1987年作者以画笔写诗渐入佳境：表现得含蓄，表现得深沉，越来越得心应手，出众之处越来越清晰地呈现在人前，以画表现生活里的诗……画家曾经说，“我确实喜爱风、海洋和帆，所以我经常创作这些主题。海洋赋予我一种强烈的感受，每当我临近海洋，它总会增强我那种感受。如果我快乐，那么临近海洋后我感到更加快乐；如果我悲伤，它会加深我的伤感。”移居洛杉矶后，他常去太平洋岸边观潮起潮落，海洋赋予他许多创作灵感。

《夜的飞翔》描绘的是奔月的嫦娥。你让她跨骑在两千年前汉代青铜马上，一个古老的中国神话在夜色中狂奔而来。不是神话而是现实，你的笔从夜色深似海的墨池里解脱出来，笔端已是一片灿烂……

《丝绸之路》《岸边的友情》还有《中国之歌》《鱼座》《后羿射日》《双子》《女猎手》等相继而来。

进入高产期的丁绍光，重新开始了他的“行万里路”，在日本小住，在泰国畅游，在欧洲旅行……续写在“一片灿烂”之后，是一次次美的丰收。糅合了印度、日本、埃及、泰国、墨西哥和希腊艺术风格的作品拥着丁绍光告别20世纪80年代向90年代神采飞扬地奔去。

Ting Shaokuang
1989.

《湄公河上》	1989年，丁绍光在泰国	20世纪80年代，丁绍光先生在日本东京，日本画界为丁绍光先生举办生日派对

印度少女如蓝宝石般的美丽，定格于1988年的画作《蓝宝石》，1989年被印制成500幅丝网版画在美国发行。

1987年，樱花盛开的季节，丁绍光访问了彩雪满地的日本京都。表现他当时感受的《樱花·春雨·京都》次年成画，随后被印制成丝网版画在日首先发行。

埃及少女抚琴弹唱的《自由之歌》，是丁绍光1988年成画的无声之乐。它1989年被印制成丝网版画发行。

疑是《乐园》中傣族少女的再现：捧着红豆的纤纤十指，分别交给了鲜果色初露的提篮和如花展瓣的伞，举伞提篮的泰国少女亭亭玉立于龙舟之上。画幅的大部空间着意交给了流水——那从云南穿境而过的澜沧江流到友邻泰国就被唤作湄公河了，但情感的河流在画家心中是永远没有枯水期的，丁绍光于1989年访问泰国，成画《湄公河上》，同年印制成丝网版画500幅发行。被美国私人收藏家珍藏的《泰国古老花园》也是此行的收获。

出来一张好画，印出一批丝网，拓开一片市场；再出来一张好画，再印出一批丝网，再拓宽一片天地。丁绍光“画不够分”的火爆，让西格尔乐得真像长出了翅膀的海鸥，一会儿从美国西部飞到美国东部，一会儿又从美洲飞到欧洲、飞到亚洲……

在美国、法国、加拿大、日本、印度尼西亚，以及中国香港、台湾、北京、上海等地……

作品的艺术使丁绍光赢得巨大的名声；

商业的艺术使丁绍光赢得不少的财富。

名声和财富似同时滚动起来的雪球，两只在不停的滚动中不断壮大起来的雪球……

只有到了这时候，人们才能洞察到丁绍光从他东方的老师们身上学到了多少长处，弥补了多少不足……

只有到了这时候，丁绍光也才明白了自己终于向西方学到了一点东西，包括他自幼仰慕的大师毕加索给予他的影响也不仅仅是艺术，也不仅仅是毕翁追求的生前

《丝绸之路》

《遥远的梦》

死后都同样荣耀的精彩人生——真正精彩的人生！

商业运作不是对画家原作的炒作。这一点，丁绍光也是学来的！

进入20世纪90年代，全球整个大经济环境风风雨雨多起来了。画界受经济低迷冲击颇大。大约从1991年底1992年初开始，惊魂未定的画家们都在降价卖画，这样又造成新的恶性循环。过两年，整个美国的画廊有百分之六七十关闭，在中国画家蹲守街头画画的人数不见减少、归国的人数却与日俱增时，“海鸥画廊”代理丁绍光的作品采取的销售策略依旧是不涨价也不降价。多起来的社会活动和不得不到场的画展，固然让他的创作受到很大的影响。“商人总是在搞数字比赛，我不想和别人比这个。”骨子里不是一个商人，绝对仍旧是一个画家的丁绍光，在画的生产上也实行了缩量，从每年的70张缩到25张左右，并多年一直保持在这条水平线上。经济实力已经让他有了进退的自由，他的终极目标必然是艺术上的成就得到公认。在原作积聚起来可以到世界各大博物馆进行巡回展出之前，享受画作一出能在美国和世界一些中小画廊抢光的陶醉应该适可而止。提升艺术地位，高级的画廊和高质量的画展是进入世界艺术最高殿堂必经的台阶。

台阶是需要一级级向上攀登的。

丁绍光首次应邀到纽约开画展那年，开展的前一天，正巧家住纽约的旅美画家袁运生过生日。（袁运生是1978年北京机场壁画《泼水节——生命的赞歌》的作者，他是在裸浴的傣女在壁画中出现引发争议后移居美国的。）当时是一辆豪华礼车来接他去为老朋友祝寿的。在车里司机就问：“你怎么去那个地方？那里很穷困的。”他就说：“你不要认为我们画家就一定很有钱，有很多很好的画家并没有钱。”到了门口，司机就说：“这里不安全，我去帮你叫门，等你朋友出来接你，你再出来。”司机就把门给锁上了，不让他下车，丁绍光跟他怎么讲也说不清楚，他不希望有朋友看到他坐在这样的车里等着别人来接。结果出来了一群中国的画家，他们射过来的目光让丁绍光觉得很不自然，然后司机就回来了，开了车门让他下车。几个中国来的画家在一旁议论纷纷，讲了一些刺耳的话。在袁运生的家中，为签约上当的事，为难以进入美国高层次画廊的事，画家们大吐苦水。因为当年从中央工艺美术学院毕业后一直在云南工作，所以大部分到场的画家和丁只能算是神交，并不真正认识。聚会到最后，丁才告诉大家，第二天他会有一个

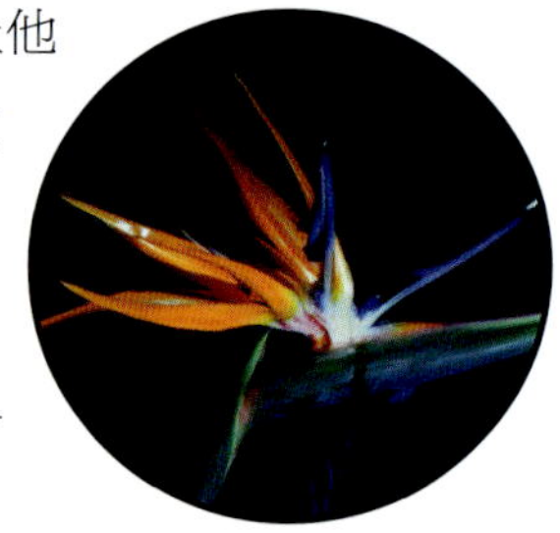

《蓝宝石》

印度少女如蓝宝石般的美丽，定格于1988年的画作《蓝宝石》，1989年被印制成丝网版画500幅在美国发行

《母性》

孩子在母亲怀中静静安睡的《母性》，这幅被联合国世界联合会选为1994年国际家庭年纪念邮票首日封的佳作生产期在七年前。1987年的作者在多年动荡不安之后，心中已经倍感生活的亲切和温馨，母亲美好的形象岂能不来自一个美好的心境

1994年，丁绍光先生为联合国国际家庭年创作主题作品《母性》，受联合国秘书长加利（中）接见。左为联合国世界联盟副秘书长安娜贝尔·威娜

画展在“达延森”举行，请大家出席，请同族同文同宗，先后同窗同行乃至某些遭遇都相同的朋友去自己的画展做客，甘苦同享之外，往往还另有一层深意。何能先生记得他初到洛杉矶是在时差都还没有转过来的状态下，就被老丁亲自开车接到已经打烊的画廊前，凭借灯光隔着玻璃橱他看到一个个与鹤同舞、与花同开的“东方丽人”，或守着安睡的婴儿低吟摇篮曲，或风情万种沐浴于澜沧江的碧流夕照中。两日前推向市场的结果，从画廊巨大的玻璃橱窗上显示出来——“全部红点”。应该说何能是看懂了老友迫不及待把“红点”示人的真切含意的。他用成功鼓舞同行！他在人前的形象永远是神采奕奕。

“把痛苦留给自己，连倦容也难轻易示人。”深知他的朋友们称之为“老丁的个性”。他追求成功，有高兴的事绝不一个人捂着嘴偷着乐。有个小故事最能为其这一方面性格作注解。长时间的创作劳动，往往搞到手酸得无法运笔，闭上眼却不能入眠，这时他便独自一人驾车去赌城拉斯维加斯，任选一台老虎机坐下来休息——闭上一双眼往老虎嘴里投角子。扔着扔着便朦胧了，这与“个性”无关。小故事说的是有一回他从梦中惊起，角子落银盘碰响了联网的老虎机。这一夜他洛杉矶的亲朋好友都一一让电话吵醒了，丁绍光把获得8万美元的大奖消息连夜送出千里之外。老虎嘴吞过他多少金币从来无人知晓，而在老虎嘴里拔了一颗牙，却让满世界都知道他如此乐了一回。

第二天丁绍光邀他们到“达延森”去观展的是他的一个商业画展，结果又是一个“满堂红”——所有的画通通卖掉了。有一位画家就酸溜溜地拍拍他的肩膀说：“老丁啊，这个是奶油加面包，你有本事的话就打进 STIDIO47，那才是艺术……”丁绍光让人吃惊的画价，不仅让同是中国出来的一些画家心里不平衡，即使是美国本土的著名画家也卖不到这样的价钱。丁绍光认为一个中国画家在美国有一个很重要的原则，就是要把美国画家画不出来的画出来，这是第一条。他花了六年时间才领悟到这点。

丁绍光记住了那位同行在“达延森”观展时留下的话。到了第二年，助理问丁绍光：“这次咱们到哪一家画廊开画展呢？”他就让助理去打听这更高一级的台阶。一个电话打到“STIDIO47”，还没说上几句，事情就解决了。

他在那里开画展的时候，一个中国画家都没请，画照样卖得很好。说到这段经历，丁绍光说：“我不说我的艺术非常成功，而是他们把商业与艺术对比起来的思想，我个人认为是不对的。自己要去推销自己，你自己要给自己的艺术去做宣传，这是现代艺术的特点之一，不善于推销自己的艺术家不容易成功。贫穷历来是艺术家通往国际艺坛路上的障碍！”丁绍光分析说这主要是各人思想和对世界的了解不同。艺术与商业在任何一个时代都存在矛盾。丁绍光认为不能把商业与艺术对立起来，他觉得如果这样就好比搬石头砸自己的脚。

“好胜心、好强心、极端自信”也是所有成功者具备的共同特点。“十佳花园”的巨子，从香港出来，从一朵一朵玫瑰花卖起，“我现在一朵朵卖玫瑰花，将来我要在全美国一州州地卖玫瑰花。”他现在已不只卖花了，生意大得不得了，这个其貌不扬、个头不高的华商经常与朋友们一起分享他的故事。还有一位当代最成功的建筑家，是被丁绍光称作建筑艺术家的贝聿铭先生。他最近设计的洛杉矶医学大楼，可能是以后世界最好的医院。他说最难设计的就是医院。要有理念，他设计的是“一个休息的家”——他成功了！其中重要的，也是被丁先生特别称道的，是他随时都看到比自己牛几倍的人还在努力。

2 1992年的快乐山西行和在北京重新找回的幸福

中国古代文化的重要发祥地之一，因“盐运之城”而得名的山西运城市，历史悠久，人文荟萃。相传后稷教民稼穑于稷山，嫘祖教民养蚕于夏县，舜建都蒲坂(今永济)，禹建都安邑(今夏县)。文化遗址芮城永乐宫，不但建筑别致，而且有着精美的元代巨幅壁画，以其精湛的艺术魅力著称于世；永济普救寺相传是《西厢记》故事的发生地，早已成为旅游热线上不可不看的风景。自古以来，公侯将相、学者志士，代不乏人。历史名人关羽、柳宗元、王通、王勃、王维、司马光、薛仁贵、吕洞宾、杨贵妃、关汉卿等都在这里留下了许多典故与传说。在现代当代史上，在神舟七号载人飞船航天员景海鹏、著名青年歌唱家谭晶成为新一代运城人杰出的代表之前，星光熠熠进入运城父老乡亲、兄弟姐妹视野的是“荣归故里”的丁绍光。

“做一次讲座”，缘自艺术大学的邀请，“而我也正想借此机会回山西运城的老家。”

“一下火车，山西省省长及陪同的省市代表手持鲜花欢迎我。”丁绍光多年之后还能几乎完整地再现当年走出车站在迎宾大道上下车改作步行的情景。

“但欢迎的人不止这些。出车站时，我看到四周停满了官方的小汽车，一大群人拥塞在走道向我欢呼。公安人员为我们开道，但当我看到雀跃的人群时决定走下官方小汽车步行。

20世纪90年代，丁绍光先生回中国山西运城家乡，参加尧帝万人祭祀活动，宣读立碑祭文

21世纪初，丁绍光先生（左四）回中国山西运城家乡，参加尧帝万人祭祀活动暨画祖敫首像揭幕，并为殿堂题写匾额

当然，身后跟着所有的政府官员……”

尽管你的身份是美籍华人，但是乡亲们仍为你骄傲。

“我敢说，这个显然是由于公众长期对我艺术探索的认同——从而对我的作品青睐有加。我并非一个由金融市场炒作出来的画家，很少几次的公开拍卖，那也只是为了确认我的作品的真实价值。我在全世界展出、出版和销售我的作品，第一次是1988年日本名古屋，1990年在东京艺术博物馆我举办了正式画展（同年的3月30日至4月4日，日本的21世纪出版社在当时的东京国际艺术大展上举办了一次‘你喜欢的画家’评选活动。参加评选活动的有艺术评论家、收藏家、画廊主持人、杂志社编辑以及3225名观众，以不计名投票方式选出自14世纪至20世纪最受人喜爱的画家。 疯狂的丁绍光迷们将他评为世界最杰出的百名艺术大师之一，排名第29位。画展三天销售额达到200万美元，创下20世纪中国画家售画最高纪录，并连续8年排在日本艺术市场销售的前三名）。”同年巴黎也展出了我的作品，画展开幕仅半小时，20幅画被一抢而空，法国报纸惊呼“来自东方的奇迹”，法国当代权威美术评论家安德鲁· 帕利诺称丁绍光的艺术“具有超越时空的魅力，他用一支神奇的笔揭示了中国五千年文明的奥秘，他对美与爱的升华，使他成为20世纪的乔托”。丁绍光对有关自己的评价，一贯拿捏得很准，就在有舆论把他取得的成功定格为“中国卖画最多、画价最高、最成功的画家之一”的时候，面对媒体对成功他也有自己的说法：“我的作品为什么在海外卖得好，我想最主要是主题好，反映了和谐、天人合一。这方面是西方画家所缺乏的……

“我的每一件画作无不饱含中国乡土与历史，每一个著色的符号，每一笔线条都诉说着我的血缘，代表着所有人与生俱来的生命力。故地重归意味着我欲投入到给予我生命力量的

21世纪初，丁绍光先生回中国山西运城家乡，参加尧帝万人祭祀活动

世界之中，现代性意味着每个个人的冒险，我的出现就是对此的激励，就像是在证明一种竭尽努力获取成功实现的美梦。但同时不否认重要的东西。

“几天之后，在上海市中心我又一次收获了同样的感受。在展览厅，开幕典礼的剪彩式刚刚结束，激动的人群和青春的热力一下涌入了前厅，我成了众人瞩目的中心。人们竞相索要签名。接着，怀着同样的狂热，人们冲向我的作品，像是为了充分见证一个艺术家睿智的平和。对一个画家来说，是一个伟大的时刻。”

丁绍光首次返乡行临近尾声，他告别中国画祖敤首纪念地、世界上独一无二的比西方文艺复兴还要早200年的三清殿壁画、关帝庙崇宁殿前的关公塑像，以及与他做过倾心一夕谈的运城千余学子……回到了已春意盎然的北京。受聘担任中央工艺美术学院客座教授（在此前后还被聘为云南艺术学院、山西大学、上海大学等美术院校客座教授），由他出资设立以恩师名字命名的“张光宇艺术基金会”挂牌（他还身兼庞薰琹美术馆名誉馆长）等一系列的活动要他现身。1992年4月上旬至中旬，他离开中国30年后，首度重回北京开画展——《旅美著名画家丁绍光作品展》，也在中国革命历史博物馆与首都观众见面。

21世纪初，丁绍光先生在山西大同云冈石窟

在个展开幕的当晚，丁绍光深感荣幸的是他对师友的答谢宴能在国宴厅举行。站在离开祖国前留下的壁画面前，他心情一直不能平静。“我至今仍有不曾淡忘的记忆。我还能分辨出我今天展出的作品与那幅壁画在色彩和线条上的不同。在这方寸之间，刻印着我长期艰苦求学所带来的收获，以及对我此后在美国充实和丰富了的追求现代艺术的好奇心的回报。每时每刻，我都观察着那幅壁画，对其画面和线条的垂直度仔细观察和审核。这是昨日与今日相互面对的惊人苦旅。

这一意外的照面成了我归国期间的珍贵时刻之一。我重新寻回了那些我自认已然放弃的原初作品，我细心地重新审视它的每个细节，以至于人们从中发现了一张挚爱的面孔。就这样，我对自己在艺术的进展和真实技术处理能力又进行了评估，这是艺术家生命中最令人紧张兴奋的欢愉时刻之一。我的眼前全是对创作经历的回忆，我匆忙离开之时构思作品的情景，就像是一次永别。而我又一次见证了它的存在，好像它是一页被忘怀的历史，一种被收藏已久的幸福。”

许多年后，丁绍光在应对媒体的访问或者抒发感情做文章的时候，答谢师友在国宴厅这一段不止一次出现。让人听到是一种幸福被反复咂在嘴里发出的声音。他清楚地记得，当他走到老师们的桌前敬酒时，老人们一下子都站起来。“我赶快把老师们按在座位上，急匆匆地说：‘你们永远是我的老师！’我记得祝大年教授眼中闪动着泪花，我紧紧抓住他的手，我绝不想我们师生之间产生任何距离。虽然很多老同学说：‘老丁没有变！’”当年他把这句话当成赞扬的话来听，后来却能把这句话当成一生的叮咛。

“难道一点没变吗？在美国和世界各地举办上千次的个展，在金钱和美女的包围下，住豪宅，开名车，我真的没有变吗？艺术的理想与金钱难道可以画等号吗？”丁绍光在北京也曾对幸福如此发问。

3 以他的作品来投入并唤醒和平

丁绍光以蓝色绘画树木，
除了他本人不喜欢绿色之外，
更使用形态来匹配色彩，
它表达了和平、宁静与天空。
因为艺术是精神自身的演变及深刻的表现，
而和平是艺术表现的最高境界，
它将造型艺术的和谐美的理念与时代
最崇高的理想价值融为一体。
丁绍光将以他的作品来投入并唤醒和平，

《人权之光》

1993年，丁绍光先生（右）在美国纽约联合国大厦，举办作品《人权之光》发布仪式，左为中国驻联合国大使陈健先生

1993年，丁绍光先生（中）在美国联合国大厦，为纪念人权宣言45周年，举行《人权之光》作品发布会，右一为联合国世界联盟副秘书长安娜贝尔·威娜，左一为美国驻联合国大使

这正是在经历了无尽的迫害

而对和平的渴望与颂扬。

——法国　安德鲁 · 帕利诺

变形夸张的手法大大超出常人结构，加长的身躯和四肢给人无限遐想。是吸收了印度、埃及和非洲原始艺术的造型和神韵，还是继承古代中国壁画艺术，加以发展而来？借富有弹性的线条，纤巧、流畅、优美地勾画出黄皮肤、黑皮肤和白皮肤的三位母亲形象。她们在阳光下伸出双手，送出远飞的丹顶鹤，并承接阳光和雨露的滋养。

1993年它被联合国艺术和邮政委员会选中，成为一枚邮票的主题画。“这是我的愿望获得了官方认可。这给了我莫大的欢欣与鼓舞。”丁绍光说。

在谈到这幅由联合国以版画及首日封形式发行全世界的《人权之光》时，他曾表示：“追求自由与尊严的人生乃天赋人权。联合国组织致力于建立起国家与个人的互相了解、和睦共处的理念。我的艺术作品将对阐述这一理念做积极贡献，我将为人权之光照亮全世界而奋斗终生。”

这个项目开始于被看作20世纪绘画艺术“真正标志”、能画出宇宙灵魂的萨尔瓦多·达利献出其水彩画原作以纪念世界联盟的二十华诞之际。原作现在仍挂在联合国大厦。此后，一些主要艺术大师如马克·夏格尔、亚历山大·卡尔德、约翰·米罗、罗伯特·罗森伯格和维克特·佛萨雷利等都参加了这些活动。丁绍光对这次出于和平目的与艺术世界的合作感到非常高兴，因为他是第一个受邀参与该计划的中国艺术家。

1993—1995年，丁绍光连续三年被选为联合国代表画家。在外人看来，似乎是“一夜成名”，如同天外飞星一般闪亮登场。但丁绍光知道这其中的甘苦，他迈向成功的每一步，都

《白夜》	在1992年3月，佳士得中国19—20世纪绘画拍卖会拍得220万港币，创造了中国画家海外最高拍卖纪录

是一位来自中国的画家，正在进一步接近并最终实现以自己的“中国魂”去拥抱世界的梦想。

他指出：“近现代史上中国艺术家有三次出国大潮：最早是20世纪初，代表人物有徐悲鸿、孙多慈等；其后有赵无极、吴冠中、朱德群等；最多的是80年代后，中国大门开了，有上万画家走向世界，这当中不出几个人物，也实在是不公平了。”

丁绍光最新的代表作《宗教与和平》是他连续第三次为联合国世界联盟和集邮项目贡献的作品。《宗教与和平》作为联合国世界联盟的首日封和限量版画与联合国邮票同时在1995年9月5日发行，以纪念联合国1995年9月4日至15日在中国北京召开的第四届世界妇女大会。从当年的联合国英文文件中摘译出的以下文字中，可以明白丁绍光之所以被委任创作这次极其重要的联合国邮票，是因为“他在现实生活中对女性的尊重和他的作品中以女性为主题的特色，从而使他成为最理想的人选”。

丁绍光在联合国成立的六年前出生，
他是许多人的榜样，
他已成为联合国所倡导的宗旨的真正象征。
他的人生故事像一部充满戏剧性的小说，
但有着完美的结局。
从北京到他现在居住的比佛利山庄，
他走过了极其坎坷的道路。
正直和坚韧不拔的气质，
证明了他已成为联合国宪章所示的理想的最优秀的代表。

以上分行文字系出自1995年9月5日联合国文件。笔者初见译文用楼梯式排列，以为是“楼梯诗”一首。久晤，已能初释良苦用心——

人生最美的诗意不在结果，而在过程。

4 《艺术女神》诞生记

画家和上海大剧院，需要是相互的

1985年
《西双版纳》

以丁绍光云南风情为主题《西双版纳》发行的第四次世界妇女大会首日封和邮票

1997年底，当别致的立体玻璃结构、美轮美奂的剧场和室内装饰——投资12亿元由法国招标设计的上海大剧院在该市人民广场西侧基本建成之时，有关方面开始操作一件锦上添花的事，那就是为使上海文化设施与国际大都市接轨而建造的这座世界一流的文化建筑设计一个一流的艺术标志。

这个意图被俞璟璐获悉了。她曾经是改革开放大潮初起那一批去大洋彼岸闯荡的中国留学生中的一员，在美国读博，然后曾做过多个中美文化交流项目，此时受邀兼任丁绍光艺术中心副总裁。那一年，她正在上海与国际艺博会磋商丁绍光来华办展的事。

就在上海官方点头认可，认为“如果他的画能留在上海，很有意义”的时候，上海大剧院的负责人皱起了眉头，当时大剧院负责人之所以不敢接俞博士的“招”，面有难色是因为他们知道丁绍光的绘画价位很高。他的《白夜》在1992年3月佳士得中国19—20世纪绘画拍卖会拍得220万港币，创造了中国画家海外最高拍卖纪录。几个月前，1997年4月20日，丁绍光的作品首次在中国国内拍卖市场亮相，当日上午举行的中国嘉德拍卖会中国油画及雕塑专场，《西双版纳》这幅以云南风情为主题、完成于1985年、10年后曾为联合国邮政署纪念第四次世界妇女大会发行首日封和邮票的巨幅原件，以98万元人民币起价后，立刻引起海内外众多买家的激烈争夺。伴随着阵阵掌声，叫价一再不断攀升，最终以396万元人民币落槌。再次刷新由丁绍光本人保持的中国在世画家同类画作的最高拍卖纪录。况且这些画都不算大型巨制，如果剧院的大型壁画请他搞，谁来买这样一份天价的单？

“不久后将停止商业画创作！”差不多同一时期，丁绍光在海外的这类声音，上海方面也有所风闻：

“我艺术创作的关键是要在历史上站住脚，我想在学术上多下点功夫。所以，三年后我将可能停止出售原作，丝网印刷也要把数字减下来，争取减少到99张或者199张。这样的话，丝网印刷的价钱可以提高，原作积累起来可以到世界各大博物馆进行巡回展出。用这种手段控制，原作的价格也会跳上去，我的收入不如果您的画出现在上海大剧院，这是个永恒的展示，意味着每天能有几千观众欣赏您创作的神技，感受你艺术的魅力。

会比现在少，但是我在学术上完全变了一个样。”

“我可以去说动他，至于费用问题大剧院适当贴补一些就行。”

俞博士发挥桥梁作用，迅速地把此事向大洋彼岸的丁绍光做了报告。

1997年11月，上海首届国际艺博会隆重开幕，规模最大的丁绍光艺术中心设置在中央大厅。开幕式上，市领导在接见艺术家的时候提及了大剧院壁画之事。

需要是相互的——

上海作为迅速发展中的国际闻名大都市，需要新添一道相应的文化景观；

近年已成为中国画家海外军团领军人物，在人文环境、艺术氛围都令人看好的大上海，丁绍光何尝不想有一个宣传自己艺术的窗口？

艺博会结束以后，丁绍光、俞璟璐等去大剧院实地参观，看到大剧院宏伟的结构且坐落于上海的中心时，丁绍光怦然心动了。但那时丁绍光正为纪念《世界人权宣言》发表五十周年绘制主题画，他担心再搞新作品会忙不过来。俞璟璐看着丁先生迟疑不决，忙在一旁提醒说：“丁先生，您的画让一个有钱的收藏家收藏，只有这个收藏家和他身边的人能欣赏你的画。如果您的画出现在上海大剧院，这是个永恒的展示，意味着每天能有几千观众欣赏您创作的神技，感受你艺术的魅力。一日三千，一月九万，一年一百零八万，十年，二十年该有多少观众看您的画，这样的宣传阵地您一定要争取。”

丁绍光在此行结束之前，与大剧院签订了绘制壁画的意向书。

“女神”遭遇的第一个曲折

墨写在书面上的意向，最终是要以幅宽4.4米、长7.4米的巨幅绘画作品来呈现的。在辉煌背后鲜为人知的是年近花甲的画家几易其稿的曲曲折折。

“经过周密研究以后，我们决定请丁先生为大剧院精心创作，只有他的现代重彩画，那些非常美的人物形象才是与这座大剧院匹配的和谐图画。”议定意向确定之后，十分重视这一大手笔的上海市委、市府领导龚学平通过俞璟璐向丁先生提出了对这幅壁画——每夜入场观摩表演的2000名观众，从进入剧院的第一时间起，就将被其艺术魅力所吸引的具体要求：这幅画的创作构思要达到具象和抽象相结合，不能太写真，使人不能有想象的余地；又不能太抽象，避免让观众看不懂。

《花影》

《古代文明》

转眼来到了1998年。

按规划在上海大剧院的揭幕式是预定当年8月27日举行。

丁绍光当初就担心会忙不过来，早已排定的频繁展事，让他近年的新作《古代文明》《腾飞》《花影》等在撤展后，签名盖章墨迹未干就易手成为买家珍贵的藏品。大剧院要的壁画虽然挤上了日程，但在俞璟璐把最早的《艺术女神》送呈上海市有关领导审看的时候，还只是丁绍光匆匆提交的一张素色简图。

“领导第一眼就予以否定”的结果，在俞璟璐的预料中。她考虑到这素色调缺乏喜庆吉祥的色彩，一旦被否决对大画家也是很扫面子的事情，所以在她一手铺开那张来自大洋彼岸的简图时，一手拿出一本以丁绍光名作《宗教与和平》作封面的1995年6月联合国月刊。当然，俞璟璐选择这本画册是有深意的。丁绍光这幅最新的代表作，曾作为联合国世界联盟的首日封和限量版画与联合国邮票同时于1995年9月5日发行，以纪念联合国1995年9月4日至15日在中国北京召开的第四次世界妇女大会。此前的《人权之光》和《母性》，分别为1993年纪念世界人权宣言和1994年纪念国际家庭年被委以重任的产物。

画家用他特有的丰富色彩在手工宣纸上创作的《宗教与和平》，画中的女性手臂伸向天空，柔美、丰润的双手放飞希望白鸽的优雅造型，在此时产生出与平常不一样冲击力的是这妙龄女子身着绚丽的蓝色衣衫衬托出的大红背景，那强烈的红色象征着中国艺术传统的吉祥如意，让在场的上海市领导人立刻展开了讨论。最后形成了一种声音。

“上海的领导人审看了草图，觉得先生的画艺是精湛的，但这个草图背景太素，当然这个素色构思充满了独特的艺术性，但考虑到此画是给广大普通观众看的，建议以大红色调衬

托浓烈的气氛，呈现出一派祥和的节日喜庆。还有白玉兰画得太小，花瓣有些变形，由于白玉兰是上海市花，一定既要有艺术，更要有真实。”

俞璟璐言辞婉转地写了封信，以传真发往大洋彼岸的洛杉矶……

很快做出反应，丁先生在上海现身。媒体先是在他下榻的上海西郊宾馆发现了这个讲究仪表之人，上穿一件极具设计感的白衬衫，做工、质地上佳，下着黑色长裤、黑皮鞋，愈发衬得身材高大、修长、挺拔。走动间，气场强大，磁力十足。他不在聚光灯下亮相，也不在宴会厅里入座。春光明媚的西郊宾馆，正花香馥郁，清气袭人，一朵朵肥硕的白玉兰绽放在枝头以秀色迎宾。“他拿了相机从各个角度拍摄了许多白玉兰照片，还画了一些白玉兰的素描。”日后在画幅的下首，“铁线描”以毫不含糊的宁静赋予白玉兰与女神悠然相对的造型，无疑是得益于春暖花开之时的上海之行。

这时，为求大厅的墙面更宽敞，让丁绍光的画有更大的回旋余地，剧院敲掉了二楼的过道和一楼墙面两侧的遮墙，要求画家把画进一步放大，使整幅画更为大气磅礴。于是，丁绍光再次驻足在刚刚竣工的剧院正门大厅，并对挂画预留的墙面进行了仔细的测量。返回美国之后，经几位员工昼夜不停突击，按照巨画成品尺寸的要求，终于做好一张拼起来足有40平方米的特大画板。

“开始想竖起画板，旁边搭脚手架，像建造房子那样，由画家站着画，但那样很危险，稍一不慎作画人就会摔下来。所以把画板横倒在丁绍光购于比佛利山庄的一座别墅客厅的地板上，让画家蹲着、跪着、匍匐着作画，虽然很累，却保证了安全。”与丁先生同居一城的旅美画家何能，曾经被丁先生请去为绘制大壁画充当助手，何能先生戏说他所干的这份活儿是“敷水泥”。“色彩是水泥”大有来头，丁绍光的恩师、著名装饰艺术家张光宇的原话是：“构图是钢骨，色彩是水泥。”

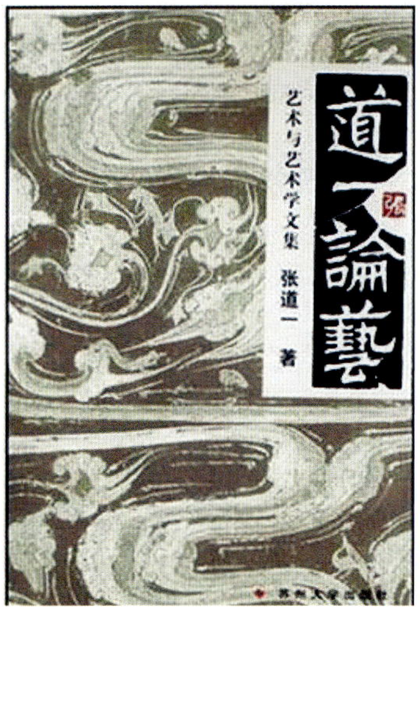

《艺术女神》没有例外，丁绍光作画，总是先精确描写出超越形似的神似境地，然后以抽象主义手法着力表现潜在情绪及情感，并以精准的线描决定构图，再以美丽的色彩处理主体和背景的……

“事已如此，不拼也得拼。拼了！”

《宗教与和平》

7月中旬，大画的各项前期准备全部就绪，按原计划最后的构图、描线、上色、成画的后期工程大约四十天。忽然又接到上海的电传："急需在8月20日前完成涂料和上墙工作，必须提前半个月完成整修工程。"

读罢电传，丁绍光不禁感叹："事已如此，不拼也得拼。拼了，这次我真正地拼了！"

200多平方米的大画室，由于来不及装空调，只能靠高屋顶下的大窗户自然通风，实在热不过了，就喝口凉茶，用纸扇挥几下，进行人工降温，然后继续作画，在特制的宣纸——裱上绢的宣纸上：先以墨色勾勒线条，再用金色敷在墨色上，然后调和丙烯、胶水包括中国的矿物颜料在内的多国颜料、涂料……加工着色。

日后画家坦言《艺术女神》是其"一生中非常重要的作品之一"，并非是敝帚自珍。

1998年为上海大剧院创作的《艺术女神》 长7.4米×宽4.4米

1998年，丁绍光先生应上海市人民政府邀请，为新建的上海大剧院创作巨幅作品《艺术女神》

上海大剧院夜景

我国著名的工艺美术史论家、艺术学家、东南大学教授张道一在《丁绍光艺术论》中，用整整一章写了《艺术女神》。“以往作品中最大的一幅，从构思到制作用了大半年时间。画的主题表现了‘艺术女神’，即以‘飞天’为背景，将神话与现实结合在一起，”理由就是其“显示出一种特殊魅力”。

在丁绍光的画面中，这个出自佛教、梵名“乾达婆”、汉译佛经称之为“乐神”的“飞天”，据说当佛说法时她飞向了天空，散发香气和鲜花，并奏出动听的音乐。在敦煌壁画中，飞天可以说是无处不在。让张教授也由衷地佩服丁绍光的眼力，他“能在千千万万的古代飞天中挑选北魏时期的一片浮雕，那是刻在河南巩县石窟寺壁间的……”丁绍光说：“北魏时期的飞天形象是我所见到的最美的艺术佛像，可以与世界上任何艺术形象媲美，她象征中国艺术的顶峰。”

“在丁绍光的画面中，飞天一手托着‘香在’（焚香的熏炉），一手拿着莲花，在连缀的云朵上尽情飞舞。天空不是蓝的，而像是罩上了一层高雅的红色帷幕，五只洁白的仙鹤向前飞去，这不仅打破了画面背景的沉寂，又似乎揭示出中国的一种人文精神。飞天和仙鹤在中国艺术中本是常见的形象，但经画家的重新组合，不但不感陈旧，反倒觉得新鲜和亲近。”张教授论艺至此，打了一个比喻说：“就像听《梁祝》小提琴协奏曲一样，是乡音，又带新意。这一切都源于对背景的处理。”

“画的前景是两个俊秀的中国女性，在白玉兰花的拥簇下，正向艺术女神顶礼膜拜。两位年轻妇女的修长身材和带着乡之色调的装束，一看就是丁绍光长期以来塑造的形象，这是他心目中的美人，似乎与她们所礼拜的女神是同一品性，一个昂首仰望，脸朝‘飞天’，举手顶礼膜拜；一个怀抱弦琴，低头凝思，艺术来自生活……”

此时，女神与飞天，在40平方米的画板上逐一盛装登台了！

在洛杉矶7月的酷暑天，画家除创下连续作画26个白天黑夜衣上汗水不干的纪录外，另一个创纪录的是绘画颜料用完后丢弃的包装皮，几天就从画室推出一垃圾桶。若是为挣钱的事玩命，哪怕是几天就用同样的垃圾桶运回来满载满装的美元、日元或者法郎、英镑……心痛得不行的老太太也会拄着拐杖去干预了。当丁妈妈听儿子说这幅迄今为止尺幅最大的工笔重彩是“非卖品”，是为国内新建的、当时被列为世界30个著名建筑的上海大剧院“度身定造”的，她也就只说了一句：“下次，下次别再这么辛苦了。”在此期间，老太太每餐提醒家人要给绍光视为知己的何能先生弄些可口的菜肴，最好是川味的，何先生曾是“巴国布衣”。她知道儿子每日晚餐一杯茅台酒的嗜好，所以几只小馒头、一碟花生米外加一杯茅台酒，让他那只不可更改的中国胃里既有了乡情也有了母爱。

这次创作，仅使用的昂贵画笔就多达一百多支，光是金色描线笔的耗量就在70支以上，加上大量的时间和精力……按当时丁先生一平方米原作为10万美元以上的市场价计，《艺术女神》应收的费用确是一笔让人付不起的天价。1998年7月15日巨画启运前，丁绍光笑着说：“这些材料怎么算，实际上这些宣纸颜料、画笔都很贵，既然如此，我看这幅画作为我无偿献给上海人民的一件礼物吧！”

1998年的8月18日是个晴朗的日子，太阳火辣辣的，《艺术女神》在上海大剧院大厅上墙，我应邀去观看，站在装好的画幅前，一个明显的感觉是大厅的气氛由此烘托起来了，好像是大剧院应有的部分。由于玻璃墙的透明和进深的局限，白天的阳光太强，画面不够深邃，但到了晚上，正当剧院最热闹的时候，壁画的神采在灯光下得到充分的展现。这说明壁画家不仅要会作画，还要具有环境艺术的整体意识和处理本领。（摘自张道一所著的《丁绍光艺术论》中的“从艺术女

朱德群携手出席上海大剧院五周年庆典活动

神谈起”）

几年后，笔者还了夙愿，在路过上海时，拟对丁先生“一生中非常重要的作品之一”——已经成为大剧院藏品的《艺术女神》作一次近距离欣赏。

不巧的是遇上星期一，大剧院例假休息，不得其门而入。好在是灯火无眠，夜色中的琼楼玉宇，出人意料地让人不留遗憾——正门大厅本来应该是渐行渐远，渐远渐淡，没想到退站在百米开外的人民广场上，蓦然回首竟然是一片烈焰强光送来一场视觉盛宴——巨型壁画，被采用数十公斤“英国红”颜料涂染成的背景俨然是一方红色的大印，十分抢眼地凸显在玻璃幕墙后面。丁绍光亲口告诉过笔者，对壁画在视觉上达到的预期效果，他不感到意外。因为他专门开车到高速公路上去感受过：冷色调里的一点红，小的都觉得很大。

因为《艺术女神》，这座世界一流的文化建筑有了一个一流的艺术标志。当她将强烈的装饰风格、突出的形式感诉诸观赏者视觉的时候，上海大剧院除了坐拥一方百花盛开的舞台之外，可以称作亮点的还有绍光先生的真情巨献。

年年岁岁，岁岁年年，不知有多少人参观过这幅作品，也不知有多少人在《艺术女神》前合影留念。所有的艺术宫殿都拥有同样的功能，那就是当你向前推开大门，眼前就会是一片绚丽辉煌；而在上海大剧院，由于有了艺术女神，即使闭门谢客也会如我今晚，无须打开门扇，也能见着那一份缤纷灿烂……

他此行是专程为《艺术女神》补妆而来。

新闻报道中所说的“前天”即2003年7月25日，记者在大剧院5楼再看到那幅色彩鲜亮，确实有焕然一新之感的《艺术女神》时，丁绍光从带着助手在上海着陆的第二天起已经连续工作了8天。到前天中午为止，这幅曾被丁先生亲口确认是“一生中非常重要的作品之一”的大型壁画，已经被全部修补了一遍。记者在大剧院5楼再看到这幅色彩鲜亮，焕然一新的《艺术女神》，由于刚完成修补，画还铺在地上，丁绍光赤着脚，反复端详着画面，不时走上去添补色彩，脸上洋溢着一种成功的喜悦。

5年来，不知有多少人参观过这幅作品，也不知有多少人在《艺术女神》前留影。时间一长，这幅用矿物颜料创作的水粉画作已褪色，并出现了损坏的痕迹。前不久，法国华裔画家朱德群欲向上海大剧院捐赠大型油画，大剧院方面为替换画作向丁绍光征求意见，他欣然接受了。根据需要，他使用了购自日本、西班牙、法国、美国、荷兰的颜料，可以保证150年不会褪色。修补后的画，不但焕然一新，而且“画的层次更加丰富了，色彩也更符

《艺术女神》原画由十二张日本特制的手工皮纸粘拼而成，经三层不同的宣纸装裱，作画的颜料来自美国、日本、德国、法国，也采用了中国的矿物颜料，长7.4米、宽4.4米，这是丁绍光先生当时创作的最大的一幅作品。在完成构思和几经修改后，丁绍光在美国夜以继日历时二十六天才完成

合我的想法，我觉得比第一稿要更好一些”。大剧院正厅是玻璃幕墙结构，虽然阳光不会直射画面，但日子长了，紫外线会影响到色彩。相对来说，水粉画比起油画，更容易褪色。因此，他对即将取代《艺术女神》位置的朱德群画作充满了期待，他高兴地说：“朱德群是我老师辈的画家。1980年我赴美时，他还给我专门写了推荐信。可是，我们至今还没有见过面……”历史已经证明，丁绍光在完成了修补工作后返身回到美国去后不久，于当年8月下旬大剧院举办五周年庆典活动时，他履约再次来沪，第一次握手并交换纪念品，在朱德群画作揭幕仪式上。修补后的《艺术女神》，此时已在大剧院5楼新开辟的艺术厅继续向公众展示。而此时，大剧院已经把这间展示厅的窗户作了永久性封闭，“博物馆都是没有窗户的，《艺术女神》在这间屋子里将历久弥新。”丁绍光在向媒体倾诉心里那份高兴的时候，无论是艺术追求还是人生追求，已成功进入新的境界。

为众多上海市民所熟悉和热爱的《艺术女神》在大剧院的修复工作，让著名旅美画家丁绍光先生再次引起媒体的强烈关注。在他此前的若干现代工笔重彩以及艺术与情爱的故事，还在我们的视线内打转的时候，这位用一支画笔赚取了绝大多数人终生都无法企及的财富的人潇洒一抛，继续最初始最明净的梦想——画画。像一个孩子般简单而快乐的丁绍光，从商业领域退出的理想已经结束了准备期，其标志就是他即将在来年出售自己在美国被称为五大豪宅之一的比佛利山庄了。

第十章

华丽转身

10年成就新传奇

1 我希望媒体报道的是我的作品，而不是我的房子

观光车从好莱坞中国剧院门口始发，环洛杉矶比佛利山的参观线路已经在美西热了多年。风景一路看过来：巨幅广告招牌、林立的商店酒吧，擦窗而过的汽车如过江之鲫……穿过连接全世界最牛的电影城与明星豪宅区的日落大道（Sunset Blvd），不经意间便来到了比佛利山庄的入口。

一个小小的指示牌静立着，仿佛告诉来者：比佛利山庄到了！

不是亲眼所见，这就是一页传奇了。

比佛利山上错落有致地排列着一栋接一栋风格各异的花园别墅，绿色草坪、参天大树、溪流花径与童话般的小木楼完美地融合在一体，清幽环境为好莱坞的明星们隔离出一片宁静的世界，而且最受美国超级富人青睐之处是这里的奢华是藏匿着的。

从1986年到1994年，不到10年时间，丁绍光的画价涨了1000倍。那时正是所谓的泡沫经济时代。美国的经济非常好，日本也非常好，很多人手里有闲钱。丁绍光作品销售突破4000万美元，在1986年已经名列全美艺术家排行榜首位。随着每年给美国巨额税赋贡献，丁绍光的知名度急剧上升。丁绍光取得的成功，在很多来美华人的心目当中，成为一个不可复制的梦。丁绍光杰出的艺术成就，在美国不是一座而是两座城市——新墨西哥州的圣塔菲市、旧金山的莫尔布瑞市引以为豪，它们分别将每年的7月30日、5月14日命名为“丁绍光日”。1992年，他的入籍宣誓仪式是美国联邦法官为他一人单独举行的，并专门向记者介绍这位新移民的艺术品销售一年纳税3000万美元左右，可以为美国人创造多少多少就业机会……

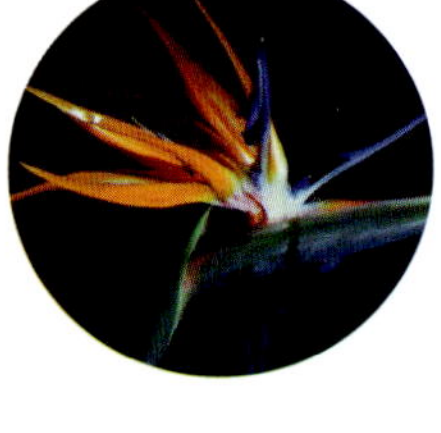

1996年全美一大新闻是丁绍光移居洛杉矶美国富人的顶级高档住宅区。三层楼房，建筑面积约4200平方米，整个别墅包括院子共占地1.1万平方米，画家当初认为它物有所值。被他

格外看重的是豪宅的门口只是这栋别墅的背面，真正的别墅全貌只能站上山坡向下远眺，从豪宅的正门入口，看到的只能是深深的庭院……“红尘不向门前惹，绿树偏宜屋上遮”，这里会有他做梦都想过上的日子吗?

旅游车一驶过日落大道，导游一张嘴，就像已编程好的录音机一样将入住比佛利山庄的成龙、茱莉亚·罗伯茨、贝克汉姆等，巨贾的豪宅、明星的居所，一个也不少的曝光在洛杉矶海岸的瑰丽风景线上，丁绍光也不例外。不久后，由于世界流行音乐超级巨星迈克尔·杰克逊的“闯入”，偌大的山庄再也放不下一张平静的画案。“很多美国人知道丁绍光的大名，都是从迈克尔·杰克逊每月7.5万美元租住其价值约3000万美元、曾在1996年被评为‘美国五大豪宅之一’的比佛利山庄开始的。（当红歌星麦当娜也曾在这里租住过3个月。）”当年坊间这种说法，还算与实情大体相符。丁绍光坦陈先找上门来的是迈克尔·杰克逊的经纪人，也是从他嘴里知道当红大歌星“想先租后买比佛利山庄”的。后来见到迈克尔·杰克逊，丁绍光感觉他人不错，还很谦虚。丁绍光说：“我和杰克逊约定，关于租房的事双方都要保密。后来他先泄密，结果我整天被美国媒体包围。”

丁绍光在被舆论炒得很红的时候，也从来没有相信过“我活在当代，我就代表当代”。他从来就认为：“历史上的画家，每一个人都必须经过历史的考验。需要一定时间，历史会给你一个定论，没有一个画家能够逃脱。应该说95%，说得多一点，99%的会被淘汰，只留下一些杰出的人物。这杰出的人物就代表这个时代了！”他从不讳言自己的追求，他把这个世界上的画家归类作了区分：第一类是，他代表这个时代，他活着的时候，人们就很尊重他，他们的作品人们就喜闻乐见，如米开朗基罗、达·芬奇。第二类是，生活于人类的文化突变时期他走在前面，当时的人跟不上，像梵高，正好是从古典主义往现代主义飞跃，所以他一生非常苦。以上这两类，绝对是第一流的。第三类是，他所惧怕的，仅是昙花一现似的人物，“为短暂的政治或者为短暂的经济利益服务。现在时髦什么搞什么，赚钱而已，随着潮流而消失。”所以，比佛华利山庄的主人曾经大声疾呼：“作为画家，我希望媒体报道的是我的作品，而不是我的房子。”

比1996年买入被评为美国五大豪宅之一的比佛利山庄更大的一则新闻，是八年后的2004年丁绍光终于走出了这一步：“卖掉豪宅去流浪！”

“卖掉豪宅　买自己的画”这是报纸上一条条颇能吸引人眼球的“星闻”。“去流浪”

远眺美国比佛利山庄大道

丁绍光先生的美国比佛利别墅内部环境

“买自己的画”都是被媒体称为奇人的丁绍光卖掉豪宅为前提的。

丁绍光在买下比佛利山庄豪宅不久就发现“那实在是一所华而不实的房子，住着不舒服，甚至有点吓人。因为面积大，所以人说话常有回音”。 由于像这样的面积只建一栋独立房在比佛利山也只有这一处，由于政府已不再批准了，因此它显得特别另类。

“围绕着这栋房子发生了很多事情，让我很不适应。后来，那里再也不是安静的乐土了。每天都有很多人借故前来参观我的房子，甚至还有旅游团把那儿当作中国人到美国旅游的景点之一。开始，我鉴于同胞的情意，客气地请他们进来。后来，发展到每天要接待好几批游客，完全破坏了我的正常生活，更别谈创作了。不少美国电影、MTV也凑到那里来取景。走进前门大厅，面前是宛如立交桥般的楼梯，楼梯一侧是面积百多平方米的大客厅，拐个弯就是室内游泳池，游泳池的对面是保龄球场，保龄球场玻璃墙外是网球场，此外还有健身房、浴室、客房和桑拿室。一个剧组在一楼捷足先登，刚刚开工拍戏；另一家公司前来取景的人员已经进到二楼。二楼是会客室、书房、宴会厅、厨房，在数十平方米的厨房里，炉灶就有好几个，冰箱、烤箱都大得出奇，厨房门口有一个方形的窗口，是专门往楼上或楼下运送饭菜的电梯口。三楼是卧室、浴室、洗漱

2000年，丁绍光先生在美国比佛利家的花园中

20世纪90年代，丁绍光先生在美国比佛利的别墅

20世纪90年代，丁绍光先生在美国洛杉矶家中

室、梳妆室、更衣室等，在美国报刊上没有一处豪华让人飞短流长……”

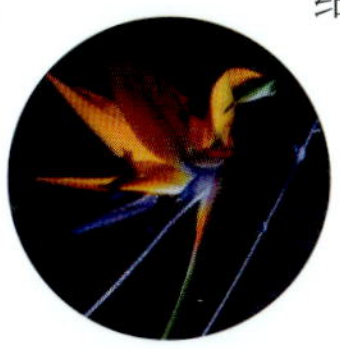

艺术需要神话和传奇，需要榜样的存在和引领，不管丁绍光本人愿意还是不愿意，当他在美国乃至华人世界成为成功的艺术家典范时，他也就充当了这样一个似乎是无法企及的角色——让人景仰、效仿和追随的偶像。当比佛利山庄的豪宅被当作旅游景点了，如果真就是房主人做梦都想过上的日子，他就不会那样“觉今是而昨非”了。他说：“当时我买那所房子是想用作博物馆，因为我收藏了很多木雕、青铜器。但后来才被告知那里是住宅区，不允许用作公共场所。”后来在卖了豪宅另置宜居的新房时，丁绍光首先选择的位置是离洛杉矶远些、再远些……

2 丁婷：越简单 越幸福……

丁婷，丁绍光的女儿，在本书前面的有关章节已经让这个“70后”跟随在父母身边露过几面了。她1984年随生母移民美国洛杉矶。由于到了美国就成了职业画家的“老爸”，在他以工笔重彩彻底征服西方艺术品市场的进程中，丁绍光始终是一个被生活追着跑的人，所以，丁婷小时候“有没有父亲都没有什么感觉”。丁婷长大之后，丁绍光收到这个“我像我妈妈，我是‘看着爸爸画中一个个漂亮女孩长大’的女儿”，最暖心、最珍贵的礼物是理解和尊敬。“14岁之后，就一直跟着父亲生活。他的工作一直很忙，画画、参加展览、出席活动等，我从小就跟着他到处跑。我很尊重父亲，任何事都愿意跟他讲，他是一个很明理的人，给我自由的空间，也尊重我内心的想法。”丁婷的这番道白，乍听与我们要寻找的答案似乎没有直接的关联，而在2011年上海某刊以《我的父亲丁绍光：越简单 越幸福》载出的署名文章则来源于对丁婷的一次访谈。“来上海很多年了，当初的目的很简单，就是为了陪丈夫。我跟丈夫在美国认识，他也从事投资行业。上海相对比较适合年轻人……”丁婷跟着感觉走，几年前在上海古羊路帮助打理“丁绍光基金会”事务期间，她替热心公益的父亲做代表，也做过随行。按丁婷的说法，丁先生“每年的活动都是有机会过来”的。同时，也说到停了合约不再向画廊供画，斩断与商业操作的被动联系，从好莱坞比佛利巨大的别墅举家迁出的丁先生，在宁静的加州南部小城重新营造了一个利于“他安心画画”的生活环境。

“父亲依然在画画，他的画室就在目前居住的美国家里。画室很大（约200平方米），但是很简单，没有装潢，地上堆着画具、画板、画纸、颜料等。爸爸的作息时间很正常，非常正常。白天作画，夜晚按时休息。”丁婷在回答提问“你的父亲平时是怎样的一种创作状态？”时，用“非常”二字对“正常”加以强调。似乎也特别享受“正常”给今天的生活带来的平静和温馨。“他会跟我们一起玩，一起聊天。他会做菜，很拿手的是红烧牛肉，但他自己不吃肉，因为他是素食主义者。”丁婷也能用看似简单的白描手法，恰如其分地将“很简单的父亲”刻画得栩栩如生。

画笔不停的丁绍光

丁婷和父亲丁绍光

“你不是问‘他是否有其他的兴趣爱好？’有！爱好就是看书。他不挑书，什么都能看。他的创作灵感来自内心，看书是一个很好的沟通内心的方式。一个真正的艺术家是讲求发自内心的、内在感觉的，需要不停地发掘自我，将书中的直接表达转化为自己的思想。”现在的丁婷，已经能够做到由表及里了解父亲了，但仍像以前不妄加评论。比如她说到“过上梦寐以求‘纯粹地表达内心最平实、最简单的感受，专心画画、生活’”的传主，“电影、喝茶也是兴趣的一部分”时，她只说：“电影看得蛮多的，但不看搞笑的和爱情的。”个中原因，她就不会作延伸说明了。眼下的丁婷已经是三个孩子的母亲了，但总让笔者想起那个早年在比佛利山庄就给出过答案的少女。“你最崇拜谁？”曾有人向婷婷提问，她很爽快地回答“从个人的角度来说，我最崇拜父亲！”婷婷不会从艺术角度上去谈她对父亲的崇拜，从不！她认为评论艺术是艺术评论家的事，而自己则是轮不上插嘴的晚辈。崇拜只是天生的爱。当 “现代重彩画”被世界认知，成功地成为市场的黄金砝码之时，大学毕业后的丁家长女也曾帮助父亲料理过一些事情。而在“避开别人眼光，过自己日子”的华丽转身实现之后，女儿有了更多时间和机会看见父亲待人处事接物，更让心中的崇敬之情与日俱增。

“家里就像个博物馆，到处都是父亲从各地收过来的艺术品，他会将它们完全展示出来。那些藏品有的可能是50元买来的，有的也可能是50万元买来的，都搁在一起。对于艺术品，他只关心喜不喜欢，跟钱没有关系。

“父亲喜欢原始的艺术，非洲艺术品和雕塑可能有一种最原始的美吧。他买这些东西完全是出于喜欢，你在他的绘画里就可以看出来他很单纯，只要喜欢就会买，而不会考虑经济因素。有一次洛杉矶发生地震，我们家的一处房子受灾了，因为买了保险，经保险公司评估，父亲的一件藏品竟拿到了很多赔偿，后来他说这个倒是挺划算的。但当我再去问他这个多少钱买的，他却忘记了。

“父亲在不同的地方有不同的公司和代理，都跟艺术有关。他算是公司的老板，但从来不管经营，我帮他打理过，但后来还是回去做自己的事情了。父亲虽然也投资了房子，但他不是一个生意人，对于商业，他没兴趣，也不专注。通常有朋友说有好的项目，他就投资了，结果连投资了什么都不清楚。有时候他买了一套房子，然后突然想起哪儿曾经买过一块地。父亲选择退出商业圈，只想给自己一些时间和空间画画。其实父亲很少去规划自己，生活也很简单，有房子住、能画画，他就已经很知足。

“不回避时间越是往前走，越是让人感到遗憾的是父亲早年的作品流失太多。”丁婷说她家墙上放不了画，与房屋的大小没有关系。“留存在自己手上的几乎没有。”原因是

1

2

4

3

5

6

7

8

9

1. 20世纪80年代，丁绍光先生在美国比佛利家中健身房
2. 20世纪80年代，丁绍光先生在美国，与画家和收藏家在一起
3. 20世纪80年代，丁绍光先生在美国
4. 20世纪90年代，丁绍光先生与作品《舞》合影
5. 1990年，丁绍光先生在法国的博物馆
6. 1993年，丁绍光先生在印度尼西亚雅加达举办个人画展
7. 20世纪90年代，丁绍光先生在美国，与美国艺术界友人在一起
8. 1994年，丁绍光先生（右）在“丁绍光国际艺术中心”开幕式上，美国加州艺术博物馆委员会主席（左）专程从加州首府萨科缅托赶来祝词
9. 1994年，丁绍光先生（左二）在美国比佛利山庄“丁绍光国际艺术中心”开幕式上的活动现场

20世纪90年代，丁绍光先生（右二）邀请正在美国学术访问的中国中央工艺美术院教授来家中

21世纪初，丁绍光先生（第二排中）在美国洛杉矶家中款待来美国访问的全体日本美术家代表团

“父亲的画，常常还没画完，就已经被预购一空。现在基本分散在全世界各地的收藏家手上……”据不完全的统计，他先后在世界各国举办过1000多次个人画展，在全球50多个国家和地区的1500家画廊中都有作品在销售。

丁婷手上有一张堪称父亲最有代表性的作品。这是一幅画家用心创作的绘画作品——《乐园》，又名《永恒的爱》。这幅画对于丁婷有着非同寻常的意义，那是因为“婚前父亲问我想要什么，我说要一幅画，就是那幅描绘他初恋情人的画”。其实该画早在1986年脱稿后就已卖掉了。

此期间，在否定中重新审视自己的艺术之路的丁先生做过一件事，就是把以前卖出去的一批作品买了回来。通过多方联系找到买家，最终完成回购。作为赠给女儿结婚的礼物，《永恒的爱》不仅名副其实，在旅美第一个10年创作的600余幅现代工笔重彩绘画中，它被画家列入“有感而发，有感觉、有感情”一类的作品。而另一类作品，即使要高出当年卖出价几倍，丁绍光也要想方设法回购到手，那是为什么呢？“从表面上看这一张张画，人都会说很美啊很美，”但丁绍光用现在的眼光看，他会说没有任何内在的感觉。现代工笔重彩画在美国走红的大约二十年时间，仅丁绍光亲自到场的个展就超过2000个，被逼着要画的日子还少得了吗？“比方说有个签约定下的展览，答应给人家五张，你不给五张起码给一张吧。那一张可能就是完全毫无感觉，然后怎么画呢？靠技术！用我的技术控制了，像这样的画就重复，这种重复就等于自杀。按照毕加索的说法，就是艺术上的自杀。你重复多少也没有用。因为艺术要表达内心的感受，这是一个起码的要求。”

亲自动手毁掉自己的作品有40件之多！丁婷听老爸说，毕加索这样干过，吴冠中晚年也毁掉了一批自己不满意的作品，这样的事情之前的齐白石也干过。“不好的作品散布在外面，心里觉得不舒服。”现在轮到他来点这把火了。美国洛杉矶某县博物馆，曾经让慕名前去观展的画家十分伤心。那位主张“不要画眼睛看到的世界，应该画心灵感受的世界”法国画家保罗·塞尚（1839–1906）的实验性作品，属于实验没成功的那种，让现代艺术之父在后辈们面前赔上了一塌糊涂的难为情。但是别人肯定是不敢毁掉的，且不说那值几千万美元，没人下得了手，光是毁坏这件不可复制的艺术文物罪名都不小。所以，动得了手的只有

1. 20世纪90年代，丁绍光先生（右）在美国拉斯维加斯，与艺术界友人在一起
2. 20世纪90年代，丁绍光先生以美国国际中国美术家协会主席的身份与协会画家访问墨西哥，并举办美国国际美术家协会作品展
3. 1994年，丁绍光先生在美国比佛利山庄“丁绍光国际艺术中心”开幕式期间
4. 1995年，在中国北京人民大会堂召开的“联合国世界妇女大会”上，丁绍光先生（右一）与日本代理画商总裁江下夏正一先生（左）
5. 20世纪90年代，丁绍光先生（左）与星云大师合影
6. 1995年，丁绍光先生（左二）在美国纽约，为联合国“第四次世界妇女大会”创作发行邮票暨首日封签发仪式，右一为联合国联盟副秘书长安娜贝尔·威娜，右二为联合国邮政局局长
7. 20世纪90年代，丁绍光先生回中国，在福州为美术院校的学生做学术报告
8. 1999年，丁绍光先生为昆明世界园艺博览会创作主题作品《人与自然》

1994年，丁绍光先生（左二）在美国比佛利山庄“丁绍光国际艺术中心”开幕式上，与美国艺术文化界人士及政府官员

20世纪90年代，丁绍光先生在美国，与旅美画家们在一起

塞尚，只有画家本人。那一天丁绍光想到了能否做到自己否定自己，在这一点上，他觉得是从西方哲学获得了养分。2013年，当他再次应邀来到北京中央电视台的时候，这个要活好每一天的画家，容光焕发地告诉人们：这10年是画得最少的10年，逆向思维让他付出了时间，新的追求很难，不再搞重复谈何容易。他说：“要想前进，我觉得很重要的是一种逆向思维，所有的创作都是一种逆向思维的结果。如果大家都顺大溜，你也就顺着大溜，那就溜走了。就像一条河流中，突然有一块石头，这石头越大越好，它激起了浪花，但并不阻碍历史的发展，而且水流一下子突然加快了。这个逆向思维在我们文化界，有些巨人就是做到了这一点。不能逆向思维，不能否定自己的人，他绝对是没有艺术生命的，很难往前走。”

丁绍光，终于“从很难往前走”的路上走过来了！

“他要活好每一天，把每一个今天当作人生的最后一天。如果明天死了，今天有没有尽到最大努力就是他的衡量标准。”这是丁婷在访谈结束时留给丁绍光粉丝们的一句话。

3 “2013丁绍光国际艺术展览”纪事

美丽的梦！丁绍光一直做着美丽的梦。他希望生他养他的家乡美丽，希望祖国美好，希望全人类都美好，并把这种美好画在他的画中。”

——摘自《道一论艺》对丁绍光重彩人生的点赞

①

“手里只有一张自画像。”

这是一条什么消息？丁绍光在现场对记者给出的这句话，成为2013年6月9日深圳主流媒体发布“2013丁绍光国际艺术展览”在深圳开幕消息的醒目标题。

一个画家手里存留自己作品的多与少，不是什么爆炸性新闻。女儿调侃爸爸家屋墙上放不了画，与画展开幕仪式结束后，丁绍光主动向记者讲述他的艺术见解和创作历程时所说留存在自己手上的原作只有一张自画像，答案只有一个：巨大的商业成功，虽说并不能完全

2002年，丁绍光先生在美国比佛利山庄黛岩森一次个人画展上

1994年，丁绍光先生（左）在位于美国家的花园，与联合国世界联盟副秘书长安娜贝尔·威娜及她的先生

1994年，丁绍光先生（右）在美国比佛利山庄“丁绍光国际艺术中心”开幕式上，接受美国洛杉矶郡长麦克·安东诺维奇授予的奖状

解释他艺术作品的巨大魅力，但所有画作基本都被国内外的爱好者、收藏家订走，毕竟属于丁绍光以现代工笔重彩征服西方艺术品市场创造的奇迹之一。负面影响日后逐渐显露，让画家屡屡遭遇尴尬，是每每在策划一次新的画展之初，就要考虑到哪里去找收藏家、画商借作品。同时还要为画作买很贵的保险，办理相当复杂的手续……

丁绍光有梦，想建自己的美术馆，就得有作品。中国画进入世界的故事里，现代工笔重彩的贡献，让他的名字早已星光熠熠。心想事成，是虚构的诗境；心想事不成，是忒现实的人生。一张张卖出去的画往回一张张拨拉的时间，从一单单停了商家的合约算起，也翻过去了数十本年历了。 耗资四五百万美元购回海鸥画廊存库的5000余张版画，虽说这一单做得顺风顺水，但接下来在设有“丁绍光艺术中心”的各个国家和地区派员与画的买主谈判，有原作按卖出价回购的，有原作按成倍增长的市场价买回的，数量都不多。最终能让对方割爱的理由，无一不是出于因画结缘的珍贵情谊。多数铩羽而归的原因，并不全是钱的问题。而恰恰是当今认为金钱万能的社会，依然有人不舍的是情，坚守着心中的爱——比金钱更贵重的东西。当今有些画的收藏者，不称藏家而称宝主，画是珍宝，宝主即珍宝的主人。

丁绍光的版画作品，收藏在中国台湾地区的一共是36幅。这些作品在“2013丁绍光国际艺术展览”完美亮相的：18幅石版画、8幅宣版画、10幅丝网版画 ，一扇琉璃珐琅屏风及4幅琉璃珐琅画作。展出的全部藏品虽然只是丁先生重彩人生的冰山一角，其中不乏画家18年脚下红土地、头上五彩云的生活中较有代表性作品：羽毛丰满从笔下飞走的一群仙鹤，爱情成

1985年《春雨》

1985年《微风》

熟隐居密林深处的一对傣家儿女……这些作品分别多年之后，能重新收集在群众艺术馆一处展厅展示，实属不易。“2013丁绍光国际艺术展览”成为一项公益活动，媒体所说的“广大市民和艺术工作者因此赢得一次近距离欣赏世界顶尖艺术作品的机会”，画家期待看到“旧时王谢堂前燕，飞入寻常百姓家”，这也是多年有过的憧憬。友人为此所做的“看似容易却艰幸”的努力，看在眼里记在心里，都是情义。由于长期画画导致腰椎病变的丁先生，“坐着轮椅也要过来开画展”的承诺终于兑现在凤凰树开花的季节，深圳人热情奏响迎宾曲。把坐轮椅的丁先生送上主宾席的是专程从中国台北飞来深圳的飞机，丁先生出行最终推动轮椅的是情谊，是与中国台湾友人的特殊情谊！

②

世界美术史应该在三年前添补一笔：“自画像”不再是西方绘画大师的独门绝技了。

而在此之前，载入史册的西班牙著名画家毕加索完成最后一幅自画像的时间是1972年。一个凝视着死亡深渊并带着悔恨思考自己生活的男人的形象，是他91岁去世前9个月用蜡笔涂在画纸上。表现主义的先驱、荷兰画家梵高，最受人喜爱的一幅“自画像”，是1889年他割耳朵后的作品。他嘴里含着一只大号的烟斗，一条白色的绷带遮住了残缺的耳朵。死前一年把不全的面部呈现给世界，梵高那年36岁。调式夸张的手法，稍加变形的描写，2009年丁绍光独自用画笔尝试了“一个艺术家对生命的表白”。

梵高自画像

"我在美国匆匆度过了30个春秋，转眼间也进入了七十岁的古稀之年，怀着一种忏悔的心情我画了两幅画：《三十功名尘与土》和《八千里路云和月》。"借出席"2013丁绍光国际艺术展览"之机，他取名于南宋抗金名将岳飞词《满江红》之句的新作，与观众见面了。他不仅强调《三十功名尘与土》是"我的'个人自画像'"，而且在回答媒体提问时坦陈这幅画的确切主题："讲过去我在美国的30年像尘土一样漂泊的岁月。"据记者现场观察，丁先生进入《八千里路云和月》的话题时，兴致勃勃地说了很多话。"和我过去的风格已经有所变化"指的是艺术。"我觉得岳飞那种心态我理解得很准确，为国家、为民族奋身打仗的岳飞，所看到的是'八千里路云和月'。但他不被人接受还被人杀死，这种画有种'天问'的韵味"，作者讲立意。指着手机中的画作照片，丁绍光一边讲解一边忽然哈哈大笑起来，"这自画像你要细看，还真有点像我，但我没长这么长的胡子。"

——一个现场记者当天采摘的画展揭幕花絮

"商业与金钱，物欲横流的社会，消磨了我多少艺术理想，蹉跎了我多少岁月？！'淡泊明志，宁静致远。'真正达到这样的境界，谈何容易！"

——摘自"自画像"上的丁绍光心语

③

无论是"三十功名尘与土"，还是"八千里路云和月"，丁绍光认为追忆过去的辉煌都是"没意思的事情"。

那么，什么才是所谓的"有意思"呢？丁绍光以"现实"一词概括，即是："把握现在！"过去的10年，是他画得最少的10年，也是没有闲着的10年。除《八千里路云和月》《三十功名尘与土》之外，《淤泥》是展示的第三幅。近年天灾人祸频传，让丁绍光心境多有感触，因此近年来创作主题有了重大转折。画下百幅荷花，以荷花纯洁的形象让和平从每个人心中发芽，曾是一个预定的目标，《淤泥》则是率先面世的第一幅。

丁绍光还透露自己手边正在进行一个重要的有关大型建筑设计的项目，名为《生生不息》，"作品以原始森林为主要象征，希望通过与建筑师的合作完成跨界创作。不过，该项目还在磨合中，不便公开。我只希望大家知道：我并没有闲着。"

《三十功名尘与土》	《八千里路云和月》	《淤泥》

4 《生命之源》——30万块玻璃黏接出多年的艺术理想

在上海城市中心钻石级地段，“文绿结合，以绿为主”的上海文化广场，它新落成的音乐剧院——当今世界上最具规模的地下剧场，除了拥有音乐戏剧的传奇、灯光色彩的诗意，人的目光所及也将拥有城市崛起或沉沦的历史文化印记。由三维多棱面形成钻石状外壳，包裹着观众厅和舞台置于其中的剧院主体，像一颗闪闪发光的钻石镶嵌在绿色天鹅绒上。人见人爱，人见人喜，人见人称奇。

2009年5月鲜花遍地开放。应上海市政府之邀，从美国专程赶来的丁绍光先生，无论是从点缀着上海文化名人塑像的碧草绿树间经过，还是缓缓下坡像百川归海那样把人们引向剧院的弹石路上，弥漫在空气里的春的芬芳——文化复兴的气息，一路拍打着他有着同乡关云长一般的宽肩阔背，亲切地呼唤着他美的奉献和爱的给予。现代城市在这宏伟建筑上富于想象力的展示，激发了他多年来的艺术理想。上海与丁绍光，绘画艺术与建筑艺术，赢得比此前例《艺术女神》恭手揖礼于上海大剧院更加令人向往、令人期待的第二次握手！新剧场正厅的门脸——约三百平方米大壁画，再次成为他画梦、展梦、圆梦之地！

碎片
1

碎片
2

碎片
3
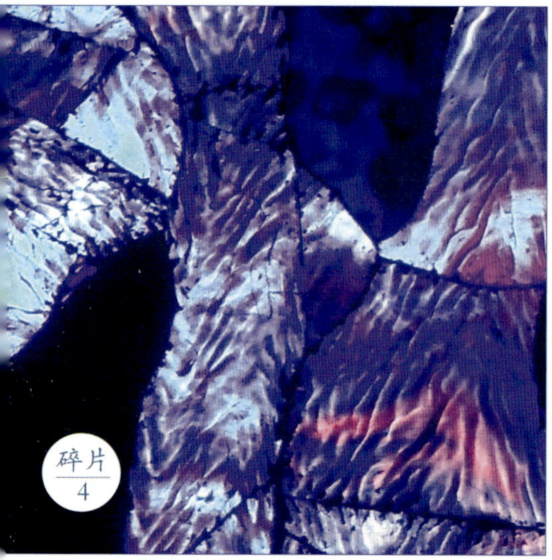
碎片
4

碎片
5

碎片
6

碎片
7

碎片
8

碎片
9

碎片
10

碎片
11
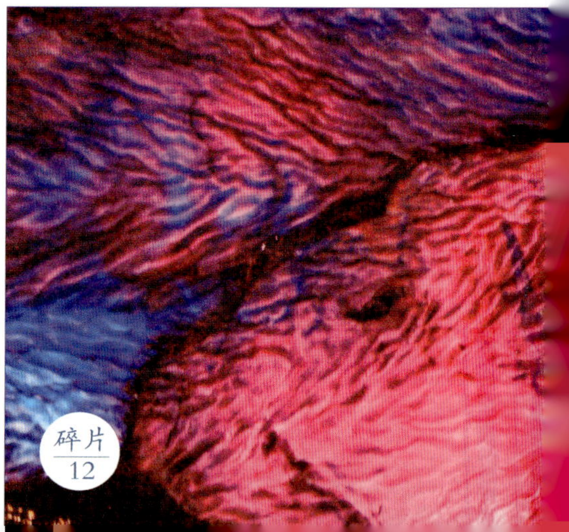
碎片
12

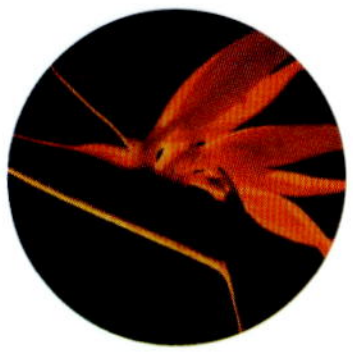

5 《生命之源》诞生前后，从画室、工厂拾来的碎片

碎片1

丁绍光亲笔写出的《上海文化广场大剧院大堂玻璃壁画的构想》
（专用笺两页，手写原件照排。）

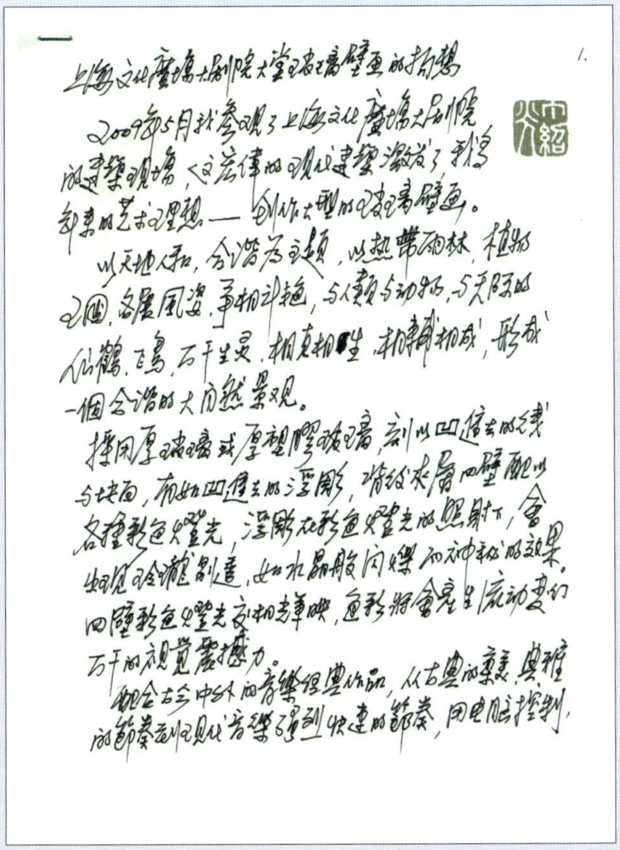

上海文化广场大剧院大堂玻璃壁画的构想　　1.

2009年5月我参观了上海文化广场大剧院的建筑现场，这宏伟的现代建筑激发了我多年来的艺术理想——创作大型的玻璃壁画。

以天地人和，和谐为主题，以热带雨林，植物王国，各展风姿，争相斗艳，与人类与动物，与天际的仙鹤，飞鸟，万千生灵，相互相生，相辅相成，形成一个和谐的大自然景观。

採用厚玻璃或厚塑胶玻璃，刻以凹进去的线与块面，有如凹进去的浮雕，背后来层四壁配以各种彩色灯光，浮雕在彩色灯光的照射下，会如同玲珑剔透，如水晶般闪烁而神秘的效果。四壁彩色灯光交相辉映，色彩将会产生流动变幻万千的视觉震撼力。

配合古今中外的音乐经典作品，从古典的柔美，典雅的节奏到现代音乐强烈快速的节奏，用电脑控制

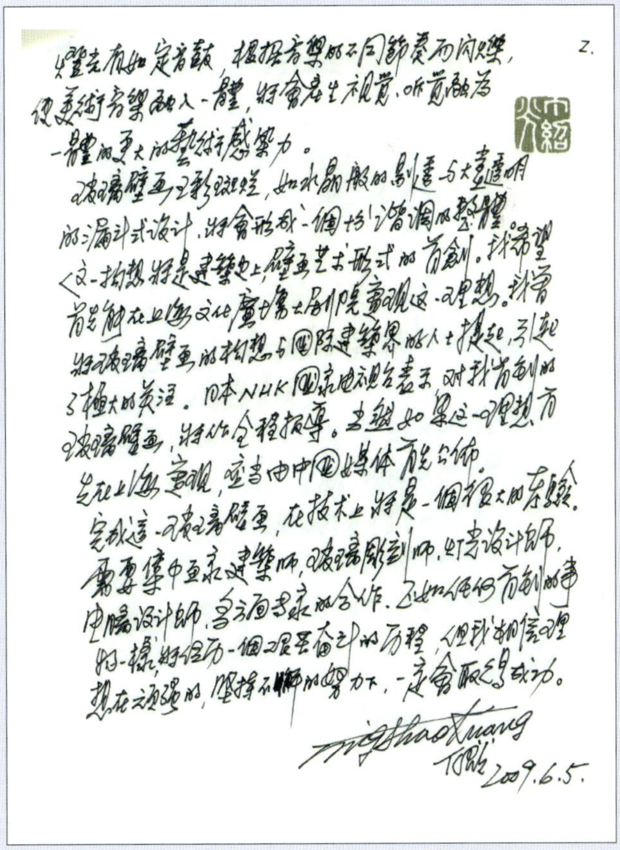

2.

灯光有如定音鼓，根据音乐的不同节奏而闪烁，使美术音乐融入一体，将会产生视觉、听觉融为一体的更大的艺术感染力。

玻璃壁画之彩斑斓，如水晶般的剔透与大玻透明的漏斗式设计，将会形成一个协调的整体。这一构想将是建筑史上，壁画艺术形式的首创。我希望首先能在上海文化广场大剧院实现这一理想。我曾将玻璃壁画的构想与国际建筑界的人士提起，引起了极大的关注。日本NHK国家电视台表示对我首创的玻璃壁画，将作全程报导。当然如果这一理想首先在上海实现，应当由中国媒体首先公布。

完成这一玻璃壁画，在技术上将是一个极大的考验。需要集中画家，建筑师，玻璃雕刻师，灯光设计师，电脑设计师，多方面专家的合作。正如任何首创的事物一样，将经历一个艰苦奋斗的历程，但我相信理想在顽强的，坚持不懈的努力下，一定会取得成功。

TingShaoKuang
丁绍光　2009.6.5.

“我们用‘生命之源’来表述这块土地的历史和渊源吧。”

碎片2

接下这单活儿之后，再度回到洛杉矶的丁绍光闭门谢客，玩起了“命”。

在拿出上海文化广场地下音乐厅壁画的创意之前，曾有人提出用铜片装置的方案。但丁绍光觉得铜片一旦老化就很难看，这个空间本身在地下，那样一来显得更加憋闷。虽然曾为上海大剧院创作过大壁画，近年为人民大会堂人大常委会主席团会议室创作的壁画也不算，小五幅都达到了2米×2.7米。但这一次，对丁绍光来说依然是巨大的挑战。

画的尺幅巨大，要的是画面造型丰富、结构充实，挑战的是画家的才气。

当下科学技术的迅猛发展，对人类社会各个领域造成了极大的冲击，画家需要在不间断的摸索中寻求和时代结合的最佳途径。需要有勇气对梦想不言弃！

碎片3

他看到当前世界壁画创作整体都不太好的原因是不少人都是订单艺术家，做完一个项目就拿钱走人，不管其他。在国内、国外从南到北看了很多壁画后，越来越认识到壁画创作必须考虑作品和周围环境的关系。要考虑建筑功能、空间格局、选用材质。最理想的状态是，在设计阶段建筑设计师就能和艺术家一起工作，共同商量。但这几乎是不可能的，就跟眼下接下的这一单一样，艺术家最终都是在为建筑空间做填空题。不过，他殚精竭虑要摆脱的、要避免的是沦为空间的附庸。因此，丁绍光说：“好的壁画创作者，必须要有设计的理念，要对建筑领域有深入的了解，要充分掌握新型的材质，壁画真是一门综合艺术。”

2009年，为《生命之源》作品创作中的丁绍光先生

丁绍光先生（左三）与工作团队在工作中

丁绍光先生（右二）带领工作团队与业主在交流

丁绍光先生（左）工作团队与业主乐胜利先生（右）在交流

碎片4

最终决定借上海文化广场这一平台突出一个人类的重要命题。

接手任务四个月后，他在上海的合作方和团队，从越洋电活中接收到信息：

“我们用‘生命之源’来表述这块土地的历史和渊源吧。”

“西方文化以人为主，从古希腊哲学家苏格拉底开始，西方文化延续了人与自然的二分，这使得西方艺术走了艺术科学的路线，以解剖和研究大自然为主，强调写实。同时发展的学科还有解剖学、透视学等。中国艺术则是讲‘天地与我同在，万物与我共生’的观念，认为人和大自然是融合在一起的，生命的源泉就是大自然。我取‘生命之源’这个名字，具有一种象征意义。人从大自然攫取了资源，破坏了自然。我们面临着大气污染、水污染和动植物灭绝等生态问题，同时也面临着人与人、民族与民族、宗教与宗教的问题，这些都是由于不和谐造成的。

西方彩色玻璃画的启示

碎片5

2009年12月，丁绍光开始为《生命之源》创作白描稿。与以往的创作不同的是，他不仅要考虑画面的色彩和布局，还要在脑海中勾勒其被放大之后装置上墙的效果。且不说后来完成的彩色稿，在他的指导下施工方把《生命之源》分割成152件小幅作品，所有30万块玻璃都按照色彩明暗编了号，切割成各种形状小块，被拼接成总面积为334.75平方米的巨幅作品。就是在施工之前一张交给施工方的素描，所用的线条以前都从未画过那么细密，考虑到要放大100倍之后放到玻璃上去，线条一旦粗了，别人就不知道该用什么颜色去填这些线条。先生为此耗费的大量时间、心智和体力，都是前所未有的。

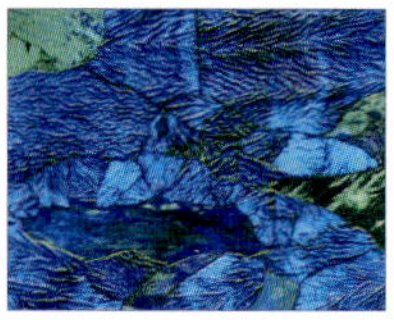

碎片6

用彩色玻璃来表现绘画的颜色是丁绍光坚持要求的。他说，彩色玻璃画在西方有上千年历史了，至今它们还在那些古老的教堂里闪着光。那些玻璃画固然美轮美奂，有整体的色彩效果，却没有很好的细节。因为在当时的工艺技术之下没法实现，顶多就是低温烧出些许层次来，整个玻璃还是近乎单色的。然而今天，为了创作《生命之源》，丁绍光去了洛杉矶的玻璃工厂。没想到他玩了大半辈子色彩，竟然像头一回进了大观园的刘姥姥，那里有2000多种色彩的玻璃任他挑选。即便是同样的蓝色，在他眼中这种他毕生钟爱的、最能代表生命力的颜色，也能烧出几十种变化，让他惊喜万状。也就是在这一天，在世界一流的洛杉矶玻璃工厂他找到了《生命之源》得以呈现出最终效果的技术保障。丁绍光激动地说：“我们的创作站在了巨人的肩膀上。”

丁绍光先生与工作团队人员在美国的彩色艺术玻璃机构考察

碎片7

到了壁画施工的时候，所有的玻璃都按照色差明暗一一编号，才不至于拿错。丁绍光是通盘掌控的人，那么多色彩、那么多玻璃，他一看就知道应该放在哪个位置上，如同一个拼图游戏的高手。当安装这巨画时，正值上海三九寒冬，丁先生迎着凛冽寒风在工地现场坚守，废寝忘食地与能工巧匠们一起讨论玻璃的黏接，探索着这三百多平方米玻璃巨画的色彩处理和视觉动感。一呆就是好几个小时。直至LED的灯光效果达到了他创作的完美意境，他才放心地离开。

碎片8

30万块彩色玻璃打造的《生命之源》，是一首讴歌大地历史和生命起源的壮丽诗篇。古老的原始森林孕育了大地，孕育了生命，如梦如幻的蓝色画卷，承载着艺术的飞跃与希冀，跃然墙面之上。当新建成的上海文化广场地下音乐厅对广大观众正式开放之日到来之时，丁绍光对当代艺术应具有全球化色彩的思考，绘画需要增加一种视觉冲击的创新求变，创作既要求兼有“全球性”又要体现“民族性”的固守，便在这一幅展示大自然宏大气势的工笔画卷中得到最充分、最圆满的体现了。观众不论从何种角度观赏，都能看到不同的画面，体验不同的感觉，收获不同的乐趣，是丁绍光壁画创造出的自我风格：在丛林深处，溪水潺潺，百鸟与仙鹤齐鸣的生命乐曲在耳边一次又一次地奏响之际，给人以美的震撼。

丁绍光先生（前排左三）在彩色玻璃镶拼制作现场指导工作

丁绍光先生在已经完成的当代艺术作品，巨幅彩色玻璃《生命之源》作品前

丁绍光先生（右三）为上海文化广场开幕志庆，参加此活动的有：上海大剧院院长张哲先生，上海文化广场总经理乐胜利先生，上海文广局副局长刘文国先生，著名音乐指挥家曹鹏先生

碎片9

十年磨剑　丹青作诗

玻璃巨画　成就传奇

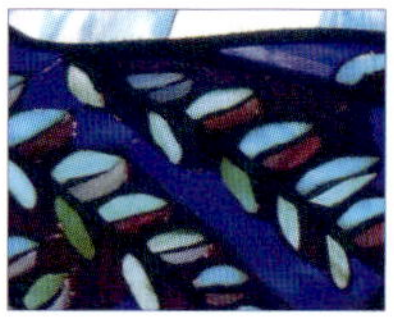

碎片10

一个人的作品什么时候最好？当一个人完全进入到画里去了，画和精神融为一体了，最感人的作品就诞生了。1998年受上海市政府委托为上海大剧院创作《艺术女神》大型壁画，前一年（1997年）第四次受邀为联合国创作纪念人

丁绍光先生在上海文化广场施工现场

这是制作悬挂在上海文化广场大堂的由丁绍光先生创作的当代艺术作品《生命之源》，巨型彩色玻璃镶拼壁画全景

丁绍光先生（后排右数第九人）于2011年春节前夕，特别宴请全体彩色艺术玻璃作品制作人员

2010年7月12日，丁绍光先生（右二）带着刚刚为上海文化广场创作完成的大型绘画作品《生命之源》专程从美国飞赴上海，与1998年应上海市市政府邀请，专为新建的上海大剧院而创作并悬挂在上海大剧院的巨幅绘画作品《艺术女神》万里相会，左一为上海大剧院院长张哲先生，左二为上海文化广场总经理乐胜利先生

丁绍光先生（右三）与《生命之源》作品制作团队的日本友人

权宣言发表五十周年的《美丽的梦》；次年为中国昆明世界博览会创作的，至今都被画家本人认为重要作品的《人与自然》；以及当代中国尺幅最大的壁画《生命之源》——艺术巨浪淬炼出的经典……单从题材就已明显看出较以前更多了“永恒性的一种追求”。表现的是不受时间、空间，不受民族，不受文化背景的局限，能够在全世界引起共鸣的，像这样一些题材，它比较圆润，在历史上容易留存。这些感人作品光彩夺目的问世、丰姿卓越的站立，让画家看到人们认可他的努力。

“今天的丁绍光虽然拥有许多金钱，但从他所走过的道路中丝毫嗅不出铜臭气息，更不存在市侩的痕迹。40年的历史完全证明了这一点。”

（引文出自东南大学教授、艺术评论家张道一先生的《道一论艺》）

丁绍光先生在已经完成的当代艺术作品、巨幅彩色玻璃《生命之源》壁画前

丁绍光先生（后排中）在上海文化广场《生命之源》彩色玻璃壁画前与女儿丁婷（后排左一）、儿子丁立（右一）及外孙们合影

丁绍光先生在上海文化广场首演暨《生命之源》作品开幕仪式上接受媒体采访

丁绍光先生与印尼著名艺术收藏家陈文祥先生及家人

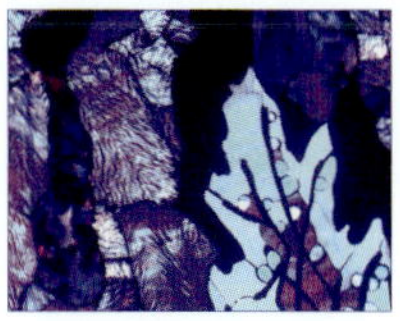

碎片11

努力是追求梦想的动力，在世纪之交之际，丁绍光信心满满地朝着“以‘永恒’二字来统领作品灵魂”的路上走去。事实证明，有的画家越是有钱越是跳不出名利的圈子，而像丁绍光这样能把握“我画我爱”的人，只要静下心来，就可以泼彩画出一个时代的经典。

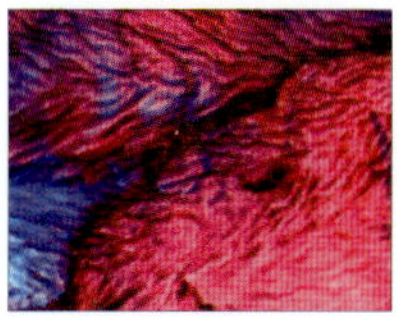

碎片12

今天，丁婷和父亲一起走来，和弟弟丁立以及下一代家庭成员共同走进一张照片。留在合影里的《生命之源》，不是提供儿孙继承的又一遗产。一挥笔一张名画，一出手一年心血，是认捐公益事业的一大贡献！

前辈如山高大身影，后辈人生路上典范！

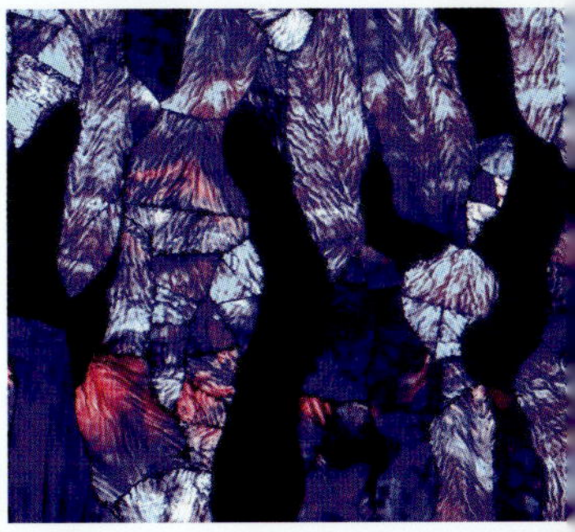

丁绍光先生

绘制《生命之源》作品的主要工作节点

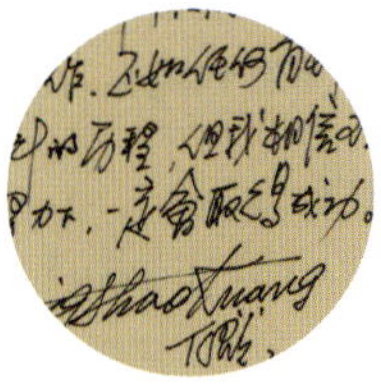

2009

5月和10月

丁绍光两次应约来上海文化广场现场考察

6月5日

丁绍光亲笔敲定文案，对此艺术项目的立意、创作风格，以及采用玻璃来呈现的想法做了全面的阐述和定位

12月初

丁绍光在美国开始作画

2010

3月9日

丁绍光创作完成了白描稿

6月17日至18日

丁绍光带领主要艺术创作人员去美国选择艺术玻璃

7月11日

丁绍光创作完成彩色稿

作品名称

当代艺术作品《生命之源》

丁绍光的绘画画幅尺寸

2400 mm（W）×1600mm（H））

完成于上海文化广场大堂的玻璃艺术作品的画幅尺寸为

23150mm(W)×14460mm(H)，共由152小幅组成

每一小幅的尺寸为

1110mm（W）×1697.5mm（H），总面积为334.75平方米

由大约30万块彩色艺术玻璃按绘画的艺术要求

镶拼制作而成的当代艺术作品

2011

7月上旬、11月初和12月初

丁绍光三次来上海文化广场和艺术玻璃现场与创作团队讨论研究，指导制作，审定各项艺术要求

12月28日

丁绍光历时一年半的创作和制作，完整的上海文化广场音乐剧院艺术玻璃制作的当代艺术作品——《生命之源》诞生

2月

丁绍光针对由艺术玻璃制作的《生命之源》当代艺术作品提出了当代的大艺术观念

9月23日

丁绍光参加了文化广场的开幕盛演和开幕酒会，正式对公众展示了《生命之源》作品，开幕剧目是《极致百老汇》

丁绍光

现代工笔重彩画欣赏(1979–2009年)

1979年

《西双版纳风情》

1983年
《美丽的西双版纳》

1984年《胜利之翼》

1985年《微风》

1986年 *Stone garden*

1986年
《勇士》

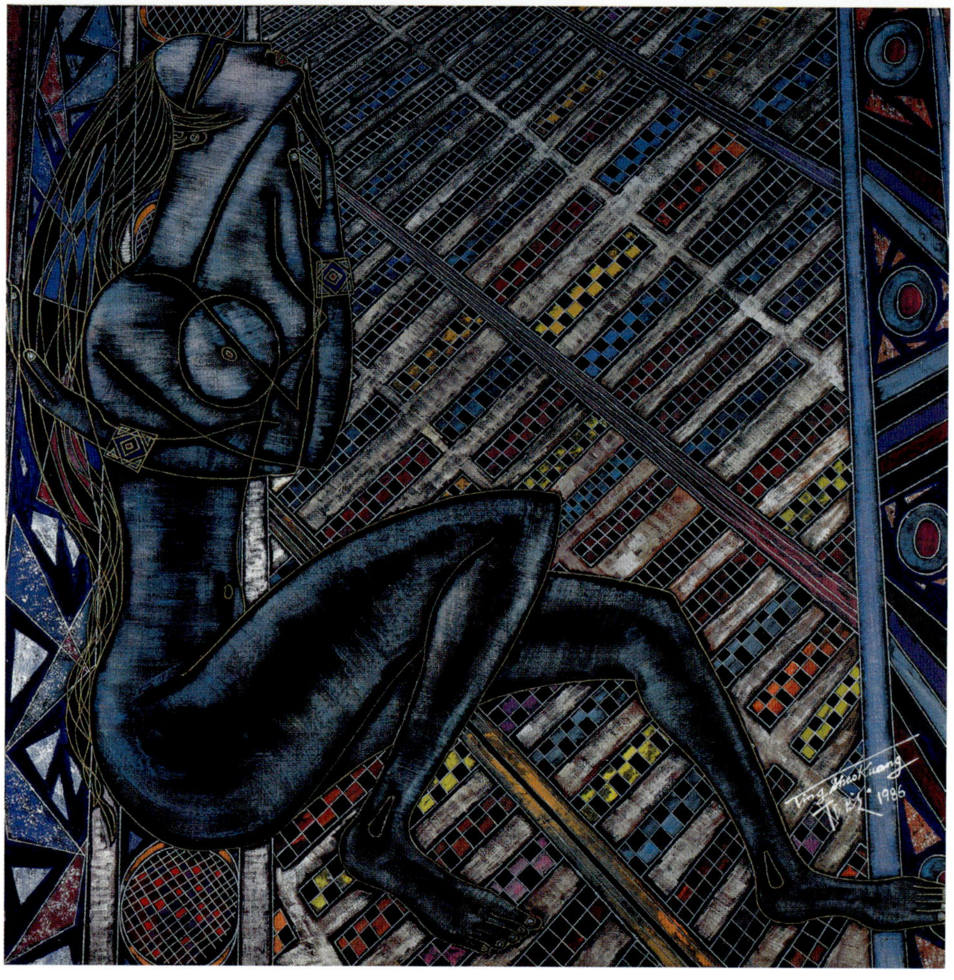

1986年
City night

1986年 *Young prince*

1987年
《后羿射日》

1987年
《夜的飞翔》

1987年
《对影》

1987年
《女猎手》

1987年《湄公河上》

1987年
《幻想》

1987年
《妖妇》

1987年
《春之雨》

1987年
《诱惑》

1987年《中国之歌》

1988年
《飞腾》

1988年
Soldier's story

1988年
《六月新娘》

1988年
《幸福鸟》

1988年《女猎手》

1988 年 *Song of the spring water*	1988年《夜曲》
1988年《敦煌壁画》	1988年 *Nostalgia*

1988年《摇篮曲》

1988年
《热带的追忆》

1988年
《动物园的梦》

1988年
《生命之泉水》

1988年
《帆影》

1988年
《紫色的花园》

1988年
Golden leaves

1988年
《海与风的对话》

1989年
《日本庭院》

1989年《招魂》

1989年
《中秋节》

1988年
《溪流》

1989年
Thailand ancient garden

1989年
《孔雀公主》

1989年《艺术与信仰》

1989年
《紫色的梦》

1989年
《默祷》

1990年《流沙河》

1990年
Song of phoenix

1990年
《破晓之笛》

1990年
《野性之眼》

1990年
《古老的传说》

1990年
《午后》

1990年
Twilight

1990年《鹤与阳光》

1990年
《神秘的非洲》

1990年
Muse

1990年《落日之舞》

1991年
《云南画派的曙光》

1991年
《旋律》

1991年
《春饰》

1992年《天鹅湖》

1992年《古老的花园》	1992年《夏》
1992年《青春女神》	1992年 *Bridal gowan*

1991年《目送飞鸿》

1991年《鹤之舞》

1991年《汲水》

1991年《兰》

1991年
《舂米谣》

1991年《晨》

1992年
《晨光》

1993年
《母子像》

1993年
《埃及艺术》

1993年
Morning solitude

1993年

《希望之光》

1993年《神秘的西双版纳》

1993年
《花》

1994年《丰收季节》

1994年
《巴厘公主》

1994年
《遥望》

1994年
《孔雀之舞》

1994年
《湖畔》

1994年《月光》

1994年
《和平、平等、发展》

1994年
《玛雅文明》

1995年
《晨廊》

1994年《月夜之舞》

1995年 *Dreaming of buddha*	1995年《心对心》
1995年《古老之门》	1995年《圣殿》

1995年
《祭祀》

1995年《仲夏夜之梦》

1995年
《巴厘新娘》

1995年《孔雀与花》 | 1995年《白色的花》

1995年《宁静的花园》

1996年《巴厘岛之花》

1996年
《童年时代》

1997年
《天地之歌》

1997《大地之歌》	1997年《大地之歌》	1998年《白马》
	1997年《竖琴》	1998年《黎明》

1998年《美丽的梦》	1998年《凤凰》	1998年《祈祷》
	1998年《心系非洲》	

1999年
《舞》

1999年
《莲花》

1999年《一衣带水》

2000年《扇子舞》

2003年
《爱》

2003年
《涉水》

2003年《天马行空》

2005年《三美神》

2006年《红莲花》

2007年
《天地人和》

2008年《起源》

2009年《八千里路云和月》

2009年《三十功名尘与土》

2013年《和谐》

《和谐》青铜雕塑组合，长12米、宽6米、高6米。初稿1997年，完成2013年，作者丁绍光、赵国维。孙家钵参与放大。

跋　积极的艺术：现代美术运动在中国延伸及范式革命

一、被严重忽视的现代艺术大师

与丁绍光谈起西方现代美术运动在中国的延伸时，先生每每都会对两个人扼腕叹息。他们就是吴大羽和张光宇，分别把现代美术运动和现代工艺美术运动的热潮带回了中国。他们本可以在西方掀起的现代艺术运动中，留下中国人浓墨重彩的记忆。但是，一直以来，他们却被严重忽视了。

19世纪，西方现代艺术运动如火如荼，席卷欧洲大陆，波及北美。现代艺术之父塞尚，后现代艺术之父杜尚，后印象派，表现主义，抽象艺术，野兽派，达达主义……无穷无尽的变化似乎在佐证立体主义大师毕加索的名言："并不存在美的标准，只有变化才会产生美。"

在这本丁绍光的传记《天堂鸟》中，有两条线，明线是丁绍光的艺术人生和艺术范式，暗线是现代艺术运动在中国的延伸及可能产生的影响力。书中多次提到了张光宇，也详细叙述了吴大羽如何遗憾地未能在现代美术运动中留下重要痕迹的来龙去脉。

从丁先生那里了解的一切，让我们忍不住设想——如果没有那么多"如果"，也许现代艺术运动应该有这样的一条轨迹：由吴大羽和张光宇们在中国将其延伸，然后，吴大羽成为现代艺术运动的中国代言人，而宫崎骏所崇拜的张光宇将会把中国发展成为后现代艺术运动的全球化中心之一……而当代艺术的中心不再是一两个国家。那个时代，张光宇是和梅兰芳齐名的人物。

上大学之前，丁绍光一直是国画大师徐悲鸿的铁杆粉丝，喜欢油画和国画。因为在高中美术成绩优秀，他被保送上浙江美术学院油画系。然而在光明的前程到来之际，他知道了张光宇，于是他毫不犹豫地转投中央工艺美术学院，走了一条其他人绝不会走的艺术求学之路，为的就是能够追随张光宇。

在一次被抓批的危难中，丁绍光被张光宇的学生张仃解救，并成了被张光宇称为"毕加索加城隍庙"的张仃的入室弟子。

1961年，现代中国艺坛三圣——黄永玉策划，张仃监制，张光宇用数月工资独家赞助了丁绍光的西双版纳之行……他们一定有所期待：希望丁绍光会像毕加索从非洲木雕得到启示，高更在塔希提岛（大溪地）创作"哲人三问"一样……有朝一日，为未来的中国美术事业创造奇迹！想得更多一点，就是通过一个有梦的年轻人，指望现代美术运动在中国生根发芽，并让中国成为未来世界艺术的前沿地带之一。

桀骜不驯的丁绍光当时并没有这样的使命感，他只是执着地想画心中最有艺术感的画。这导致他在相当长的一段时间中什么也没有画，当最后他终于画出来的时候，张光宇惊喜地拥抱了他，这是因为丁绍光画的每片叶子上都有"眼睛"。张光宇的教导："兼收并蓄，全世界好的东西都应该学"，"不要把中华文化切成一小块一小块的，要全面学习"。丁绍光终生铭记在心。

这也许就是现代美术运动在中国蔓延的种子，从此，经历数度劫难，遍尝人世沧桑，生离死别，丁绍光都没有放弃对突破性艺术创新的追求。

绝非易于凝固的血浆

当时，丁绍光在工艺美院学习临摹各种优秀的国画作品，临摹到八大山人的，就再也临摹不下去。自此，他深切地感受到这古老的绘画虽然应当恒久流传，但中国的艺术家流淌的应该是"绝非易于凝固的血浆"。

这股强烈的变革力量从此深深扎根在他的心里。他几乎迷恋所有的现代艺术家，他还认为绘制阿尔塔米拉洞穴壁画、敦煌壁画、麦积山艺术的那些没有留下名字的匠人，才是真正的艺术大师……他铭记张光宇的教导，但是，他拒绝模仿任何一种艺术。尤其是面对压力的时候，坚持“无创新，不作画”。

丁绍光在“文革”时期不敢公开画画，甚至不得不躲避抓捕，但是，他并没有和大多数人一样消极沉沦，他感恩和铭记帮助和教导过他的老师们，运用智慧和胆识，坚持学习并寻找机会在云南艺术学院讲授了西方现代艺术运动的成就。“文革”后，受庞薰琹的“决澜社”启发，他成立了发扬现代艺术运动精神的艺术团体——“申社”，形成了享誉国内的云南画派；20世纪80年代初，为了尽孝远赴美国，面对西方艺术界的歧视和漠然，他挺而前行，借势西方艺术的优质土壤，将在国内积蓄的艺术种子生根发芽，最终实现对五千年中华美的突破性创新，取得了影响全球艺术界的瞩目成就。

二、丁绍光的艺术范式

丁绍光为什么会在美国形成波及全球的影响力？为什么他在法国和日本的几次画展都形成了空前的影响？为什么他会成为20世纪末最受全球瞩目的当代艺术家之一？20世纪90年代初，当时的美国迈阿密大学亚洲艺术史副教授安·威克斯，就曾揭秘似的推出了有关他的一系列研究论文。随后，法国、日本的艺术评论家们、哲学家们，也都纷纷写书撰文分析。在这里我从与他们不同的几个视角——丁绍光与21世纪密切相关的角度来进行分析。

（1）自我培植的、根基很深的基于灵魂的艺术创新。

提起中国现代艺术，人们通常都会从徐悲鸿、林风眠开始谈起，到吴大羽的学生吴冠中这里就结束了。吴冠中曾经这样描述丁绍光刚刚起步之时的素描作品：“爱他的白描……气势磅礴，韵味深长，寓精微于粗犷，织疏密成块面……予人美感，具有性格……赞他的白描，只有一条线，长缨在手，缚住了版纳的美感。”

丁绍光犹如神助，将艺术的灵性发挥到了极致。这是因为，丁绍光对艺术的爱太宽广，太深，深入到了灵魂深处。他爱中华五千年每一个时期的艺术，吴道子、顾恺之、八大山人、石涛……烂熟于心；他也爱西方的每一位艺术家的绘画，也许正是因为这种不带偏见的纯粹的爱，才使他把这些画的所有细节连同灵魂一起全面消化吸收，变成了自身的东西，最终用吴冠中所说的具有性格的方式绘制出来，以至于观者可以在他的画中看到似乎不经意着落的五千年中华美的痕迹、现代艺术运动的痕迹，以及艺坛三圣支持的云南之行让丁绍光开始积蓄的、几乎每一位中国近现代一流大师们的心血和灵魂的延伸。这神秘的艺术之魂，很多人试图去描绘，但是如同太虚之境，我们更多地从他的画中感受到了，却无法用更加清晰的语言叙述。

（2）诠释和谐、幸福的未来人类社会蓝图。

1986年，丁绍光创作了《和谐》，引起了世界的广泛关注，在娱乐至死的喧嚣世界、在充满了矛盾冲突的世纪，历经劫难的丁绍光认为唯一能使人安静的力量就是“和谐”，这是幸福的最高境界。法国著名艺术评论家安德烈·巴利诺在看到丁绍光的画作时，将丁先生称为“20世纪的乔托”，未来主义哲学画派的代表人物。

《和谐》之后，丁绍光绘制了更多以积极、美好为主题的画作，都散发着一股引发观者提升境界的向上的力量。丁绍光画作的丝网版画，最初在美国中产阶级家庭盛行，让他们感受到了从未有过的平静、治愈、舒畅。这就是随后1999年开始在日本兴起的治愈系概念。几乎同时，美国当代著名心理学家马丁·塞里格曼（Martin E.P. Seligman）、谢尔顿（Kennon M. Sheldon）和劳拉·金(Laura King)创建了积极心理学，主张研究人类积极的品质。在流行了整整一个世纪的消极心理学之后，心理学专家们开始热衷研究关注人类幸福的积极心理学。直到2012年，联合国才发布了“国际幸福日”。

作为一个历史学家，安德烈·巴利诺认为，丁绍光是人类历史上第一个提出和谐意义的人。在他之前，几乎没有哲学家、历史学家、文学家、宗教领袖和科学家提出过这样的理念。这样一个极富哲学意味的概念，被一个画法如此创新的艺术家提出来，并坚持下去，让他非常震撼。这意味着艺术实现了与哲学、心理学的融合。他认为丁绍光用创新艺术表现手法战胜了暴力和残酷，让人类可以用眼睛和心灵同时看到：和平不再是梦想，人类可以以全新的视角去寻找另一种真实。

从丁绍光的画中，人们可以看到各类文明的艺术并没有断裂：岩洞画、壁画、敦煌画、国画、表现主义、印象派、抽象派、立体主义、野兽派、线条、透视、点彩……以及宗教、哲学、科学融合在一起。曾经充满了矛盾和隔阂的各种分支，当它们战胜冲突，进行合作的时候，竟然可以如此和谐！这种和谐、乐天主义主题，源于天人合一的中国古老文化，是西方现代艺术所缺乏的，也许正是这个原因，联合国连续数年将丁绍光选为代表画家，这是罕见的殊荣。

丁绍光的治愈系艺术是一门积极的艺术，与积极心理学不同，它不是用实验和论文来构建自己的“积极艺术学”，它是以美育的形式呈现出能给人类带来幸福的积极艺术。

杜尚、波洛克等用艺术诠释了黑格尔的“艺术的终结”——人类已经徘徊多年的固化的艺术在现代艺术运动中被动摇了，改变了，直到杜尚、波洛克彻底把它们打碎。艺术的终结、哲学的终结、科学的终结、历史的终结……归根结底，将是分崩离析的终结，是对立和冲突的终结。在终结之后，将由乔托式的英雄们重建全新的和谐社会。

（3）哲学、诗歌、音乐……纯洁的融合和统一。

法国评论家瓦莱尔·朗伯罗对丁绍光的画法如此评论：“其线条构成的坦诚的纯洁，让我听见了巴赫大合唱的旋律。”丁绍光的画看上去清楚直白，美丽的人物、动物、花草一目了然，和具象画不相上下，但是，当你的目光游走在那些金色的线条之间，你就会听到音乐跳动的声音，这是丁绍光画法的另一个灵感之源。在那些无法画画的艰难时期，他潜心研究音乐，读万卷书，梦想有一天这些旋律和故事呈现在他的画中。

熟悉中国文化的人可以在丁绍光的画中看到施耐庵、罗贯中的文学气息及中国人最崇尚的义气……西方人则看到了约翰·克利斯朵夫、罗曼·罗兰……贝多芬、巴赫、莫扎特……他的画中充满了文学大作和交响诗、交响乐的宏大感觉，却感受不到任何一种单一派别或者绘画种类。

丁绍光的画，摒弃了艺术的疆界，打破了地域政治的藩篱，糅合了印度、日本、埃及、泰国、墨西哥和希腊艺术风格，神奇地将丰子恺评说的东西方艺术分别注重“心”和“眼”的不同统一了起来，他还将装饰和经典统一，将古老和现代统一，将民族和世界统一，将哲学、艺术、诗歌、宗教完美结合。

给诗人阿波里奈尔写过传记的安德烈·巴利诺，曾经激动地用近十首诗歌赞美丁绍光的画。在了解丁绍光生平之后，他这样评价丁绍光：“把悲伤和痛苦留给了自己，把美和爱献给了艺术。”他认为丁先生用灵魂创作可以融化矛盾，用自己的艺术真诚邀请观者加入他的世界，那个值得相信的、中华文化倡导的“美美与共”的大同世界。

当代艺术家的状态

杜尚说过的话，我最为推崇的是这一句：“艺术家的状态比他的艺术更为重要。”

我们迷恋美的艺术，却很少有人在意艺术家的状态。艺术大师们总是以怪异、疯狂的状态映射在人们的大脑中。“疯狂只存在于艺术，存在于科学则为假设，存在于现实则是悲剧。” 达利这样辩解。

安德烈·巴利诺两次参观丁绍光在法国的画展，第二次他一定要访谈丁绍光，为此他不得不邀请了两名翻译，飞到美国。这位法国文化部对外推广计划的重点作家，曾经访谈过1000多个著名的哲学家、科学家、艺术家，其中包括中国人知道的现代艺术运动三大奠基人之一的达利和著名想象哲学家巴什拉。在如此高龄会这样热衷访谈丁绍光，一个重要的原因就是，丁绍光是他采访过的、闻名遐迩的那些诗人、哲学家、艺术家中状态不凡的。

也许丁绍光就是他自己画作的第一受益者。在那些悲苦的岁月里，艺术治愈了他的抑郁和绝望，还让他机智地帮助他的老师们在“文革”中躲过了自杀的阴影。虽然没有任何心理学基础，他却是一个很好的心理危机干预的天才。这也是他后来创作可以与积极心理学相媲美的积极艺术的行为逻辑基础。在成功之后，那些画又使他心思澄明，面对巨额财富，他果断地截断了所有商业运作，终止了蒸蒸日上的画廊和商业画展。

联合国世界卫生组织曾预言：2020年，抑郁症将成为人类的第一杀手！正如安德烈·巴利诺在他撰写的《丁绍光传》中所言，进入新世纪之后，人类的精神认知研究已经超越了生物学认知的研究，而丁绍光在积极的精神引导方面甚至领先和超越了心理学家和哲学家。他的艺术让这个世界人人都有可能成为真正的精神贵族。

那么，丁先生是不是很正常，一点都不疯狂呢？当然不是。他同样疯狂地热爱艺术，聪明的他，“文革”时期几乎每天晚上通宵画画，天一亮就全部撕掉……

他还有另一种常人没有的疯狂。作为一名画家，成名前画作的艺术展示和名气，意味着难得的生存机会。他却把绝好的出名机会让给了他认为也非常需要机会的其他优秀画作，因为它们是他非常欣赏的好友的画作。当1980年拿到赴美签证，他却迟迟不肯前行，而是呕心沥血在香港举办了大型国画画展，在那个丁先生亲自操办的画展上，他只展出自己的一幅小型画作，把好位置留给“申社”其他成员。在美国成名之后，他在为自己举办的大型画展上，常常借口画作未完成而把好位置让给来美寻机发展的友人悬挂画作展示。这些在普通人看来也是义气又大气到了疯狂的地步。

当终于踏上人人向往的世界艺术顶峰之路时，他却疯狂地否定自己，抵制那些对他的溢美之词。法国哲学家、艺术评论家、著名传记文学作家——安德烈·巴利诺，为采访丁绍光而逗留洛杉矶十多天，但是丁绍光却最后辜负了他的热忱。仅仅因为丁绍光个人认为自己并没有巴利诺先生说的那么好，导致法文版《丁绍光传》未能出版。

我有幸看到了这本传记的样稿，当时耄耋之年的专家巴利诺，从历史、哲学、艺术等诸多视角剖析了丁绍光的画作，丰厚的跨界学识让他具有常人无法企及的眼光。这是一位出版过著名艺术家达利、著名诗人阿波里奈尔、著名哲学家巴什拉等名人传记的著名作家，他具有惊人的跨越众多学科领域的广博学识和丰富的传记文学经验，这使得他的评论精准而新奇。

经常否定自己的丁绍光，却对其他艺术家充满了宽容。艺术界常常充斥着各种比较，甚至谩骂。一位美术院校的学生曾经询问丁绍光，每一位大师都有一句名言，徐悲鸿：“素描是一切绘画造型的基础”，刘海粟：“坚持中锋用笔，一合传统，二有力度。”……各不相同，如何评判？丁绍光说：“你请徐悲鸿教授一年级，刘海粟教授二三年级，林风眠教授毕业班，让他们合作，而不是争执，这样就好了。”

总有人认为吴大羽的学生吴冠中没有赵无极、朱德群聪明，他当时如果不回国，肯定会成为有更大成就的世界级大师。其实未必如此，吴冠中作为丁绍光的又一位老师，在中国为现代美术运动做出了了不起的贡献，他的成就并不在赵无极之下，相信以后会产生更大的影响力。也有很多人认为丁绍光是因为去了美国才获得了耀眼的成功。其实，丁绍光在赴美前就已经为人民大会堂绘制壁画了，而且是众所周知的云南画派创始人。反而到了美国，作为国内艺术界成名的画家，他遭受的却是歧视。其实，众所周知，国内众多的优秀画家都曾去过美国，结果如何大家有目共睹。不过，丁绍光很不赞成这样的评价，他非常厌恶把各种艺术进行比对，以及因为这些对比产生的冲突、矛盾。他认为，身在哪里并不重要，重要的是你的心是不是积极的、艺术的。艺术不是体育竞技，伟大的艺术一定不是比较得出的，而是它本来就在那里！

丁绍光倡导包容、合作、建设性，以及自由的艺术精神。只有全面、彻底地学习西方艺术，才能更清楚地看清中华美。同样，他提到的“不自由”，并不是大多数艺术家强调的客观上的自由，不是那种要求外界给予的自由，他更强调的是，艺术家、文化人给自己套上的“主观上的不自由”。依靠主观上的自由，他在数度人生坎坷中坚守自己的艺术理想，没有被耽误，所以，也没必要去抱怨。

近年来，经常会有人问起："丁绍光为什么不出来了？他为什么不画新画了？"甚至出现了一些不可思议的负面猜测。《天堂鸟》中这样描述：丁绍光在十多年前事业如日中天之时，坚决地退出了商业运作，卖掉豪宅，买回旧画。虽然他成功了，但是，他厌恶用数字来衡量艺术家。他说对他的画作影响很大的一个西方画家——克里姆特，长期被艺术界忽视，而如今人们终于发现其价值，他也成为世界上六个画价过亿的艺术家，这说明真正的艺术是无法用数字来衡量的。他要彻底退出商业，去周游世界，去寻找新的视野，他要思考全新的艺术范式。他要思考：当历史翻过这一页之后，当代艺术会以什么样的姿态呈现给后人呢？

他有一个理想：有朝一日，美国最好的博物馆会收藏中国人画的包含唯一没有断层的五千年中华美的画作。

现代艺术运动之前，世界的艺术中心在欧洲，当时的人们认为，得到了法国的认可就得到了世界的认可；波洛克之后，世界艺术的中心转移到了美国，变成了得到了美国的认可就得到了世界的认可；我们期待，未来的世界艺术中心将会在中国，那时候，得到了中国的认可，就得到了世界的认可。

曾几何时，欧洲艺术家有一个东方梦，美国艺术家有一个欧洲梦，东方艺术家有一个美国梦，一番轮回后的当代艺术家又有一个非凡的时空幻梦。而丁绍光的梦想，就是把这些梦以最和谐的方式呈现在艺术史上。这也许应该是当代艺术家最具代表性的状态！

贡布里希曾说："没有艺术，只有艺术家。"艺术家的状态决定了他的艺术灵魂，只有有灵魂的艺术家，才能真正为这个世界带来诚恳的改变。

未来和谐主义——当代艺术的范式革命

曾经，人们用武力赢得成功；现在人们用金钱赢得成功；还有人认为给世界带来影响力和变化的人，就是成功者。但是，在这个看似没有世界大战却处处充满了矛盾和焦虑的世界，将来应该是那些能给人类带来和谐感受的人，才是真正的成功者。

当我们再次思考蔡元培先生的理想教育模式："以美育代宗教"时，不妨也想一想，艺术对于人类意味着什么？

试想远古时代，人类被迫在残酷的自然中为生存而挣扎，在那样的情况下，竟然会有人主动去搞艺术？人类千万年的历史，最早出现的不是文字，而是壁画！传说上古经书《山海经》也是先有图后有文。丁先生总是说，真正的艺术家是那些在古老文明中创造奇美艺术却没有留下姓名的人。他们的存在似乎在向我们说明一个真理："艺术超越所有，是人类真正的初心。"

当一位艺术家触及人类最初来到地球的灵魂时，那条千百年来断断续续的艺术灵魂就彻底打通了。就像电影《超体》中的女主角，她的指端接触到她千百轮回的最初的瞬间，打开了大脑100%的潜力。

不过，远古时代的艺术是那么单一，不过寥寥几种，而且只有君王显贵才有资格享受。若有与主流不同的艺术表现，则很难被接受，甚至艺术家本人连生存的机会都没有，更不必奢谈其作品的留存。伟大的现代艺术革命打破了这些束缚，出现了无数艺术形式，更多的人成为艺术家。当代艺术评论家们几乎都有这样的共识：西方艺术家们在现代艺术运动的过程中，已经以多角度、全维度的探索精神，实践了几乎所有艺术形式的变革。仅从数字角度来说，艺术革命已经全面成功，后人几乎没有可以探索的空间。这也许是导致全球范围内，一直没有出现大家公认的当代艺术代表人物的原因。

但是，作为一个数学和艺术的共同爱好者，我认为，这正说明未来的拓展空间更为宽广。从数学上来说，如果每个种类都代表一个数字，那么，这些数字的排列组合将是一个庞大的天文数字，而在新数字的基础上再进行排列组合，那么，就是更巨大的一个天文数字，这样的排列组合可以无限持续……因此，未来的艺术形式将会更多，呈几何级数增长，更多的人在艺术领域会有施展才华的机会……当人们的出路越多的时候，当每个人都有机会展示才能和潜力的时候，文化制胜的温暖时代就来临了，这样的世界怎么可能不和谐呢？

艺术不是竞技，只有不同，不分高低。在未来的艺术世界里，每个人都有展示的机会，每个人都是美的化身。这样的和谐世界，在武力制胜、金融制胜的时代，只能是理想，而在文化制胜的时代，将成为现实。

人类曾经经历武力制胜的时代，正在经历金融制胜的时代，而未来必将进入文化制胜的时代。未来的主流文化一定是那种不被暴力和金钱浸染的文化。宗教、哲学、科学、艺术一直在朝着这个方向努力。

宗教是相对固化的，哲学、科学一直高高在上，需要仰视。那么，现代艺术在走向未来时，会不会呈现艺术大爆炸的辉煌？这个辉煌，会不会成为人类最后的救赎？

丁绍光的和谐乐天主义艺术，为那些梦想出类拔萃的艺术家和这类艺术家的寻找者，提供了一个重要参考：一种不会限制任何学生自我探索的新艺术教育模式；以及将看似毫无关联的不同艺术风格，能够和谐地而不是单纯随着艺术家或者人类个性融为一体的新艺术范式。融合的种类越多，越和谐，难度越大。随着难度级别的增加和人类整体知识累积的深度和广度的增加，更加伟大的艺术家未来总是会出现的。

文艺复兴之前没有艺术家，他们是为贵族服务的工匠；文艺复兴之后才有了艺术家。当时的意大利艺术家已经能享受到与国王相似的待遇，而艺术教育则成为贵族的标配。

关于如何建立培养自由探索精神的艺术教育模式，丁绍光对安德烈·巴利诺这样说："我想象着自己作为一个艺术院校的新生，被迫聆听教授的言论，自问如何说服自己？师生显然处在不同的时代，条件也完全不同。当年，我也是强人所难的课程的反对者。真正让我受益的、我愿意聆听教导的老师们也是边缘人，他们把自己无法与他人分享的'秘密'托付我，让我因此而得到与众不同的成长。如今我反思，如果老师循规蹈矩地告诉我自由的重要性，当时的我能平静地接受吗？人性的复杂，让教育充满了疑问和惊喜。否则，仅仅靠老师作品的魅力，那时早已将我吸引过去，那样我将失去独立学习和选择的机会。"（摘自《丁绍光传》，（法）安德烈·巴利诺著）

已近80高龄的丁绍光竟然要重新开始他的艺术人生，寻求艺术的新范式革命。他要突破以往的盛名带给自己的限制，重新起航。我所知道的一些建筑专家也在寻求建筑领域的范式革命，研究宇宙学的科学家们也在寻求科学领域的范式革命……

安德烈·巴利诺在他撰写的《丁绍光传》中，将丁绍光描绘成一个典型的未来第27文明的公民："他的艺术将以来自26种文明的种种古老艺术为灵感来源。他曾经经历了足以让他怀疑一切幸福美好的磨难，但是，他却用未来和谐主义艺术谴责丑陋、仇恨、邪恶，让人类从他身上看见一种真实的第27文明。"

三、用一幅画来建一个当代巨型艺术博物馆

这么多年，丁先生对当代艺术都做了怎样的思考呢？

丁先生说："新的科学技术层出不穷，电脑、网络出现以后，就像19世纪末叶照相术出现以后对绘画产生很大的冲击。3D、动漫的出现，人类的视觉已经发生了根本性的改变。

"这导致文化和艺术中很多从前很重要的东西，被当今的技术冲击了，取代了。例如绘画的神秘感，绘画从具象走到抽象艺术……曾经因为绘画带来的前所未有的震撼视觉。现在这种效果很容易用电脑实现。整栋大楼的大屏幕，出现一个巨幅头像，很震撼。尤其是出现的VR、AR，可以起到无法想象的视觉感受。这种情况下，绘画应该走什么样的道路？应该好好思考一下。

"可以这么说，如果其他艺术可以代替绘画，那么，绘画本身就没有存在的价值。对画家个人来说，如果能被其他艺术，或者其他艺术家取代，那么，他也不是真正的艺术家。因此，这是整个美术界、绘画界都应该好好思考的问题。也是我退出商业要做的思考。

"人类历史的长河中，流淌着无数涓涓细流，大都随波逐流，悄无声息。如果出现一个很了不起的人物，就会像一个巨峰，把水流挡住，然后，当河水在巨峰前聚集到峰顶，就会再次波澜壮阔地冲下去，然后，又是随波逐流的小溪，循环往复……这样的巨峰，就是承前启后的大师，改变历史的人物。人类历史上的很多文化是无法重复的，例如三星堆、米开朗基罗……永远在那里，永远无法企及。

"这不单纯是一个技术问题，'巨峰'还代表那个时

代的一种精神，一种可以超越时空的精神。米开朗基罗、贝多芬的技术和技法，和现代不能相比，现在的绘画工作、雕塑工具、乐器等，远远超过以前，但是，米开朗基罗和贝多芬的精神是现代人无法超越的。

“尽管过去的技术不如当今，但是，一个艺术家，如果他是他所在的时代的巨峰，那他一定也能代表他那个时代技法和技术的最高水平。那么同样我们现在，一个当代艺术家，如果不能应用这个时代的最高科技和技法，那他也一定不能代表这个时代的高峰。

“所以，在这个时代，如果不和最先进的科技结合，是不可能成为这个时代的代表的。”

原来丁先生这么多年，一直在思考和探索：当代绘画可以和科学结合到什么程度？是否可以应用最先进的科学技术来完成当代绘画的创新？

由此，不断探索的丁先生开始设想做彩色雕塑，里面打灯光，外面用彩色玻璃拼贴画。再前进一步，他又想是否可以把他的画卷起来，做球形的建筑。从前的建筑框架都是直线和单调的颜色，现代钢筋骨架和计算机绘图技术，会产生各种变形和线条，这是一个进步，例如鸟巢。丁先生当然不会满足于此，他大胆设想能不能用一整幅画的线条作为一个建筑的主体钢筋。这样以前画家所画的线是绘图的线，现在用先进科技将整幅画的线变成钢筋等材料的建筑结构线，同时，线和线之间可以呈现不同的绘画。我们看到，他完成了一幅用于文化广场的大型彩色玻璃拼贴画，这幅画达到了大约335平方米，巨大的画面加上彩色玻璃的强大表现力，效果非常震撼。

目前所知，只有色彩大师德拉克罗瓦的调色盘上实现了2000多种颜色的调配。他具有惊人的色彩记忆和配色能力，自然界中的花儿有4000多种颜色，他只要看到一种颜色就回去设法配出来。为了设计世界上第一个彩色建筑，丁先生和日本的一些玻璃专家在全世界做了调查，了解到现在世界上最先进的玻璃工厂已经可以实现这2000多种颜色。

丁先生告诉我们，现在还有一种新科技，可以用化学物质粘接不同色彩的玻璃，非常结实可靠，而且不影响玻璃颜色的表现力。不同颜色的玻璃拼接后，从不同角度看到的颜色不同，加上玻璃本身可以是透明、半透明，也可以是各种比例的透明度，这些不同的质感又导致色彩的呈现更加丰富莫测。简直可以说是美丽、有趣、魔幻……

丁先生用前人从未想到的创新，运用各种各样令人惊异的新科技，大大突破了传统教堂玻璃画的各种局限，如此闻所未闻、变化无穷的色彩，加上丁先生富有乐感的线条，将会成为第一个震撼世界的彩色绘画线条建筑！

从设计图上可以看到，最上面透明的水云状玻璃，透光效果非常好，让阳光无障碍进入，可以有博物馆、剧院、艺术馆、图书馆……丁先生希望它能将现代十大艺术门类、从古典到现代各种派别都包含进来……让人们进行充分、有效的交流，唯有充分的交流才能实现真正的包容和自由创新，也利于相互借鉴成长。丁先生还把下面五层设计成超大型停车场，就好像一个雕塑的基座，可以稳固建筑。

为了实现这个建筑，丁先生找到建筑家汪克合作，并得到了这位建筑学家的支持，他认为现代科技完全可以实现丁先生的设想，底盘厚重，完全可以支撑整个建筑。

这一次不是像以前的建筑壁画那样，先建好房子然后请丁先生为建筑画壁画，这对丁先生的创造力限制很大，很多美好设想无法发挥，而这种从最初就合作的全生命周期建筑雕塑，让丁先生创造力得到了更充分的发挥。

得到建筑专家的认可后，丁先生做了长远和全面的规划。很多人建议这个建筑叫做“丁绍光艺术中心”，丁先生立刻否定了，他将这个建筑命名为“中国当代艺术中心”。

为什么设计成球体？

丁先生认为，如果是一个具象的形象在一个大的建筑上，会让人感觉建筑体很小。丁先生希望他画出来的中国当代艺术中心这个建筑形象是非常宏大的。因此，要做成球体，这样从正面看是一个具象，而框架是圆的，所以，转过去之后又变成抽象，这样沿着一个由整幅画的线条组成的球形建筑行走，线条间的多幅图画会呈现一会儿具象一会儿抽象的画面。大众始终看不懂匪夷所思的抽象画，而艺术大师始终无法表达清楚如何创作那些抽象画，现在终于可以以一种良性的方式达到相互理解和融通了。另外还有一个奇思妙想，在球体下面设计了宏大的印象水波纹感觉，镂空的框架，可以在夜晚看到满天星辰，寓意“海纳百川，有容乃大”的中华文化主旨；同时又会让一个宏大的建筑显得很轻，给人漂浮的感觉，好像天外来星一般，象征着在宇宙中翱翔的、自由的星体，诠释天人合一的中华文化精髓。

因为是圆球，丁先生说建筑的内部装饰也可以非常有创意，可以从不同角度、以不同视角展示印象派、浪漫主义、野兽派、表现主义……的视觉感受，也可以呈现不同的空间关系，各种层出不穷的变化美。而圆球下面的水波纹广场，也可以举办各种形式的大型艺术表演、体育运动会等。每一个到这里来的人，都可以充分体会来自不同历史、不同民族、不同技法的千姿百态的美，还可以用自己的个性和视角，去发现不同的美，创造变化的美，充分享受包容、自由、和谐、美丽的幸福人生。

除了艺术功能之外，富有远见的丁先生还设想建筑的中间部分可以用作商业，在同一个建筑内，可以做成一个庞大的产业，世界各地的艺术衍生品、各大名牌品牌店都可以聚集在此……这样可以很好地实现内循环，用内部的投入产出来平衡，让这个中国现代艺术中心实现可持续的良性循环！

衷心希望丁先生设想的中国当代艺术中心早日落成！梦想成真！

张立红

丁绍光多次扶病参与了本书的审定工作。图1是2014年中秋之夜，本书作者胡笳（右）与丁绍光在上海郊外丁婷家赏月时合影。图2、3、4为本书责任编辑张立红老师，该书籍整体设计者清华大学美术学院王红卫老师及其工作室李明山先生在上海与作者及丁绍光先生晤面时留影

图书在版编目（CIP）数据

天堂鸟：丁绍光艺术范式 / 胡笳著. — 北京：
清华大学出版社，2017
（匠心质造）
ISBN 978-7-302-36603-4

Ⅰ. ①天… Ⅱ. ①胡… Ⅲ. ①丁绍光—生平事迹
Ⅳ. ①K837.125.72

中国版本图书馆CIP数据核字(2014)第112615号

责任编辑： 张立红
装帧设计： 王红卫　李明山
责任校对： 李跃娜
责任印制： 王静怡

出版发行： 清华大学出版社
网　　址： http://www.tup.com.cn，http://www.wqbook.com
地　　址： 北京清华大学学研大厦 A 座　**邮　　编：** 100084
社 总 机： 010-62770175　**邮　　购：** 010-62786544
投稿与读者服务： 010-62776969，c-service@tup.tsinghua.edu.cn
质量反馈： 010-62772015，zhiliang@tup.tsinghua.edu.cn
印 装 者： 北京市雅迪彩色印刷有限公司
经　　销： 全国新华书店
开　　本： 215mm × 280mm　印张：23.5　插页：3　字数：436 千字
版　　次： 2017 年5月第 1 版　印次：2017 年 5月第 1 次印刷
定　　价： 680.00 元

产品编号： 053051-01